21 世纪旅游专业系列规划教材编委会名单

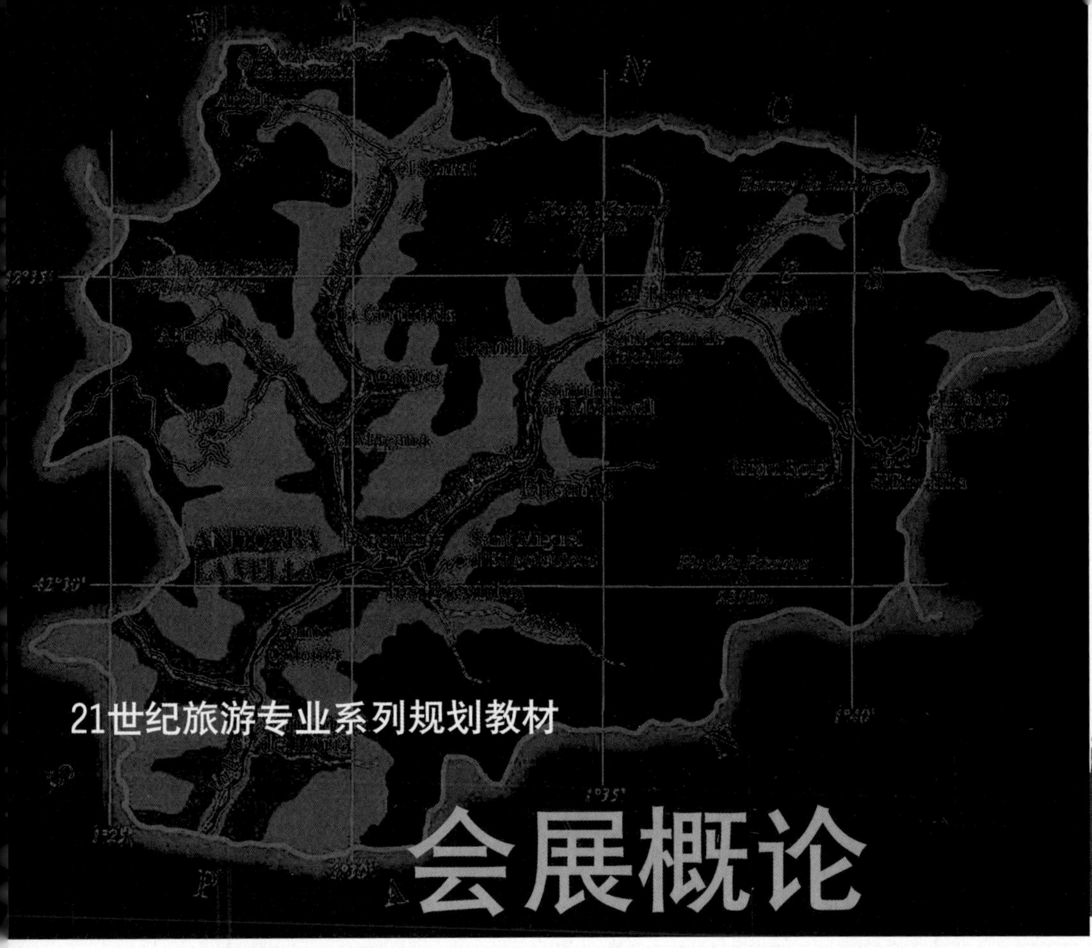

21世纪旅游专业系列规划教材

会展概论

王华　编著

Introduction to the MICE Industry

暨南大學出版社
JINAN UNIVERSITY PRESS
中国·广州

图书在版编目（CIP）数据

会展概论/王华编著. —广州：暨南大学出版社，2010. 7（2014. 9 重印）
（21 世纪旅游专业系列规划教材）
ISBN 978 -7 -81135 -554 -3

Ⅰ. ①会…　Ⅱ. ①王…　Ⅲ. ①展览会—概论　Ⅳ. ①G245

中国版本图书馆 CIP 数据核字(2010)第 111979 号

出版发行：暨南大学出版社

地　址：中国广州暨南大学
电　话：总编室（8620）85221601
营销部（8620）85225284　85228291　85228292（邮购）
传　真：（8620）85221583（办公室）　85223774（营销部）
邮　编：510630
网　址：http：//www. jnupress. com　http：//press. jnu. edu. cn

排　版：暨南大学出版社照排中心
印　刷：佛山市浩文彩色印刷有限公司

开　本：787mm×1092mm　1/16
印　张：12. 875
字　数：336 千
版　次：2010 年 7 月第 1 版
印　次：2014 年 9 月第 3 次
印　数：6001—8000 册

定　价：25. 00 元

目　录

总 序

"21世纪旅游专业系列规划教材"正在暨南大学管理学院旅游管理系广大教师的共同努力下逐步推出。这是作为国家特色专业、广东省名牌专业以及省级重点学科建设的主要成果之一，也是暨南大学旅游管理专业开办二十多年来，由本科、硕士到博士点发展历程及专业积淀的展示。

旅游活动是当今世界参与人数最多、规模最大的社会活动之一，旅游业也是世界最大的产业之一。自20世纪70年代末以来，中国旅游业快速增长，在20多年的时间里，我国实现了从旅游资源大国向世界旅游大国的历史性跨越，今后还将由世界旅游大国向世界旅游强国迈进。在旅游业快速增长的同时，我国旅游教育和旅游科研也有所发展。截至2007年年底，全国共有高、中等旅游院校1 641所，其中高等院校770所，在校生达70多万人，其中旅游高等院校里的学生达[illegible]万人。中国旅游教育方兴未艾，源源不断地为旅游业输送着大批专业人才。

旅游教育的发展离不开教材建设的支持。我国旅游教育在过去的20年间出版了多套专业教材，为旅游学科发展奠定了基础，为旅游教育作出了贡献。但随着旅游业的快速发展，旅游研究不断有新的突破，旅游教材必须跟踪、反映这些成果，把最新的知识奉献给读者。面对旅游学科日新月异的大好局面，特别是最近几年形势的重大变化，我们处在高校旅游专业教学与科研第一线的教师深感责任重大，同时也有要不断更新教学内容，补充新知识的压力。鉴于教材建设跟不上形势发展，反映旅游最新实践动态和最新研究成果的需要，我们组织了一批长期从事旅游专业有关课程教学和科研的教师编写了这套"21世纪旅游专业系列规划教材"。

本套教材选题广泛，涵盖了旅游管理专业的核心课程，并且紧密结合国际、国内旅游活动、旅游业和旅游科研发展的实际，从较高的理论起点阐述了现代旅游管理和经营的一般规律，总结学科、行业、产业的经验教训，以最新的实践资料和旅游研究成果展现旅游学科体系的理论知识和实践技巧。在编写风格上，我们参阅和借鉴了国内外旅游学科及其他学科教材的经验，力图使本套教材呈现出理论全面、知识丰富、结构合理、形式活泼、内容科学及文字生动的特色。这套教材既可供高校旅游管理专业教学使用，亦可作为高等职业教育、自学考试以及旅游行业中、高级管理人员的培训教材。

旅游学是一门发展中的学科，丰富的理论内涵和综合的知识结构、飞速发展的社会实践，均需要进行不断深入研究和精心归纳。我们希望通过这套教材的出版，能与同仁共同推进与提高旅游教材的编写水平，为中国旅游教育贡献绵薄之力。

前 言

20世纪90年代以来，我国会展业迅猛发展，会展研究也随之得到加强和深化，取得了大量成果；同时，会展相关专业也陆续在许多高等学校开设，会展教育逐步走上正轨。随着2008年北京奥运会和2010年上海世博会的举办，我国会展业开始步入一个新的发展时期。

新时期的会展研究，一方面需要总结我国会展发展的理论成就和实践经验，结合国外已有的研究成果，构建适合我国国情的会展学内容体系；另一方面则要继续吸收国内外相关学科的最新进展，不断充实、完善会展研究内容。本书即是在以上目标指引下编写的。

全书共有十章内容，大致划分为基础知识和应用知识两大模块。基础知识模块以会展活动全过程的普遍性规律作为研究对象，包括会展的概念、类型与性质，会展发展规律，会展产业，会展影响等内容；应用知识模块以会展的实际工作为研究对象，包括各类会展活动策划与组织、会展管理、会展营销、会展规划等内容。

在编写过程中，特别注意了以下四点：一是在内容上基本涵盖了对会展活动本身及其与社会经济发展关系的研究，突出系统性；二是在注重对国内外已有成果进行总结的基础上，吸纳了国内外相关学科的研究成果，突出时代性；三是既注重对基础知识与理论的阐述，又强调理论与案例的有机融合，突出实用性；四是结合教学需求，各章均设置了学习目的、要点、关键词、小结、拓展阅读、思考与练习等内容，突出指导性。

本书可用作高等、高职院校会展管理或旅游管理的专业教材，也可用作会展职业培训、学历教育和自学考试的教材，同时对政府会展管理部门和会展企业及其相关行业的管理和工作人员亦具有参考价值。

暨南大学管理学院旅游管理系王华副教授担任本书主编，负责大纲编写、大部分章节的撰写以及全书的统稿和定稿。具体撰写分工为：第一、二、六、八章由王华、陈珊撰写；第三、四、七章由王华、张小红撰写；第五、九、十章由王华、杨英撰写。

本书参考和引用了有关著作、教材、报刊、法规和标准上的相关内容，特向所有著述者致以衷心的谢意！感谢暨南大学出版社潘雅琴副编审，是她的不断敦促，才使此书及时脱稿。限于水平和经验，虽做了大量努力，但本书仍难免有错误和不足之处，望读者不吝赐教，以便不断修正和完善。

编　者

2010年6月于广州暨南大学

第一章 绪 论

【学习目的】

通过本章的学习，要求理解并掌握会展、会议、展览、节事的定义及其分类；了解会展的研究对象与内容；了解会展学科与其他学科的关系。

【学习要点】

1. 会展的定义及其种类；
2. 会展的研究对象与内容；
3. 会展与其他学科的关系。

【关键词】

会展　会议　展览　节事　会展分类　会展学科

第一节 相关概念

一、会展

会展是人类社会经济发展到一定历史阶段的产物。尽管学术界对会展的研究已有数十年的历史，但是，由于研究者各自具有不同的社会背景和研究目的，关于会展的概念还没有一个完整统一的解释。概括起来，关于会展的定义主要有以下三种观点。

第一种观点认为会展就是会议和展览，即 C & E（Convention & Exposition）或者 M & E（Meeting & Exposition）。这是对会展较为狭义的解释。

第二种观点认为会展即国际上通常提到的 MICE。M 代表公司业务会议（Meeting），I 代表奖励旅游（Incentive Tour），C 代表协会或社团组织会议（Convention），E 代表展览会（Exhibition or Exposition）。会展即为这四部分的简称，相比于第一种观点，会展的范围有所扩展。

第三种观点则在 MICE 的基础上加上了节事活动（Event），认为节日庆典、体育赛事、文艺演出等节事活动也属于会展，从而大大扩展了会展的范围。

实质上，上述三种观点只是从会展所涵盖的范围角度对会展定义作出的不同解释，而没有对会展的内涵特征进行界定。上面所说的会议、展览以及其他被纳入会展范围的各种活动，尽管其表现形式和名称各不相同，但它们都具有本质上的“共性”：其一，它们都

（续上表）

词典、学者	定义
其他学者	其他学者对展览的解释有二：一是指主办者为了一定的目的，提出一定的主题，按照主题要求选择相应的展品，在展厅里或其他场所，运用恰当的艺术手法，在一定的材料和设备上展示出来，以进行宣传、教育和交流、交易，具有认识、教育、审美、娱乐的作用，又有传递信息、沟通产销、指导消费、促进生产等多方面的功能；二是具有法人地位的厂商出资，通过展览组织者策划的组织，利用展览这一特定的媒介向市场和消费者展示商品和劳务的信息，以达到一定经济目的的商务活动

关于展览（会）的定义虽尚未统一，但是从这些定义中可以总结出展览（会）的概念包含的一些基本特征：特定地点、特定期限、组织性、信息交流性、集体性、目的性等。

从字面解释来看，所谓展览（会）中的“展”是指陈列、展示，“览”是指参观、观看，“会”是指为了实现某种目的集中在一起进行交流，这种交流既是参展商之间和观众之间的，更是观众与参展商之间的。

从展览的组成要素来看，展览（会）包括参展商、专业展览公司、展览展示场所、展览市场和参展观众五个要素。

综上所述，可以将展览定义为：在一定时空范围内，多人聚集在一起所进行的有组织、有目的的交流物质、信息和文化的集体性活动。

四、节事

目前，各科学者虽然对节事的概念还有不同的认识，但是也达成了一些共识：

（1）节事有广义和狭义之分。狭义的节事即节庆（Festival），指的是各种节日和庆典，尤其是指周期性举办的（一般是一年一次的）节日等活动；广义的节事除包括各种节日和庆典外，还包含各种交易会、博览会、文化体育等方面的特殊事件（Special Event）。

（2）节事活动尤其是大型节事活动与旅游关系密切。在现代旅游和地区经济发展进程中，节事活动和旅游结合形成的节事旅游（Event Tourism）已经成为一种专项旅游产品，世界各国纷纷将节事活动作为发展旅游业和振兴旅游经济的重要方式。与常规旅游活动相比，它具有更强大的生命力和社会经济效益。旅游目的地往往把节事活动作为旅游营销的重要手段，把节事活动作为提高国家、地区或城市知名度，保护传统文化的有力手段。

综上所述，可以将节事活动定义为：能对人们产生吸引力，可开发成消费对象的各种节庆活动和特殊事件的总称。其形式主要包括各种传统节日和新时期创新的各种节日以及各种文化体育事件。

第二节 会展的分类

一、会展的分类

依据不同的划分标准，可将会展分为不同的类别。

（一）根据会展的性质划分

根据会展的性质不同，可以将会展划分为会议、展览、节事和奖励旅游四大类。

（二）根据国家统计标准划分

根据《国民经济行业分类》国家标准（GB/T 4754－2002），“会议及展览服务”被划归为“其他商业服务业”类，指“为商品流通、促销、展示、经贸洽谈、民间交流、企业沟通、国际往来等举办的展览和会议，包括展览馆和会议中心的管理服务”。具体包括：

（1）各类博览会及专业承办机构。

（2）各类交易会及专业承办机构。

（3）各类商业性、专业性、技术性展览及专业承办机构。

（4）各种商务会议中心及专业会议承办机构。

（5）其他以商业性展览为主的展览场馆的活动。

但不包括以对外提供住宿服务（提供给散客、团组的旅游、出差、商务、休闲等住宿）为主的会议中心，以及文化、艺术、科学展览和艺术博览会活动。

二、会议的分类

关于会议的分类有多种划分方法，常见的划分标准有会议的举办单位、性质和内容、会议活动特征、会议功能和任务、会议程序等。

（一）按会议的举办单位划分

根据举办单位的性质不同，可将会议分为三大类，分别是协会会议、公司会议和非营利性组织会议。

（1）协会会议。协会会议是指一个行业的专业协会组织全体会员召开的会议。协会因人数和性质的不同，其规模从小型地区性组织、省市级协会到全国性协会乃至世界性协会不等。协会大致可以划分为贸易性行业协会、专业和科学协会、教育协会和技术协会等类型。协会会议常与展览结合举行。

（2）公司会议。公司会议是指公司为了业务和工作需要而举办的不同规模和不同层次的会议。公司会议可以分为三类：第一类是公司内部会议，即由公司员工参加的会议，如销售会议、技术会议、培训会议、经理人员会议和奖励性质的会议；第二类是公司外部会议，这是针对公司目标市场而举办的会议，参加会议的人员来自公司的外部客户，包括经销商/分销商会议、座谈会/研讨会、产品展示会、新闻发布会等；第三类是兼顾内部和外部的会议，参加会议的既有公司职员又有公司客户，这类会议包括讲习班和培训会议两种。

（3）非营利性组织会议。如政府部门组织会议、工会组织会议、政治团体会议、宗教组织会议等。在国际上，人们把这些非营利性组织称为SMERF，它是社会（Social）、军人（Military）、教育（Educational）、宗教（Religious）和兄弟会（Fraternity）的集合组织。

（二）按会议的性质和内容划分

（1）规定性会议。规定性会议是指法定的必须按期召开的各种代表大会。年会通常是一年一次周期性地举行。

（2）日常性会议。日常性会议是指研究处理日常工作的会议。

（3）专业性会议。专业性会议是指研究某专项工作的会议。专业会议（Conference）的议题通常涉及具体问题并就其展开讨论，可以召开分组小会，也可以只开大会。以下是一些专业性会议的类型：

①专题学术讨论会（Symposium）。专题学术讨论会是指由某一领域内的专家构成的集会，他们就某一特定主题请专家发表论文，并就专业学术问题进行深入探讨。典型的特点是一些个人或者专门小组要做示范讲解。

②讨论会（Workshop）。讨论会是就专项问题或任务进行讨论的小组会议。

③论坛（Forum）。论坛的特点是对某些共同的兴趣点进行公开的反复深入的讨论，一般由专业的、资深的报告人作演讲，并由一位会议主席主持并总结。与会者身份均要求事先被认可。

④讲座（Lecture）。讲座是一种比较正式、组织较为严密的活动，通常是由一位专家进行个别讲演，会后有时观众可以提问互动。讲座规模的大小不定。

⑤研讨会（Seminar）。这种研讨会形式通常有许多人参与，出席者有许多平等交换意见的机会。

⑥讨论分析课（Clinic）。讨论分析课常用于培训项目，就某一课题进行指导和操练。形式基本以小组为主。

⑦静修会议（Retreat）。静修会一般是指在边远地区召开的为了摆脱干扰而举行的小型会议，可用于集中进行策划工作。

⑧纪念性大会（Memorial Assembly）。纪念性大会是指为了纪念重大历史事件、重要节日、重要人物而举行的会议。如联欢会、文艺晚会、电影招待会、宴会、酒会、团拜会、焰火晚会、庆祝会、悼念会等。

⑨座谈（Panel Discussion）。由一位组长主持和一群专家作为座谈小组成员，针对专门课题提出其观点并进行座谈，包括各种座谈会、茶话会、经验交流会等。

（三）按会议活动特征划分

（1）商务型会议。商务型会议是指公司和企业因业务和管理工作需要而召开的会议。一般层次较高，需求较高，消费标准较高，会期较短。

（2）度假型会议。度假型会议是指企业以及事业单位利用周末或假期组织员工召开的带有度假休闲性质的会议，一般选择在风景名胜区的酒店举办。

（3）展销会议。展销会议主要是指由参加商品展览会和交易会的各类与会者召开的会议。

（4）文化交流会议。文化交流会议通常是指各种民间和政府组织组成的跨区域性的文化学习交流活动，通常以考察、交流等形式出现。

（5）专业学术会议。专业学术会议通常是指某一领域具有一定专业技术的专家学者参加的会议，如专题研究会、学术报告会、专家评审会等。

（6）政治性会议。政治性会议是指国际政治组织、国家和地方政府为某一政治议题召开的会议。会议有大会和分组讨论等形式。

（7）培训会议。培训会议是指通过一个会期（一周或更长的时间）对某类专业人员进行的有关业务知识方面的技能训练或理论培训，一般采用讲座、讨论、演示等形式。

（四）按会议功能和任务划分

（1）决策性会议。决策性会议是指组织中决策人员对工作中的重大问题集体讨论作出决策的会议，如政府部门的办公会议、经济组织的董事会等。

（2）工作性会议。工作性会议是指组织中为研究布置工作而召开的会议，如全国经济工作会议等。

（3）学术性会议。学术性会议是指为研讨传播学术问题而召开的会议，如孔子教育思想学术研讨会等。

（4）商贸性会议。商贸性会议是指以商务经贸活动为目的的会议，如经贸洽谈会等。

（5）彰显性会议。彰显性会议是指为宣传教育、沟通信息而召开的会议，如表彰会、通气会等。

（五）按会议程序划分

（1）正式会议。正式会议是指符合一般公认标准的或者符合一定规则和程序的会议。正式会议需要预定会议室、发出通知、准备备忘录、准备资料、作会议记录、整理撰写会议纪要、落实会议期间需要办理的各项工作。正式会议包括代表大会、委员会会议、常务会议、董事长会议、执行会议、顾问会议、法规会议、年度大会等。

（2）非正式会议。非正式会议是相对于正式会议而言的，它在程序规则上没有正式会议复杂，主要是以协商、交际、宣传为目的。非正式会议包括部门会议、经理会议、情况介绍会、进度会议、日常工作会议等。

此外，还可以按照其他的标准对会议进行分类，例如，根据会议与会者来源，可将会议划分为国际性会议、全国性会议、地方性会议和单位性会议；根据会议经费来源的不同，可以将会议分为代表付费的会议和代表无须付费的会议；根据会议是否定期召开，可将会议划分为例会和临时会议；根据会议的规模即参加会议人数的多少，可将会议划分为小型会议、中型会议、大型会议及特大型会议；根据开会手段，可将会议划分为常规会议（即传统性的会议）和电子会议（包括电视会议、电话会议、电子计算机会议等）等。

三、展览的分类

关于展览的分类，首先要明确不同的分类标准，而展览的分类标准主要包括两个方面：一是展览的内容，即展览的本质特征，包括展览的性质、内容、所涉及行业等；二是展览的形式，即属性，包括展览的规模、时间、场地、技术等。

（一）从性质上划分

按展览性质不同可将展览划分为贸易性展览、消费性展览和混合性展览三类。

（1）贸易性展览。贸易性展览是指为产业即制造业、商业等行业举办的展览，主要目的是交流信息、洽谈贸易。贸易展览的特点是只向某些特定行业的公司开放而不面向公众，主要集中在批发业务上，参展商多为厂家、批发商或经销商；参观者必须在登记时证明自己的准入资格，如出示请帖或会员证等；平均每年或每半年召开一次，持续3~5天，举办的日期、地点都相对稳定而有规律。贸易性展览的优势在于专业性强、观众对口、推销成本低、宣传影响大、接近市场等。

（2）消费性展览。消费性展览是指那些直接面向公众消费者而举行的展览。这类展览具有地方性、综合性的特点，目的是为了吸引更多的参展商和消费者进行直接销售。消费性展览的特点是对普通大众开放的，他们可以直接进入会场而不需要购买门票，如汽车展、服装展、家具展等；展期比贸易性展览要长，一般为10~15天，在中国又称为展销会。消费性展览的优势在于有利于扩大知名度、直接了解市场反应情况、听取消费者意见等，是一条新产品试探销路的有效途径。

（3）混合性展览。混合性展览是指具有贸易和消费双重性质的混合展览。经济越不发达的国家，展览的混合性倾向越强；反之，经济越发达的国家，展览的贸易和消费性质分得越清楚。

（二）从内容上划分

按展览内容可将展览划分为综合展览和专业展览两类。

（1）综合展览。综合展览是指包括全行业或数个行业的展览会，也称作横向型展览会，如我国每年4月和10月在广州举办的“中国进出口商品交易会”（简称“广交会”）。这类展览会既展出工业品，也展出消费品；既吸引工商界人士，也吸引消费者。还能比较全面地反映经济或工业的发展状况及实力，具有良好的展览经济效益和地方经济效益。因此，地方政府、展览场馆、展览组织公司都希望举办大型综合展览会。

（2）专业展览。专业展览是指展示某一行业甚至某一项产品的展览会，如每年春季在上海举办的“上海国际汽车工业展览会”（简称“上海国际汽车展”）。专业展览的最大特点是常常会同时举办各种讨论会、报告会，用以介绍新产品、新技术等。

总体上看，综合展览的经济效益不如专业展览，因此，展览的前景是专业化。在发达国家，大型综合展览已基本上让位于专业展览。

（三）从地域规模上划分

这里的规模是指参展企业和参观者的代表区域规模，而不是展览场地规模。按规模可将展览划分为国际展、国家展、地区展、地方展及单个公司的独家展。

（1）国际展。国际展是指在固定的地点、规定的日期和期限内举行的由若干个国内外参展商参与的展览会。国际展览局在其公约中明确规定了国际展览会的标准是“三个20%”：20%以上的参展企业来自国外，20%以上的观众来自国外，20%宣传费用的使用。符合这样的标准就可称为国际展览会。与其他方式相比，国际展览被公认为是开拓国外市场最有效、成本效益最佳的方式。调查表明，全球市场上一些世界级大公司50%的营销预算用于展览。国际展览适合公司进行市场调查，更适合公司特别是跨国公司建立市场销售渠道，如2010在上海举办的世界博览会就是全球最高级别的国际综合性展览。

（2）国家展。国家展是指展览中的参展商、观众均来自会展举办地所在国的展览。

（3）地区展。地区展是指展览中的参展商、观众均来自会展举办地所在地区的展览。

（4）地方展。地方展是指以当地观众为主，但参展商可能是这一地区以外的，甚至是国外的较小规模的展览。地方展优势在于：一方面费用相对较低，有利于参展企业和参观人群节约费用；另一方面可以为中小企业提供与潜在客户直接接触以及与大企业进行公平竞争的机会。

(5) 单个公司的独家展。单个公司的独家展是指单个公司为其产品或服务举办的展览。独家展的优势在于公司能够自主选择并决定展览的时间、地点和观众等。公司还可以充分发挥设计能力，营造出特殊展览效果，打破常规展览的规定与限制。通常，独家展的费用只是常规展的10%，这已成为一个迅速发展的展览形式。独家展有一种特殊并且常见的形式是常设展厅。常设展厅里除了陈列产品外，还可以安排现场操作、测试窗口，展览公司发展历史、发展前景、重大成就等内容。常设展厅发挥着市场营销、公共关系、信息交流、培训职工等作用。

(四) 从时间上划分

按照展览会间隔的周期可将展览划分为定期展览和不定期展览两类。

(1) 定期展览。定期展览是指有固定周期的展览，包括一年四次、一年两次、一年一次、两年一次等不同种类。在英国，一年一次的展览占展览总数的3/4。

(2) 不定期展览。不定期展览是指没有固定周期的展览，一般视需要和条件举办，又可分为长期展和短期展。长期展可以是三个月、半年甚至常设；短期展的展期一般不超过一个月。

此外，展览还有淡旺季之分。据英国展览业协会的调查，旺季主要集中在3～6月和9～10月，12～1月和7～8月是展览的淡季。

(五) 从场地上划分

按展览场地可将展览划分为固定展览、流动展览和巡回展览三类。

(1) 固定展览。固定展览是指在专用展览场馆举办的展览，又可分为室内展和室外展。室内展多用于展示常规展品的展览，如纺织展、电子展等；室外展则多用于展览超大超重等非常规展品的展览，如航空展、矿山设备展等。

(2) 流动展览。流动展览是指利用飞机、轮船、火车、拖车或组合房屋等作为展场的展览。流动展览的时间比较长，几个星期、几个月或几年。这类展览规模一般比较小，由一个或几个公司参展，展品、展具轻便，内容比较单一。

(3) 巡回展览。巡回展览是指在几个地方轮流举办的展览。

(六) 从技术上划分

按照展览技术可将展览划分为传统展览和虚拟展览两类。

(1) 传统展览。传统展览是指那些将展品放在一定的固定场所，在固定的时间和空间中供参观者选择和观赏的现场展览。这类展览使得人们可以和展品进行零距离的接触，还可以同相关企业人员进行面对面的信息交流。

(2) 虚拟展览。虚拟展览是指那些利用网络技术在互联网上进行的展览。通常将参展单位及其产品的各种信息通过互联网信息展示平台提供给各国商人和客户查阅和浏览。这类展览的优势在于参与者不受地域和时间的限制，并且还节约了成本。

(七) 其他分类

还可以按照其他的标准对展览进行分类，如按照是否营利可将展览分为营利性展览和非营利性展览两类；按照展览面积的大小可将展览划分为小型展览、中型展览和大型展览

育盛事（Sporting Events）、展览会（Fairs）、与公园和游憩相关的节事（Parks & Recreation Events）、城市节事（City Offices）以及会议与观光局组织的事件（Convention & Visitors Bureaus，简称 CVB）等类型。

第三节　会展的研究内容

一、会展的研究对象

会展是在一定的社会经济条件下产生的一种社会经济现象，一种流通媒介，是一种经济交换形式，一种旅游形式，一种社会行为，同时也是一种产业。会展是相关各方在同一地点同一时间聚集所形成的物质、文化、信息交流活动，这是会展的本质属性。会展学研究的就是这种活动本身及其与社会经济发展的关系。

会展学研究既包括基础研究，也包括应用研究。基础研究以会展活动全过程的普遍性规律作为研究对象，包括会展的本质与内涵，会展发展规律，会展活动运行机制和规律、会展影响等基础内容。应用研究即对会展的招展布展、经营管理、策划规划等诸多实际问题进行研究，解决会展实际工作中提出的具体技术问题，具有可操作性。

二、会展的研究内容

会展的研究内容由其研究对象决定。会展业是一个务实性、操作性和服务性很强的行业，会展活动的复杂性和广泛性决定了会展学研究的综合性。会展的研究内容具体包括：

（1）会展的基本概念和内涵。会展的基本概念和内涵的界定对会展学研究的范畴有着直接的指导意义。对于会展学的一些基本概念，如会展、会议、展览、节事、参展商、参展观众等必须予以廓清。

（2）会展活动的历史发展规律。会展活动有着鲜明的时代特征，会展学要研究会展活动的历史演变过程及其特点，以及会展活动的发展趋势。

（3）各类会展活动的运作机制。研究会展过程中各个方面的科学程序与组织方法，研究各类会展活动的一般运作模式，包括各类会展活动的策划、组织、实施及总结评估等。

（4）会展活动的经营管理规律。研究会展经营管理的基本内容和规律，包括会展行业管理、会展危机管理、会展场馆管理、会展市场研究、会展产品开发、会展营销、会展客户关系管理等。

（5）会展产业及其影响效应。研究会展产业的构成及其与其他产业的关系，会展对经济和社会的影响效应。

（6）会展规划。研究会展业的发展规划和会展场馆的规划设计，为地方政府制定会展产业发展政策、会展法律法规提供理论参考，为公司企业成功策划、组织会展活动提供指导。

第四节 会展学与相关学科的关系

会展学是介于社会科学、技术科学和自然科学的一门综合性交叉学科，它既是理论学科，也是应用学科，是一门边缘学科。根据本学科的研究对象和内容，会展学同许多相邻学科具有密不可分、相互补充的关系。

一、会展学与管理和经济学科的关系

管理和经济学科是会展学科形成和发展的重要前提。会展研究内容中的会展行业管理、会展危机管理、会展场馆管理、会展市场研究、会展营销、会展客户关系管理、会展产业、会展经济影响等的基本理论和方法均来源于管理和经济学科。然而，会展活动的特殊性和复杂性，使得会展学科的相关研究内容，如会展活动的运行机制、会展的社会文化影响效应、会展场馆的规划设计等研究不能仅仅依靠管理和经济学科的理论和方法。因此，虽然会展学科的形成和发展离不开管理和经济学科，但会展学科又区别于管理和经济学科而发展壮大。

二、会展学与旅游学科的关系

会展学与旅游学科的关系十分密切。作为会展学科一个重要分支的会展旅游学就是介于会展学和旅游学科之间的边缘学科，会展活动的参加者从居住地经过各类通道到达会展目的地进行参展、游览再回到居住地这个过程是会展学和旅游学科共同研究的内容。然而，相对于旅游学科，会展学更加关注会展活动的运作机制和经营管理，这些研究内容又非旅游学科所能涵盖的。因此，在一定程度上可以说，会展学和旅游学科是平行的姐妹学科，它们分别从不同的侧面来研究会展活动这个复杂多面的社会经济现象。

三、会展学与其他学科的关系

会展活动涉及的内容极其广泛，会展研究要涉及很多其他学科的知识，如社会学、信息学、规划建筑学、交通运输学、广告艺术学、环境科学、安全科学、传播学、民俗学、公共关系学、心理学等众多学科，会展研究者和从业者要学习、掌握这些学科与会展相关的基本知识。

【本章小结】

本章重点阐述了会展、会议、展览、节事活动的概念。依据会展的性质和国家统计标准对会展进行了分类；依据会议的举办单位、会议的性质和内容、会议活动特征、会议功能和任务、会议程序等标准对会议进行了分类；依据展览的性质、内容、规模、时间、场地、技术等标准对展览进行了分类；依据节事的内容、规模、目标观众及市场、媒体类型覆盖面、主题、组织者、参与程度等标准对节事进行了分类。

会展学研究的是会展活动本身及其与社会经济发展的关系，研究内容具体包括：会展的基本概念和内涵、会展活动的发展规律、各类会展活动的运作机制、会展活动的经营管理规律、会展产业及其影响效应、会展规划等。会展学是一门新兴的边缘学科，与管理学、经济学、旅游学等学科有着紧密的联系。

【拓展阅读】

明晰会展及其相关概念是会展研究的基础，国内外关于会展的相关概念和分类有很多，以下介绍一些文献资料以供课外阅读，加深对会展概念及其分类的理解。

1. 赵春霞．会展概论［M］．北京：对外经济贸易大学出版社，2007
2. 戴光全．节庆、节事及事件旅游［M］．北京：科学出版社，2006

【思考与练习】

1. 简述会展的概念。
2. 辨析会议、展览及节事的定义。
3. 会展、会议、展览和节事的分类方法有哪些?
4. 论述会展的研究内容。
5. 分析会展学与相关学科的关系。

第二章　会展的产生与发展

【学习目的】

通过本章学习，了解世界和中国会展的发展历史；掌握世界和中国会展的发展特点和发展趋势。

【学习要点】

1. 世界和中国会展的发展历史；
2. 世界和中国会展的发展特点；
3. 世界和中国会展的发展趋势。

【关键词】

世界会展　中国会展　发展历史　发展特点　发展趋势

第一节　世界会展的发展

一、世界会展的发展简史

会展作为一种以交换为特点的市场形式，已经有了几千年的发展历史。世界会展的产生与发展具有深刻的社会经济背景，并始终伴随着人类社会经济的发展而发展。至今，会展活动在全球范围内蓬勃发展，已经形成以欧美为主导的全方位、多元化和高增长的产业发展格局。其发展过程大致可以划分为三个阶段，如表 2－1 所示。

表 2－1　世界会展业的发展阶段

历史阶段	阶段标志	活动形式	活动目的	活动范围	组织方式
萌芽阶段	集市	集市	商品交易	地方	自发、松散
起步阶段	1798 年法国工业产品大众展	工业展览会	展示	国家	有组织
快速发展阶段	1894 年德国莱比锡样品博览会	贸易展览会和博览会	交易及展示	国际	专业组织

（一）以集市为代表的萌芽阶段

欧洲被公认为世界会展业的发源地，而欧洲的会展活动起源于中世纪的集市，如古希腊的奴隶市场、奥林匹克运动会和城邦代表大会以及后来的古罗马的米市、油市等。集市被认为是展览的原始形式，因为它已经具有展览的一些基本特征，比如有固定的举办地点、时间等。在工业革命之前，由于交通不便和社会商品缺乏等原因，人们只能自发地将商品拿到集市上进行展览和交易，因而集市在很长的时期内一直是欧洲重要的商贸场所和手段。由于集市主要是通过展示来促进经贸活动的发展，所以，欧洲的会展业至今仍然有着很强的贸易性。

早期的集市组织较为松散，规模也较小，仅仅局限于某一地区内部举行。随着社会经济的发展，到11~12世纪，大规模的跨地区集市及展贸活动开始出现，其中最具有代表性的是法国的香槟集市（Fairs of Champagne）。它位于法国的东北部，地处北欧诸国与地中海的商业要道上，是当时欧洲最重要的集贸中心之一。14世纪以后，随着城市商业和运输业的发展，集市渐渐演变为早期的样品博览会和展览会。到15世纪初，在德国涌现了一些以莱比锡为代表的展览城市。16世纪的“地理大发现”时代，伴随着欧洲国家的殖民扩张和全球性贸易活动的发展，欧洲早期的会展活动开始扩展到世界其他地区。

（二）以工业展览会为代表的起步阶段

17世纪以后的工业革命，使欧洲开始进入了以机械化大生产为特征的工业化时代。在工业革命的影响下，欧洲的展览会出现了一系列的变革，具有鲜明工业时代特征的工业展览会开始出现，并成为会展活动的主导形式。相对于集市，工业展览会有着严密的组织体系，并且其规模也突破了地方的局限性，成为跨地区乃至跨国家的展览活动。

1798年，在内务部长德纳夫沙托（De Neufchateau）的提议下，法国政府组织了世界上第一个工业产品大众展，这次展览会被公认为近代工业展览会的开端。在此后的近50年时间内，许多国家都模仿法国举办工业展览会，然而由于当时保护主义盛行，这些工业展基本没有外国参展商。直到1851年，英国在伦敦举办了首届世界博览会——万国工业博览会（The Great Exhibition of the Industries of All Nations）。这次规模庞大的博览会在海德公园的水晶宫展馆举行，展出面积接近10万平方米，参展商多达1.7万家，其中一半以上是来自于其他国家，观众人数超过600万人次。这是第一个真正具有国际规模的展览会，其目的是通过展览活动促进国家间的贸易与合作，以实现全球资源和市场的共享。“万国工业博览会”开创了一个全新的会展形式，被公认为是会展活动由旧的集市贸易向国际贸易博览会发展的重要标志。

相对于欧洲，北美的会展活动起步较晚，一般被认为是从西欧直接传过去的。起初，北美的展览会只是作为当时专业协会年度会议的一项辅助活动，其功能主要是信息发布和形象展示。当时美国的博览会又被称为“州际贸易展览会”，因为其主要是为了满足美国各州之间的贸易活动而设置的，来自国外的参展商所占的比例非常小。

（三）以现代展览会和博览会为代表的快速发展阶段

19世纪末，欧洲的展览业逐渐进入了快速发展阶段，即现代展览会和博览会。1894年在德国的莱比锡举行的样品博览会是这一阶段开端的重要标志。作为现代贸易和博览会的早期形式，样品博览会以展示为手段，以交易为目的，同时具有集市的市场性及工业展览的展示性。从这个角度说，样品博览会可以说是集市和工业展览会的进化形式。因为其不但突破了传统集市规模小、组织手段落后的局限，满足了商品大批量的流通，而且克服了工业展览会单纯注重宣传展示的功能，从而加强了市场交换的功能。

现代贸易展览会和博览会的发展过程大致可以分成两个阶段：第一阶段是两次世界大战期间综合性贸易展览会的发展；第二阶段是“二战”后专业博览会的出现与成长。第一次世界大战使许多国家陷入了经济困境，同时也破坏了此前的国际自由贸易环境，各国不得不寻求新的途径来促进本国经济的发展，综合性贸易展览会和博览会应运而生。例如，在1916—1919年期间法国就举办过三届国际博览会，并取得了较大的成功。由于这段时期各国举办了过多的展览活动，展出水平和时间效益普遍下降，展览业出现了混乱的局面。1924年，国际商会在巴黎召开了国际展览会议，并以此为基础，国际博览会联盟（原为法文 Union des Foires Internationales，后改为英文 Union of International Fairs，简称 UFI）次年在意大利米兰成立。该组织的成立对提高国际展览会的质量标准、维护全球展览业的正常秩序作出了重要的贡献。

第二次世界大战后，世界各国都着力于进行经济建设和发展科技教育，劳动分工越来越细，产品更新速度明显加快，综合性的传统贸易展览会已难以全面、深入地反映工业水平和市场状况。在这种背景下，现代贸易展览会和博览会开始朝专业化方向发展，并在20世纪60年代成为展览业的主导形式。专业博览会在展览内容、参展商和观众上具有明显的专业性，这有利于反映某个行业及其相关行业的整体发展状况，因而具有更强的市场功能。

现代展览业经历了一个多世纪的发展历程，形成了以欧洲和美国为龙头，以亚太地区为强大新生力量的全球化产业，拥有了全球性的行业组织——国际展览局和国际博览会联盟。这个被称为“无烟工业”的现代化产业，据不完全估计，目前世界上定期举行的大型展览会与博览会有4 000多个，国际会议达40万个之多。这些展览会、博览会和国际会议涉及社会各个领域，为全球科学技术的传播、经济贸易的增长，为城市建设、交通、能源、通信以及旅游等事业的发展，为促进人们思想观念的更新与交流均起到了强大的推动作用。

二、世界会展的发展特点

（一）会展设施现代化

建设现代化的、一流的会展设施是当今世界会展业发展的一大特点。世界各国都加大了对会展业基础设施的投入。如在德国，世界五大展览中心有四个在德国。现代化的会议展览中心及其较好的技术设施为德国各种展览会的成功举办提供了有利条件。2002年，德国投入了1.5亿欧元用于场馆的现代化和服务设施更新，此后每年还以1.6亿欧元的速度继续投资，至2008年投资总额达到了9.5亿欧元，展览馆的面积达到270万平方米。

会展产业自身需要较大规模的投入，而且与其配套的基础设施也需要有较大规模的投入来改善。如日本东京国际展览中心，投资达19亿美元，配以方便的交通，有两条地铁线路直通会展中心，有直达会展中心的汽艇专用线，从羽田机场到达会展中心约15分钟，除公共汽车专用线外，还有首都高速公路直达展览馆。

（二）会展主办专业化

在20世纪五六十年代，许多专业性的展会是由行业协会主办的。随着展会之间的竞争趋于激烈，越来越多的行业协会把自己的展览会卖给了专业展览公司或者和专业展览公司合资组织股份公司，行业协会只保留一定量的股份，把展览会的经营全部或部分交给展

开始尝试举办专业性的展会，刚开始由于由综合性展会突然转变为行业展会，展会观众数量和参展商数量出现大幅度下滑，此种办展模式也开始引起质疑，所以专业展会当时并没有得到迅速发展。其后，科隆将办展策略改为由某个行业作为主线，融入相关行业的产品和服务，属于走介于综合展和专业展的过渡路线，按现在的观点看，是半专业性展会，该策略使得观众和参展商数量逐渐得到回升，展览主办者开始受益，这个时间段大致经历了10年。莱比锡作为传统的综合博览会的核心举办地，对于实施专业展会办展策略处于观望态度，直到1928年才开始举办第一个具有专业意义性质的展会。纳粹党上台后，德国经济开始全面恢复，所以一直到"二战"前，专业展会已经开始被业内认可和接受。

(3) 专业展概念最终在杜塞尔多夫成形。"二战"结束后，东西德分裂，莱比锡开始淡出德国展览业的范围，所以德国专业展会发展的第二和第三阶段都已经跟莱比锡没有关系了。1947年，杜塞尔多夫成立了西北德意志展览公司，该公司举办的展会基本都是专业性展会，所以杜塞尔多夫在德国专业展会的发展历史上起到了承前启后的作用，今天杜塞尔多夫展览公司的很多品牌展会都是这个公司在1947—1960年前后陆续创立的。

进入60年代后，德国的专业性展会进一步发展壮大起来。专业展会可以说发源于科隆，进一步在杜塞尔多夫时期成形和稳定，最后于50年代中后期开始发展壮大。专业性展会起源和壮大于德国，而德国展会的发展史实际就是世界展览业的早期发展历史。

另外，1952年在西德成立的德国专业展会城市联盟为专业展会概念的推广起到了很大的促进作用，该组织现在仍然存在，不过已经转换角色，成为德国中型展览城市联盟。

问题：德国"二战"后专业展会不同发展阶段的特点是什么？

(资料来源：杨斌的新浪博客，http://blog.sina.com.cn/ybexpo)

第二节　中国会展的发展

一、中国会展的发展简史

我国的会展起源虽然可以追溯到奴隶社会时期的集市，但是由于经济、社会和政治等多方面的原因，我国现代会展业的发展在很大程度上与世界会展发展并不同步。我国的会展发展历史大致也可以划分为三个阶段。

(一) 以市、集和庙会为代表的萌芽阶段

中国会展业的萌芽阶段从古代集市的产生开始，一直持续到20世纪上半期。中国古代的集市普遍具有商业性，以市、集和庙会为主要代表形式。市最初是指人们交换货物的场所，到西周时期，市发展成为官府控制的市场。到宋朝的时候，官府对市的控制减弱，市的时间和地域的限制性被逐渐突破，而市的商业色彩日益强烈，先后出现了具备零售性

质的肆和批发性质的邸店。集是随着社会分工的深入和经济交流的扩大而发展起来的，与市相比，集大都在固定的地点定期举行，旨在促进生产和交易活动。而庙会则历史悠久，源于宗教活动的开展，其形式和内容丰富多彩，除了传统的产品交换以外，还包括宗教仪式和文化娱乐等活动，在唐代已经流行，明清时代盛行。事实上，由于受到历代封建王朝重农轻商思想的禁锢，并且长期处于自给自足的自然经济状态，社会分工不明显，农耕文明限制了商品交易的充分发展，使得中国的会展活动直到19世纪依然发展缓慢。

19世纪末，中国开始尝试着参加各种世界博览会，自此，中国近代意义上的会展业才开始真正出现并逐渐成长。1851年，中国商人徐荣村等人首先带着国内的丝绸、茶叶等民族产品参加英国的万国博览会并获得大奖。随后在1873年，中国首次派代表参加维也纳的世界博览会。此后，中国又先后参加了20多次世界博览会。但是由于种种原因，中国自1926—1951年期间一直没有参加世界博览会，会展业在这一阶段进入了“休眠期”。

旧中国在参与世博会的同时，也在努力尝试举办自己的展览会。1910年6～11月，晚清的第一次全国博览会——南阳劝业会在江宁（今南京）召开。1929年，中国政府以纪念北伐战争胜利为名召开了西湖博览会，虽然这次会展规模较大，但是由于受到当时经济、科技与文化等因素的限制，其水平与国外的博览会还有很大的差距。总体上讲，这些尝试对于中国会展业的发展还是起到了巨大的促进作用。

（二）以计划为主导的起步阶段

新中国成立之初，由于实行计划经济体制，加之国内经济建设发展曲折，以及国外对我国的经济封锁，我国只是有计划地参加和举行了一些大型的展览会。1951年3月，新中国第一次参加了德国的“莱比锡春节博览会”。1953年，中国国际贸易促进委员会接待了新中国成立后的第一次来华展览会——德意志民主共和国展览会。据统计，1951—1985年，中国成功举办了427个出国展；1953—1978年，中国共接待了112个来华展。

1957年春，经国务院批准，由中国各外贸公司在广州举办了首届中国出口商品交易会（即“广交会”），共接待了来自19个国家和地区的客商1 223人；到1978年，“广交会”共成功举办了44届。“广交会”的举办不仅打破了帝国主义对中国的经济封锁，而且还直接扩大了中国的商品贸易范围和影响，对我国会展业的发展具有深远的意义。

这一阶段，中国无论是参加国际大型展览会，还是自己举办大型的展览会，其规模和影响力均很有限，组织水平和专业化程度都处于初级阶段。

（三）以市场为导向的高速发展阶段

改革开放以来，随着国民经济的发展和市场化的深入，以及社会主义市场经济体制的初步建立和不断完善，中国的会展逐渐由以计划为主导的起步阶段过渡到以市场为导向的发展阶段。最近20年来，会展业在全国范围内蓬勃发展，给举办地带来了可观的经济、社会和文化效益。作为潜力巨大的新兴产业，会展业在促进经济发展、文化科技交流和国际合作等方面起到越来越重要的作用。

进入20世纪90年代，我国会展业的发展更是以年平均20%的增长速度飞速前进。1993年，中国正式加入国际展览局，成为其第46个成员国。1999年，中国昆明世界园艺博览会的成功举行，标志着中国会展的发展进入了新的发展阶段。进入21世纪后，我国的会展业发展进入了飞速发展阶段，2001年，我国举办了400多个出国展，并且加入了

WTO，自此中国会展业的发展进程大幅度加快。在此历史背景下，中国政府于2004年1月颁布了《设立外商投资会议展览公司暂行规定》，并在规定中强调“国家鼓励引进国际上先进的组织会议展览和专业交流方面的专有技术，设立外商投资会议展览公司，促进我国会展业的发展”。2005年，时任国务院副总理的吴仪为中国会展业制定了规划蓝图。这是新中国建立以来，中国领导人首次明确提出中国会展业的发展目标。因此，2005年被公认为是中国会展发展史上的一个重要里程碑。2006年，号称中国第一展的“广交会”迎来第100届展会。随着2008年北京奥运会的成功举办、2010年上海世博会的成功申办，中国会展发展即将掀开新的历史篇章。

总之，随着中国经济的不断发展和国际地位的日益上升，中国正在成为会展经济大国，并正在向会展经济强国迈进。

二、中国会展的发展特点

相对于会展业发达的国家，中国会展业的起步虽然比较晚、起点低，但是其发展速度很快。特别是20世纪90年代以来，中国会展业总规模连续保持年均近20%的增长速度，举办展览的数量、规模和档次都在不断提升。概括起来，我国会展发展具有以下特点：

（1）从发展速度上看，会展活动数量持续增加。近年来，中国举办的各种会展数量迅速增加，年增长率高达20%～30%；每年举办的会展数量是改革开放前的20多年间国内会展数量总和的10倍以上；每年举办会展的数量在国际范围内居于前列。中国会展覆盖范围不断扩大，许多专业会展已跻身于世界同行业会展前列。

（2）从类型上看，由综合性展会向专业性展会发展。目前，我国许多专业会展已经获得了业界国际权威组织的认可。中国内地获得UFI认证的展览会数量不断增加，许多专业会展已跻身世界同行业会展的前列。

（3）从质量和档次上看，国际化、专业化、品牌化和规模化程度显著提高。目前，国际性会议在中国举办的会展中所占的比例已经超过了50%，会展层次得到了显著提高，逐步形成了一批世界著名的专业会展，并在规模、服务水平等方面接近或达到国际水准，越来越多的会展已经走向品牌化。

（4）从场馆建设上看，兴建会展中心、新建和扩建会展场馆形成热潮。加强场馆的建设为促进中国会展业的发展提供了有力的硬件支持，为吸引国际会展活动在中国举办准备了条件和奠定了基础。据统计，目前全国正式注册并具有举办经济技术展览会条件的展览馆有118个，其可使用面积超过376万平方米，实际上已经超过了德国。但是，由于很多地方政府把展馆定位为当地的标志性建筑或形象工程，导致展馆的重复建设与建筑项目的盲目攀比，反而造成了许多不必要的浪费，降低了会展业的利润，阻碍了行业的发展。

（5）从会展组织和从业人员上看，会展组织和企业迅速崛起，从业人员大量增加。随着会展市场的形成，一大批为会展活动提供专门服务的专业会展公司迅速崛起，中国主营会展业务的专业会展公司和兼营会展业务的其他各类企业越来越多，会展从业人员队伍越来越庞大；会展市场主体呈现多元化的格局，民营企业占据半壁江山；中外会展企业之间的竞争、合作呈现多层次、全方位的局面；随着政府职能的转变，行业协会作为政府与企业之间的中介组织，其作用也日益显现出来，各大中城市纷纷建立了行业协会。这标志着中国会展行业逐步走上了规范有序的发展道路。

（6）从经济效益上看，会展经济效益增长显著。据不完全统计，近10年来，中国通过会展实现外贸出口成交额已达400多亿美元，内贸交易达到200多亿人民币。2005年，会展收入达到127.5亿元人民币，约占中国GDP的0.1%。随着中国经济和对外贸易的持续快速发展，会展收入将持续保持快速增长的态势，会展收入占GDP的比例将进一步提高。

（7）从发展格局来看，会展经济区域发展不平衡。目前，越来越多的地区提出大力发展会展业，除西藏外，国内各省市都有了自己的展馆。然而，由于会展的发展与区域经济发展的程度密切相关，中国会展业的发展尚存在着明显的地区不平衡性，经济发达、基础设施完善的沿海地区会展业比较发达，而中西部地区会展业相对落后。以北京、上海、广州、大连、成都、西安、昆明等会展城市为中心的五大会展经济产业带已经初步形成，分别是环渤海会展经济带、长三角会展经济带、珠三角会展经济带、东北会展经济带以及中西部会展经济带，逐步形成了相互协调、各具特色、梯级发展的互动式会展经济发展格局。此外，长三角地区会展城市中有15个单位共同于2003年形成了中国第一个会展区域联盟，进一步加速了该地区会展经济的发展，并使中国会展经济市场呈现重心东移的态势。

（8）从会展主办主体来看，市场主导与政府主导并存。作为政府促进贸易、投资技术、文化交流等事业发展的重要手段与载体，会展活动在中国大都以政府或半官方机构为主导。可以说，以政府机构为主导是中国会展业的一个显著特色，其集中表现为中央及地方政府对会展业的管理和调控，以及政府深入参与各类会展活动的组织与主办。

2005年，政府加强了对会展业的宏观管理，商务部以及其他8个部委联合制定了一系列相关政策支持和扶持中国会展业，并且促进中国会展业企业的品牌化以进一步明确和规范出国展的有关问题。与此同时，国内会展业比较发达的城市，如上海、宁波、广州、深圳等也纷纷正式出台与会展有关的规定，加强行业管理。此外，一些准政府组织，如中国商业联合会等国家级协会，也纷纷出台协会会展管理办法及通知。除了通过直接制定相关的法规政策对会展业加以宏观调控，各级政府机构还直接承办了很多大学会展活动。

政府主导型会展是中国会展业发展初期的必然产物，随着改革开放的扩大与市场化机制的深入，目前作为市场主体的会展主办和承办机构已经呈现出明显的多元化趋势。除了政府机构（包括政府级部门、政府临时机构、贸促会等半官方贸易促进机构）以外，国内会展活动的主办和承办机构还包括商促会、国有企事业、民营企业、外资企业。据统计，2001—2005年间中国展会项目主办单位中，政府主办为25%，商协会主办为55%，企业及私人主办为5%，其他主办形式为15%。在广州，已经基本形成了国营、中外合资、民营三大主要市场主体，除“广交会”等少数大型展览由国企举办外，其他多为民营公司所举办。

三、中国会展的发展趋势

经济全球化使中国经济与世界经济日益融合，作为连接生产和流通最直接形式的会展业正随着我国经济的迅速增长而发展迅速，中国会展业在未来发展道路上的必然趋势可归结为：国际化、专业化、市场化、规范化、信息化。

（一）国际化

国际化是当今世界会展业发展最显著的趋势之一。会展国际化即要从全球视角审视中国会展业，主动融入国际会展市场，积极寻求国际会展合作，增强中国会展业的国际竞争力；要善于学习、借鉴会展业发达国家的管理经验、经营理念、运作手段等，以增强中国会展业发展的后劲。自我国加入世界贸易组织后，中国经济的诸多领域都将参与到国际经济大循环中，中国会展业也将部分或全部地加入到国际会展业的竞争中去，这将强有力地推动中国会展业发生根本性变革。经济全球化使资本、信息、资源、人才、技术等生产要素在全球范围内自由流动、优化配置，中国优越的地理位置和中国经济对周边地区经济发展所具有的强大辐射能力，将使中国成为吸引跨国会展集团投资的理想地区。中国在降低关税、解除多边贸易壁垒之后，拥有全球20%认可的广阔市场和巨大的市场潜力，将强有力地吸引着国际会展产品和资金注入中国。随着更多外资的注入，有丰富经验的国外展览管理人员也会来到中国市场，对独资、合资项目进行管理或开发更大的展览项目，国际会展公司将从会议、展览、组织、接待等方面全方位地进入中国会展市场。外资会展公司的进入虽然会加剧我国国内会展业的竞争，但是经过竞争必将大大提高我国会展业的整体发展水平。外国资本的进入可以为我们带来国外成熟的办展理念、丰富的办展经验、先进的办展技术和知名会展品牌，推动我国会展业国际化、专业化和集团化水平的大幅度提高，促进中国最终成为世界性的会展大国和会展强国。简而言之，在全球经济一体化的大背景下，走国际化之路，我国会展将会获得更大的发展空间。

（二）市场化

市场化，就是按会展业市场规律办事，从以行政导向为主转向以市场导向为主，增强会展业自我约束、自我发展的能力；进一步发挥市场在配置会展资源中的作用，使市场这只“看不见的手”在推动会展业发展中发挥更大的作用。随着会展业准入的进一步开放，特别是外资的注入，会展业的竞争将进一步加剧，会展市场化的趋势越发显著。中国会展业市场化趋势具体表现在：资本运营市场化、办展方式市场化、场馆经营市场化。市场竞争日趋激烈，一些通常由政府运作的会展项目转而向社会公开招标，如2005年日本爱知世博会中国馆的设计方案招标、西安市对大型展览会承办权进行公开招标。在一些商业会展开幕式上，政府领导亮相的壮观景象将越来越少，一般性的文艺活动逐渐简略，简约、务实的风格将成为潮流。由政府主办、分配指标硬性要求企业参加，定位不明确、服务不到位、组织学生充当观众的“鸡肋”会展将逐渐消失。会展企业将在市场的大潮中历练，向着市场需求方向努力生存并进一步扩展，经受大浪淘沙、优胜劣汰的考验。

（三）信息化

会展的信息化既是中国会展业与国际接轨的一个重要衡量标准，也是会展业发展的必然趋势。IT技术将更深入地应用到会展的组织、扩展、管理及服务之中，促进企业管理进一步规范化、科学化。会展信息化的发展主要表现为大力建设会展信息管理系统，加快发展网上会展。因特网的出现以及电子商务的不断扩展，使会展业面临重大的变革和挑战。例如，网上广告和扩展、网上协同办公、低成本市场调查等一系列互联网带来的革新手段，使会展业进入传统和现代相磨合、相交融的阶段。既要保持现实会展活动的生命力以获得经济效益，又要与虚拟会展结合发挥其“永不落幕的展览会”应有的作用，这对未来每个会展企业来说都是一个重要课题。

（四）专业化

在计划经济体制下，展览从业人员没有明确分工，集多种职能于一身，展览公司既是展览组织者，又是展览管理者，也是展览项目的实施者，从展品征集到展品运输、展品布置直至为参展者提供吃、住、行服务等均可由同一批人承担，缺乏科学的社会专业化分工协作，必然效率低下。随着我国市场化步伐的加快，会展业务必将形成专业化分工协作的局面，会展公司的经营范围将进一步专业分工细化。会展专业化主要表现在：展会主题专业化、会展从业人员专业化、会展观众专业化。

（五）法制化

法制化就是要健全会展业法制建设，规范会展市场秩序，创造会展业发展的良好外部环境；积极推动会展立法，使会展业发展有法可依，走规范化发展的道路。改革会展业管理体制是法制化的内在要求，首要的是要建立符合市场经济体制要求的会展业宏观调控体系。会展业宏观调控体系的建立主要涉及政府职能的转变，政府将从利用行政手段干预或直接参与微观会展经营活动，转变到利用法律手段和经济手段调节会展的发展上来。其主要内容是：通过立法或制定行政法规，规范会展经营行为，使有关执法部门以可预计的方式在工商登记、货物检验和通关、公共安全登记等方面提供服务、进行监管；通关税收、财政资助等级制调节会展活动。

案例 2-2：大连国际服装博览会为什么会成功？

大连国际服装博览会暨中国服装出口洽谈会（DIGF）是我国最早举办的服装博览会，目前已经发展成为具有较高国际专业化水准、享誉海内外的亚洲一流展会。2002 年 10 月，DIGF 成功地通过了世界权威展览组织——国际展览联盟（UFI）的认证，实现了跻身世界著名展会的夙愿。

◇ DIGF 的概况和特点

DIGF 是大连国际服装节的主体活动。自 1988 年举办至今已经成功地举办了 14 届。14 年来，共吸引了来自 30 多个国家和地区近 6 千家中外企业前来参展；约 30 万人次的海内外贸易商、设计师、业内人员临场。仅 2002 年就有来自 20 个国家的 400 多家海内外知名服装、纺织企业参展，35 671 位专业人士到会参观，展览面积达到 2.3 万平方米，吸引了海内外数百家各类媒体追踪报道。不仅如此，海内外政要如联合国前秘书长加利、美国前国务卿基辛格、黑格等和日本前首相村山富士等知名人士，以及五大洲的外交使节、著名服装设计师、世界顶级模特等也先后光临博览会。

DIGF 的特点，可以用“四个之最”来概括：

（1）是国内举办最早的服装博览会。诞生于 20 世纪 80 年代后期的大连国际服装博览会，虽经历过风雨艰辛，但是在改革开放和市场经济大潮推动下，一直沿着正确的方向健康发展，成为目前除香港外，国内连续成功举办次数最多，并仍然充满活力的服装展会。

（2）是最早走向市场的服装博览会。从 20 世纪 90 年代初期开始，大连国际服装博览会就在大连市委市政府的支持下，开始运用市场手段组织展会，并成功将政府行为转变为企业行为。从那时至今的 10 年时间里，DIGF 不仅没动用政府一分钱，而且还为推动大连的开放作出了应有的贡献。

（3）是最先实现国际化的服装展会。从1991年第3届开始，DIGF正式冠名“国际”二字，经过多年努力，始终保持着“海外参展企业多，海外品牌比重大”的优势。参展国别和海外覆盖面逐年上升，组织运作方式也逐步国际化。尤其是近几年，平均每年的参展国别都保持在20个以上，海外参展企业租用的面积都超过1/3。在2008年第14届展览会上，海外展商比重就达47%，海外品牌比重达55%。各项指标均超过国际展览组织规定的标准。在国内同类展会中一直保持着国际化领先地位。

（4）是最先通过国际展览联盟认证的服装展会。近几年，各地争办服装节和服装博览会，仅据2008年不完全统计，全国服装节和博览会就有40个之多。2009年有增无减。大连博览会清醒地认识到：展会的核心竞争力不在于价格和眼前利益，而在于品质、信誉和影响力。与其在国内争市场、争效益，不如严格按国际标准，精心打造名牌展会，去国际展览市场一争高低。因此，经过10年努力，3年精心准备，大连国际服装博览会于2008年10月在德国慕尼黑举行的国际展览联盟大会上，经过全体成员投票表决一次性通过认证，为中国服装类展会在世界展览舞台上争得了一席之地。如果说1988年是DIGF第一次抓住了历史机遇，率先站到通向国际市场的起跑线上，那么2002年中国入世第一年，DIGF又一次抓住了历史机遇，率先赢得了进入国际展览舞台的通行证。这一成功，对于进一步扩大大连博览会在国际上的影响，保持其在国内的引领作用，对于让更多的人了解大连、了解中国都具有重要意义。

◇ DIGF成功的因素

DIGF成功的因素是多方面的，主要原因有以下五点：

1. 依托大连开放的环境和服装节的影响

大连作为中国北方较早的开放城市，近几年取得的建设成就和优美的城市环境举世瞩目。而大连国际服装节的举行则为DIGF扩大了声势和影响。即开放的城市形象、驰名中外的服装节都为DIGF的成功营造了得天独厚的条件。

2. 不断学习、借鉴海外先进的组展理念和运作方式

由于是国内第一个举办的博览会，前面没有现成经验借鉴，DIGF一直非常注意学习、借鉴海外办展经验和管理规范。从1990年开始，DIGF每年都要派出人员去香港、欧洲等地学习考察，开阔视野，更新观念，并结合大连实际，探索创新，不断为展会注入新的发展活力。

3. 不懈地探索创新，追求商贸效果

面临服装展会的激烈竞争，DIGF从不热衷于价格竞争，而是扬长避短，发扬国际化优势。与此同时，其将创造更多的商业机会、为客户争得未来市场作为增强展会竞争力的突破口，不懈地探索创新，在突出商贸效果上闯新路。例如，首创展商和买家直接见面洽谈会；邀请全国百家亿元大商场临场；通过填写需求表，普查展商要求，有针对性地邀请各类贸易商；在国内同类展会中绝无仅有地为展商编印大商场和代理商名录、首创展商和品牌的商贸发布会等，这些崭新的商贸理念和多样的洽谈形式，为参展商、贸易商提供了源源商机。例如，2008年博览会期间，在国内享有“商业旗舰”称号的大连大商集团应邀组织分布在东北三省的51家连锁店，采取分头临场考察、集中洽谈

的方式，从展会上邀请了100多家包括30多家香港馆在内的参展商到大商专门洽谈，直接通过大商各地的连锁商场将品牌辐射到全国几十个城市中，实现了真正意义上的参展商和贸易商的“双赢”。据不完全统计，进入东北及北方地区的海外品牌有70%以上是从大连博览会着陆并辐射到各地的。与此同时，在中国入世之后，大连博览会正在强化出口功能，精心组织更多的海外商业机构和高资质的贸易商临场，为中国服装品牌出口及加工出口搭建通向世界的桥梁。

4. 拥有稳定的网络数据库和高水平的合作伙伴

多年来，大连博览会充分利用地处开放前沿的辐射力、时尚之都的声誉和与日本、韩国、俄罗斯等国接壤的有利条件，在汇集海外企业和品牌方面，已经形成了以港澳台和东南亚地区客户为主的网络优势。同时，积累并不断充实了大量海内外各类贸易商数据库。正是由于这些宝贵资源的维系，大连博览会才始终充满生机和活力。此外，博览会还拥有高品质的合作伙伴，如香港贸发局、澳门贸投局、韩国各级服装协会、法国商会、意大利各大区服饰集团以及深圳、天津、上海的有关机构等。正是由于各方面的共同参与和通力合作，才造就了DIGF今天的成就。

5. 拥有一个经验丰富、专业、开拓型的管理团队

大连国际服装展览有限公司是大连国际服装博览会连续十几年的承办者，具有高度的责任心和敬业精神。通过努力向国际化高水准展会学习，掌握现代化的信息资源，积累并丰富了管理经验。此外，该公司在2008年正式加入国际展览联盟，成为第一个加入世界展览组织的中国服装展览公司。

问题：大连国际服装博览会的发展经历了哪几个阶段，其成功的经验是什么？

（资料来源：http：//hzsw. jpkcd. com/hzsw/showindex/254/233）

【本章小结】

世界会展的发展先后经历了以集市为代表的萌芽阶段、以工业展览会为代表的起步阶段和以现代展览会和博览会为代表的快速发展阶段，其发展特点主要表现为会展设施现代化、会展主办专业化和会展发展国际化，并呈现出专业化、国际化、集团化和规模化、信息化、多元化的发展趋势。

中国会展的发展历史也经历了三个阶段：以市、集和庙会为主要代表形式的萌芽阶段；以计划为主导的起步阶段；以市场为导向的高速发展阶段。中国会展的发展在发展速度、类型、质量与档次、场馆建设、组织和从业人员、经济效益、发展格局和主办主体等方面表现出不同的特点。中国会展未来发展的趋势可归结为：国际化、市场化、信息化、专业化、法制化。

【拓展阅读】

1. 了解世界博览会的发展历史：http：//www. expo2010. cn/
2. 了解中国进出口商品交易会（广交会）的发展：http：//www. cantonfair. org. cn/cn/

【思考与练习】

1. 简述世界和中国会展发展的历史。
2. 比较世界和中国会展发展的特点。
3. 简述世界和中国会展发展的趋势。
4. 试以“广交会”为例，分析新中国会展发展的历史、特点和趋势。

第三章　会议策划与实施

【学习目的】

通过本章的学习，理解并重点掌握会议策划的主要内容、会议的具体组织实施过程以及会后评估主要工作，对形成会议策划与组织整个活动流程有较为系统、全面的认识。

【学习要点】

1. 会议策划的主要内容；
2. 会议组织实施的主要工作；
3. 会后评估工作。

【关键词】

会议策划　会议组织实施　会后评估

第一节　会议的组织构成

会议活动的举行离不开会议的组织者。围绕一次会议活动的进行，从事各方面组织工作的常常有很多人，甚至还需要组建专门的会议工作机构负责承办与会议活动直接相关的各项工作，以保证会议的正常进行。实际上，由于会议主办者的社会身份、会议的形式、内容不同，会议工作机构往往也多有不同。那么，会议一般由哪些组织构成？各个组织的成员与职能又是什么？本节将就这些问题进行阐述。

一、会议主办机构

1. 会议主办者

会议主办者，即出资举行会议的组织。一般而言，主办者有三类，即公司主办者、协会等会员主办者和非营利性机构主办者。会议往往只有一个主办机构，但实际中有的会议特别是大型的会议可以由几个机构联合主办。

2. 会议承办者

会议承办者，即被指定来负责会议组织工作的组织或个人。承办者可以是主办方内部或外部的组织或个人。在会议的实际操作中，承办者可以是单一的组织或个人，也可以是多个组织或个人。有的会议还可能出现协办机构。

3. 会议支持者

会议支持者，即为会议提供各种形式的支持和赞助的组织或个人。会议支持者往往给予会议物资、人力、信息、宣传以及名义上的赞助或者支持。

二、会议组织委员会

会议组织委员会是会议临时工作机构，通常一些会议规模较大、筹备和组织周期较长、在特定范围之内规格较高的会议会采用这种会议组织机构形式。组织委员会一般由会议所对应的特定范围之内的领导人员、与会议活动直接相关的有关方面的负责人和直接承担会议组织工作的人员组成。组织委员会是会议的领导机构，有权决定会议筹备和在进行期间的一切与会议直接相关的重大事项。组织委员会下往往设秘书处，承办和落实组委会所决定的工作事项，秘书处再下设各职能组，具体办理会议筹备和组织所需完成的各项工作。组织委员会可设主任一人、副主任若干人、秘书长一人、副秘书长若干人。有的会议组织委员会还特邀一至数名顾问。

三、会议秘书处

会议秘书处是会议筹备和举行中重要的组织机构形式之一。秘书处往往由主办机构指定人员组成，并向会议主办机构负责。秘书处按照会议主办者的安排和要求，负责从会议筹备到结束过程中的全部会务工作。秘书处可设秘书长一人和副秘书长若干人，以下还可设会议组织所需要的专门工作组。秘书处的职责通常有以下六项：

（1）负责会前各项筹备工作的办理和检查，并适时向会议的领导机构作出汇报。

（2）会议召开以后，按照会议期间的日程安排，负责会间各种工作性会议的召集。

（3）负责各种会议文书的起草和修改。

（4）负责协调会议各个工作机构相互间的工作。

（5）代表办理与外界所发生的一切联系。

（6）负责就会议的全面情况向会议领导机构作出汇报等。

四、会务组

会务组为会议组织工作的若干职能工作机构，一般包括秘书组、文件组、宣传组、安保组和后勤组等，主要工作是辅助会议筹备和组织的各项具体工作的办理。

（一）秘书组

在一般的会议活动当中，秘书组通常是对会议的筹备和进行具体实施的组织、协调等项事务的综合性工作机构。秘书组的工作职责通常有以下各项：

（1）协助会议领导机构或领导人员，确定会议议题、与会人员、会议时间和会议地点。

（3）发出会议通知。

（3）协同有关部门准备会议所需用的文件、证件和其他会议用品。

（4）安排会议日程。

（5）对计划与会人员进行编组。

(6) 办理会议报到。
(7) 布置会场。
(8) 会议签到。
(9) 重要人员和会议嘉宾的接待。
(10) 会议文件的分发和收回。
(11) 会议值班。
(12) 会议决定事项的传达与催办。
(13) 会议文书的立卷归档。

(二) 文件组

文件组是负责大会主旨性文件起草的工作机构。在一般的会议活动中，通常由文件组负责起草的会议文件有：开幕词、主要领导的讲话稿、会议工作报告和有关的专题报告、会议的各项决议文稿、闭幕词、会议总结等。在有的会议上，文件组还负责会议简报、会议纪要的编写工作。

(三) 宣传组

宣传组是负责与新闻单位联系、对会议情况作宣传报道的工作机构。会前，宣传组拟出对会议进行宣传报道的详细提纲，在得到会议领导机构的同意之后，按照该提纲积极开展工作，适时向新闻单位提供会议的情况，统一制发宣传材料，统一掌握宣传口径，避免出现对会议情况不准确和不负责任的宣传报道。参加会议活动的记者证的发放也由宣传组统一掌握。如遇比较重要的会议或有较高级别的领导人参加的会议，对不同的会场区域还要发放不同的记者证，以保证会场的秩序和领导人的安全。

(四) 安保组

安保组是在会议进行过程中对会议实施安全保卫的工作机构。会议是否需设立安保组，要视会议的内容和参加会议的人员等情况而定。其工作分为两部分：一是会议内部的安全保卫；二是会议外部的治安保卫。作为内部的安全保卫，在会议召开之前首先要对会议的会场、与会人员的住地及周围的环境情况进行必要的检查摸底，熟悉基本的情况，及早发现和排除可能出现问题的隐患。在会议进行过程中，协同有关工作机构，对参加会议的重要人员的人身安全、会议饮食安全、集会安全、娱乐安全、用电安全、防火安全、财务安全和与会人员个人财物安全提供必要的保证。除此之外，对需要保密的会议文件、资料、图表、仪器、设备等，也须运用必要的保卫手段予以严格的控制，杜绝任何泄密事件的发生。会议外部的治安保卫主要是对会议来访人员和会场周围闲散可疑人员进行必要的监督、盘查和清理；防止任何行为不轨的人员进入会场，并与会议的后勤部门密切配合，做好对车辆的安全检查和行车安全工作；在会议人员外出活动时，避免任何形式的交通事故发生。

(五) 后勤组

后勤组是为需安排住宿的会议而特设的工作机构。在会议活动当中，后勤组的职责包括：负责接待；安排与会人员的住宿；安排会议膳食；保证会议用车；负责会议的医疗保健；负责会议的财务管理；负责安排会间旅游参观；负责与会人员返程票的预订、送站以及暂住的办理等。

第二节　会议策划

“策划”一词最早出现在《后汉书·隗嚣传》中“是以功名终申，策画复得”之句。其中，“画”与“划”相通互代，“策画”即“策划”，意思是计划、打算。“策”最主要的意思是指计谋，如决策、献策、下策、束手无策。“划”指设计，如工作计划、筹划、谋划，意思为处置、安排。策划是人们为实现预定目标，事先筹谋、计划、设计的社会活动过程，也就是在综合运用信息的基础上，运用现代科学方法，寻求实现目标最佳方案的创造性思维活动。会议策划可以为会议决策提供方案，能够提高会议活动的经济效益，帮助塑造会议品牌形象。

会议策划的工作内容包括“5W1H”（如图3－1所示）：①WHAT即确定会议议程、日程和程序；②WHERE即确定会议选址；③WHY即确定会议的主旨和目标；④WHO即定义与会者的人群和数量；⑤WHEN即确定会议日期；⑥HOW即会议的宣传推广和会议预算。

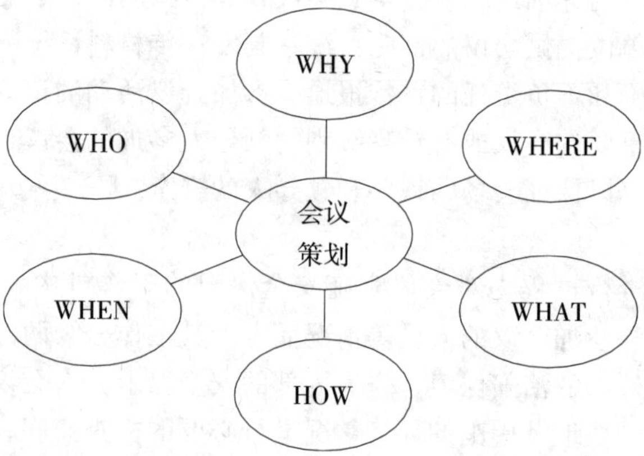

图3－1　会议策划的5W1H示意图

一、会议策划的内容

（一）会议主题的确定

确定一个明确的会议主题是会议策划的第一步。会议主题是会议主要内容和实质问题的高度概括，会议的潜在参与者通过它就可以了解会议的大体内容。例如，2009年亚太经合组织会议主题为“持续增长，区域联合”；2010年上海世博会是以“城市让生活更美好”为主题的。会议主题是会议的灵魂，会议的所有活动都是紧紧围绕会议主题展开的，确定好会议主题是会议成功的重要因素。一般来说，好的会议主题具有以下特征：

（1）前瞻性。前瞻性是指会议的主题在对社会经济相关问题的发展现状充分认识的基础上，对其发展趋势进行宏观把握，要高瞻远瞩，但不能远离现实。

（2）总结性。总结性是指会议主题要对社会经济相关问题进行高度概括，要有的放矢，不能泛泛而谈。

(3) 时代性。时代性是指会议的主题要紧扣时代发展的热点和难点问题，要特色鲜明，不能老调重弹。

案例 3－1：亚洲经济一体化研究热点与博鳌亚洲论坛

每年博鳌亚洲论坛年会的议题都是经过仔细分析后确定的。2004 年博鳌亚洲论坛也是在对当前热点问题进行分析的基础上设计主题。初步分析表明，当前学术界对亚洲经济一体化的以下几个问题给予较多的关注：

(1) 有些专家认为，以 1997—1998 年之间的亚洲金融危机为转折点，亚洲经济一体化启动并迅速发展。一体化的突然启动和迅速发展导致的必然结果是缺乏理论准备，亚洲经济一体化的目标模式、进程、动力、政治、经济和区域性制度条件、突破口选择等基本问题仍然比较模糊。博鳌亚洲论坛要成为亚洲经济一体化的思想库，应该开发和利用一切可以利用的研究资源，进行亚洲经济一体化的基础研究。

(2) 亚洲经济一体化的大背景是全球化的不断深入。推动亚洲经济一体化的任何举措，一方面，不可避免地对其他地区各个国家的利益，对现存的国际经济、贸易和投资格局，对现存的国际金融、贸易、投资制度和秩序带来冲击和影响；另一方面，也必然受其他国家，尤其是美国以及维持金融、贸易、投资等国际秩序的国际组织，对亚洲经济一体化的看法、观点、立场的反应的影响，在此基础上设计区内外都能接受的一体化总体目标、目标体系、阶段性的重点、逐步推进的机制和制度措施。

(3) 亚洲经济一体化是最近几年刚刚提出的，欧盟、北美和南方共同市场都有比较长的发展历史，研究它们各自诞生和发展的历史背景，分析各自发展的条件、起点、动力和多边制度与亚洲经济一体化的差别，探讨各自的经验教训对亚洲经济一体化的启示，也是基础研究的重要内容。

(4) 很多专家强调，亚洲缺乏认同，需要清楚描绘亚洲经济一体化对处在不同发展阶段的国家/地区有哪些好处，并提出亚洲经济一体化的原则，强化亚洲区域意识和对一体化的普遍认同，消除各种疑虑。

(5) 有专家强调，亚洲经济一体化不应该仅仅局限于贸易自由化，而应该具有超越贸易和投资自由化的目标模式，以适应其特殊的起点、历史背景、多边制度条件和亚洲实现共赢的需要。考虑到亚洲阶段的多元特征，应该倡议“普遍特惠制”，区内比较发达的国家给予最不发达国家特别优惠关税待遇，以提高亚洲大家庭的凝聚力。

(6) 许多专家认为，亚洲经济一体化的起点是金融危机，货币金融合作已经成为亚洲区域合作的首选领域，在一定程度上已经成为不可逆转的自然进程。但是，亚洲货币金融合作机制缺乏稳定性和可持续性。合作目标界定偏小，仅仅是为防范金融风险。所以，应该研究怎样把货币金融合作作为带动亚洲经济一体化进程的龙头。另外，亚洲 10 000 亿美元的外汇储备是金融资源的极大浪费，也是导致通货紧缩的重要原因之一，应该在现有货币金融合作机制的基础上，探索在保证实现稳定亚洲地区金融稳定安全和促进贸易便利的前提下，充分利用这个庞大的金融资源，扩大区内投资的机制。

根据 2003 年年会取得的进展以及近期学术界关于亚洲经济一体化的热点课题，海南发展研究院建议在设计2004年年会主题议题时遵循以下两个基本原则：

（1）以把握外部世界对亚洲经济一体化的看法、观点、立场和反应，借鉴欧盟、南方共同市场和北美自由贸易区等区域经济组织的经验教训，结合亚洲各国寻求共赢的客观需求，深入探讨亚洲经济一体化的总体目标、目标体系、阶段性重点、逐步推进的机制和制度措施。

（2）根据2003年年会在亚洲共同合作讨论上取得的突破，设计具体议题，争取至少在“亚洲货币基金”、“亚洲制造”、“亚洲能源安全与能源合作”、“亚洲货币联盟”等区域形成2~3个倡议。建议就以下六个主要议题广泛征求各方面的意见：

①亚洲的21世纪与世界眼中的亚洲经济一体化；

②亚洲货币基金与亚洲经济一体化进程；

③亚洲货币联盟展望：条件与进程；

④“亚洲制造与亚洲共赢”：供应链、产业链与区内外产业分工；

⑤亚洲区内贸易自由化与区内“普惠制”；

⑥亚洲能源安全与东北亚能源合作。

问题：博鳌亚洲论坛2004年年会的主题策划主要考虑了什么因素？

（资料来源：http：//cqihm. org/huizhan/UploadFiles/al. htm）

（二）与会者的确定

与会者的确定必须围绕着会议主题来考虑“谁来参加会议、要邀请多少人来参加会议、预期有多少人参加会议”等问题，因为这将直接影响到会议预算。因此，与会者的确定作为会议策划重要的一环，需谨记管理学的一句名言“多余的参与者就是多余的时间”，换句话说，就是该参加的一个不少，不该参加的一个不多。确定与会者有以下四种方式：领导确定、会议规则确定、磋商确定、选举确定等，但无论通过何种方式来确定与会者，往往要满足以下三个特征：

（1）必要性。必要性是指与会者必须是与会议直接有关的人员，也就是要符合会议确定的范围。主要包括有权了解会情、提出意见、表示态度、作出决定的人，或是能提供信息、深化讨论、直接有助于会议达到预期效果的人。

（2）重要性。重要性是指有的与会人员虽与会议没有必然的、直接的关系，但是有利于会议的进展或扩大效果的人员。这些人员通常是临时邀请的。

（3）合法性。合法性是指有些重要的会议，与会者必须具有合法的身份和法定的资格。例如，人民代表大会的与会者必须是依法选举产生的各级人民代表；党的代表大会首先必须是党员，其次必须是经各级党组织全体党员选举产生的代表；公司董事会或股东大会的与会者必须是按照公司组织法和公司章程正式确定的董事或股东。

（三）会议地点的选择

会议地点的物质条件（设施、环境和工作人员）往往影响会议的举办成效，因此，选择合适的地点将有助于会议的成功。一般来说，会议地点的选择除了要考虑会议目标、会议主题、会议举办时间以及与会者期望之外，还需要考虑一些细节因素，具体如下：

（1）区位交通情况。如，会议地点离与会者所在地的距离；会议地点与会议前后的旅行；会议地点的各个酒店与会场之间的距离；交通情况（航班、高速公路、火车等）等。

（2）举办会议的历史。如，在这个地点是否举办过会议；主办者以前是否在这个地点举办过会议；是否知道其他人在这个地点举办过会议；该会议地点是不是连锁机构中的一个等。

（3）会议相关设施。如，会议室规模和数量；视听设备：多媒体、音响、网络、投影、通信、信息系统等；辅助视听设备：演讲台、麦克风、助听器、同步翻译设备等；会议场地装修、布置等。

（4）食宿与配套设施。要有良好的食宿及配套设施，标准高低由与会者根据各自的预算来确定，但住宿地离会议地点不能太远；餐饮设施与会场距离要尽可能近；休闲环境要好，便于与会者交流；娱乐演出要有当地特色。一些必备的基本生活配套设施，如餐厅、商场、医务室、商务中心、计算机及网络、电信信号、银行、书店、出租车、票务代理等也应考虑在内。

（5）会议地点的工作人员。如，会议地点的工作人员是否需要特殊指导；侍者是否着装得体；前台服务人员是否礼貌周到而且有较高的效率；看门人是否能够帮助来宾；会议地点的工作人员是否成立了工会等。

（6）服务设施。如，会议地点是否有汽车租赁服务；会议地点提供哪些娱乐活动；会议地点是否与附近的娱乐场所相联系；会议地点是否对使用娱乐设施收费；会议地点是否有商店等。

（7）公共区域及设施。如，是否有足够多的电梯供与会者使用；会议地点是否设有欢迎与会者的标志；会议地点是否为行为障碍者提供了方便；走廊和公共区域是否干净整洁；是否有足够多的干净且设施齐备的公共卫生间；是否有专门的衣帽存放处，且有专人管理等。

（8）费用。如，会议地点的收费情况如何；是否提供免费使用的房间；是否有淡季折扣；工作日和周末的收费标准是否不同；是否需要交纳押金；会议地点对迟到客人如何处置；会议地点接受何种货币；是否可以用信用卡消费；会议地点是否提供预订服务；会议地点对取消预定有何规定；会议地点是否要求保险；谁将对财产损失负责；会议地点是否对某些设施特别收费，尤其是在会议的前一天和后一天；会议地点对附加费有何规定；哪些费用可以延期支付；会议地点是否能够保证客房价格；会议地点可能还有哪些附加收费等。

（9）会议地点的景点。如，会议地点附近是否有景点；与会者是否会对这些景点感兴趣；会议地点的管理部门是否与附近的景点有互惠合作等。

（10）安全。如，会议地点的工作人员是否具有安全意识；是否每个房间都设置了烟雾警报器或洒水装置；会议地点是否设置了可用的火灾警报系统；酒店是否公开了撤退程序；是否每一个门的出口都做了明显的标记；会议地点是否在合适的地方配备了保险箱；会议地点是否有常驻医生；会议地点是否有一支保安队伍；会议地点距离最近的急救中心有多远；会议地点的工作人员是否接受过 CPR 的训练等。

总的来说，会议地点的选择就是要将会议场所类型确定与具体地点选择两项工作做

（续上表）

日期	时间	活动内容
12月8日	15：00～17：30 圆桌会议	组A：特别专题：国际知名人士共同关注四川灾区重建 拟邀嘉宾： 1. 戈登·坎贝尔（Gordon Campbell）：加拿大卑诗省省长 2. 莫里斯·勒玛（Morris Lemma）：澳大利亚新南威尔士州州长 3. 四川省领导 4. 李连杰：壹基金主席 5. 伊恩·戴维斯（Ian Davis）：麦肯锡董事总经理 6. 大卫·扣特（David M. Cote）：霍尼韦尔主席兼首席执行官 7. 路易斯·切里文特（Louis Chênevert）：美国联合技术董事长兼首席执行官 8. 其他待定嘉宾
		组B：话题1：全球产业转移与世界经济的变革创新 话题2：改革开放三十年后中国西部国际合作新亮点与新举措 拟邀发言嘉宾： 1. 中华人民共和国国家发展和改革委员会领导 2. 四川省领导 3. 浙江省领导 4. 广东省领导 5. 克里斯汀·加诺（Christian Quesnot）：两任法国总统参谋长 6. 杰夫·埃梅尔特（Jeff Immelt）：GE首席执行官 7. 米歇尔·罗利耶（Michel Rollier）：米其林管理合伙人 8. 其他待定嘉宾
	18：00～19：30	自助晚餐会
12月9日	全天	1. 重要嘉宾慰问灾区人民（慰问地点：都江堰） 2. 组织嘉宾参观大熊猫养殖基地 3. 对四川境内重点经济区域/企业/项目进行商务考察 4. 送别

（资料来源：http：//www.stnn.cc/guanxi/200811/t20081129_ 914574.html）

二、会议的宣传推广

会议的宣传推广是会议策划工作的有机组成部分，也是会议取得成功的重要保证。会议的宣传推广的主要目标是：吸引与会者参加会议，达到主办者的期望值；及时传递会议信息，增加会议透明度，尊重人民群众的知情权；使会议的目的和意义深入人心，调动广大人民群众的积极性，为贯彻落实会议精神及各项决策创造良好的舆论环境；对于因举办大型会议活动可能对部分群众带来的某些不便，通过正面宣传予以解释，消除部分群众的顾虑，使他们充分理解和支持会议的举行；能树立领导机关或主办单位良好的社会形象，提高会议知名度，创造会议品牌；通过宣传推广活动，争取社会在经费、物质、人力与智力等多方面给予支持和赞助。

会议的宣传与推广主要有以下三种方式：一是宣传，将会议的相关信息传递给大众；二是推广，这是一种营销策略，用以增加报名人数；三是公关，经由公关加深公众对会议内容和主办单位的印象。

（1）宣传。这是树立主办者形象的主要方式之一。虽然许多得到会议宣传材料的人都不会参加会议，但是他们却一定会根据这些材料对会议的主办者形成某种印象，所以会议组织者必须清楚认识到自己宣传的不仅是会议本身，还包括主办者。宣传的手段多种多样，可以利用电视、电台、报纸、杂志等媒体，也可以借助广告招贴画、宣传手册、传单、横幅、旗帜、会标、装饰用不干胶等，现在还可以利用网络电邮会议通告、设计网络大会专题网页等手段。将这些宣传手段巧妙地组合利用，以期吸引相关人士报名参加，扩大会议成效，争取社会赞助。这种方式会前使用居多。

（2）推广。根据一定的营销策略，将会议内容和进展持续有效地发布出去，让对此感兴趣的人们能够获得最新最快的相关信息，甚至吸引其他人一起来参加，这一过程就是推广。推广的手段主要是利用邮件，因为它的传播效果比较明显。此外，媒体广告和互联网也是较好的推广手段。

（3）公关。公关活动不仅可以帮助主办方争取到更多来自于当地政府和群众的支持，同时也能有效地在广大人民群众中引起共鸣。如果说宣传与推广是为了推销或促销会议，从而吸引更多的与会者参加，争取到可能的赞助，那么公关所涉及的范围则比宣传和推广更广，其目的不仅仅是吸引与会者，而且还要在公众和与会者心中树立会议主办者的形象，营造浓厚的舆论氛围。

三、会议的预算

掌握了会议的预算就等于掌控了整个会议。一般来说，公司或非营利性组织的会议主办者通常会限定一个总体预算，会议承办者则需要在这个预算范围内安排会议。而营利性会议的主办者在制定预算时往往要以一定的净收入或利润额为基础。协会组织在主办会议的时候也会寻求赢利。会议的预算具体包括会议的预期收入和支出预算。

（一）会议支出的预算

会议支出的预算包括固定支出预算、变动支出预算以及其他支出预算三项。

1. 会议固定支出预算

会议固定支出预算是指无论与会者人数的多少，这些支出都是一样的。对于会议而言，固定支出的覆盖面较广，包括场地设施费，讲演者酬金与旅费的支出，准备工作费用，市场宣传费（宣传品、广告、邮寄费用、新闻稿、记者招待会等），办公室补给和开销（固定开销、电话、传真、运费、邮费），试听费，租用费（道具、设备与灯光），展览费，服务费，路标、鲜花和其他用来制造气氛的项目费，运输费，保险费，审计费，贷款利息或透支等。虽然固定支出在很大程度上取决于会议与会议场地之间的合同，但总的来说，固定成本支出预算通常都有个比例，约占总开支的35%。

2. 会议变动支出预算

会议变动支出预算是指随着与会者人数的变动而发生变动的那一部分费用。包括：视听设备，计算机服务，餐饮，住宿，娱乐服务，会议装备（文件夹、徽章等），文件费（材料邮寄、注册等），发言人（报酬、旅费、材料等），交通费，搬运行李费，停车费，保险，购买税，翻译人员费，资料印刷和复印费，奖品和纪念品，保安费，会议评估和后续工作费等。通常会议变动支出预算是分量最重的部分，由于与会者人数往往和预计人数有一定出入，因此必须大概保持到总开支的50%。

3. 会议其他支出预算

会议其他支出是不成文的，然而又是无法避免的意外支出，会议预算通常会预留出15%的空间来应付此部分支出。包括10%的或有意外支出计划（额外的酒水、会议工作人员的加班工资、额外的饮食服务以及无法预见的后勤开支）和一部分对付货币汇率变化的支出。

（二）会议收入的预算

会议的收入主要来自注册报名费、会议赞助、参展商交费、联合主办者交费、广告收入、拨款、利息以及其他销售收入（包括出版物、纪念品、旅行、餐饮、展览入场券、录音/录像带等）等。

第三节　会议的组织实施

一、会议前期准备工作

会议前期准备工作阶段是时间最长、事情繁多，也是最重要的时期，是介于会议策划与会议正式举行之间的一个中间环节，是会议实施的保障。会议前期准备工作主要包括拟定会议方案、制发会议通知、组织报名、印制会议材料、布置会场、培训临时工作人员及安排相关服务、会前检查等。

（一）拟定会议方案

会议方案的拟订是紧接着会议策划工作的完成而展开的，是对会议策划内容一个较为系统和完整的总结。具体从会议主题和议题、会议时间与地点、与会者人员名单、会议议程、日程与程序、会议组织架构、会议宣传推广、会议预算等上都有一个明确的安排，是指导整个会议后期准备工作有效开展的行动纲领。

（二）制发会议通知

会议通知是向与会者传递召开会议信息的载体，是会议组织者同与会者之间进行会前沟通的重要渠道，它传递有关会议的内容、性质、时间、地点、方式等基本信息，方便与会者做好赴会的思想、时间和物质准备。会议通知的内容包括会议名称、组织机构、会议内容、参会对象、会议时间、会议地点、相关事项（会务费、论文提交等）、联络信息以及回执或报名表等。其中，联络信息是指主办者或承办者的联系地址、邮编、电话、传真、网址、银行账号、联系人姓名等；回执或报名表的应填项目包括与会者姓名、性别、年龄、职务、抵达会议的时间和交通工具、预订回程票的具体要求、是否参加会议旅游等。

会议通知类型多样，通常有会议通知、邀请函（书、信）、请柬、海报、公告等。发放会议通知的方式也很多，如邮递、当面通知、电话、传真、电子邮件、招标、广播、登报等。一般采用书面通知，必要时使用两种以上的方式，确保有效送达。发放时要做到：提前发出、按规定范围发、落实与会者。采取电话口头通知的，要记录接话人姓名，并提醒接话人做好记录。重要会议的通知发出时，要对被通知人员是否参加会议进行核查，并及时反馈给会议主持人。

（三）组织报名

不同类型的会议，组织报名的形式也不同。例如，政府类会议针对会议出席者范围，以发文件、通知形式告知、邀请相关人员出席会议；而商业性会议的组织报名则类似展览会的招展，采用向潜在与会者发送会议邀请函、打电话、登门拜访、在媒体上发布会议广告等方式，广征会议相关人员积极报名参会。对于会议特邀嘉宾，可专门制作邀请函，专人联系落实嘉宾报名参会。

（四）印制会议材料

举行会议必须要印制一些会议材料，用来告知会议的相关信息和满足与会者会议期间所需，也为会后留档做准备。这些会议材料的设计、制作、印刷等通常由专业人士完成，具体包括：

（1）会议文件，如主旨文书（开幕词、闭幕词、主持词、大会报告、领导讲话稿等）、事务文书（会议须知、会议细则、会议议程日程安排等）、议案文书（议案、议案说明等）、决议文书（会议决议、公报等）和信息文本（会议记录、简报等）。

（2）会议证件，如出席证（代表证、列席证、嘉宾证、旁听证等）和工作证（工作人员证和记者采访证）。

（3）会议其他材料，如大会专用信封、信纸、宣传品、海报、会议通知、报名表、餐券、论文摘要集、与会者名册等。

（五）布置会场

会场的布置，首要依据是预计出席的人数，其次是依据会议室面积大小和现有配备，然后再考虑需要添加的设备数量与种类。

1. 会场座位安排

这是会场布置的首要任务。要根据会议的性质、会场大小、与会者人数来确定座位的格局、疏密程度、座次、桌椅等。

格局上，大型会议采用上下相对式，设置主席台，主席台和代表席采取上下面对面的形式，突出严肃庄重的氛围；中型会议采用半圆形或 E 字形，形成一个中心点；大型宴会、团拜会、茶话会等采用众星拱月式、星点式，形成轻松和谐的氛围；会见或会谈则采用马蹄形、圆形、正方形、长方形、回字形等。

座次的安排主要是为了体现与会者的身份和地位。有按照公布名单或以姓氏笔画为序来排定座次的；有按照职务高低排列的，职务最高者居第一排正中，然后先左后右，前为主，后为次；有按身份排列的，客人坐主人右边，译员和记录员分坐主宾的后边或右边，其他随同宾客可按礼宾顺序在主宾一侧就座，主方陪见人在主人一侧就座；还有自由排列法，由与会者自由择座。

桌椅的设置要遵循人类工程学原理，一般的标准高度是60 厘米，以保证与会者感到舒适；宽度可随意组合；座位间隔以令人舒适为准。此外，在座位安排上可辅以会议桌签或席签标示座位布局和座位者身份。

2. 会场氛围的布置

（1）会标、会徽、标语、引导标志和国旗、会旗的悬挂。会标必须醒目、鲜艳，写全称，字体要规范、端正大方，一般悬挂在主场地正中或主席台正上方；会徽则一般悬挂于主席台台幕正中央；标语可以是清一色的也可以是五彩缤纷的，环绕着整个会场，无时无地无刻不出现在各处；国旗应该横挂。

（2）其他装饰物的布置。包括装饰会场的色调、灯光、音乐（如会歌）、气味、装饰物（花卉、植物、画报等）。其中，主讲台桌子前面地上摆放的花卉高度以低于桌面距离约20～30厘米的高度为佳。

3. 会议用品和设施的配备

（1）会议用品。包括文具用品（笔、墨、纸、簿册、签到簿等）和生活用品（饮料、茶叶、茶杯、毛巾等）、办公用品（计算机、打印机、复印机、移动电话、耳麦等）、装饰用品（花卉、旗帜、会标等）以及其他会议专门用品（票箱、奖品、获奖证书等）。

（2）会议设施设备。包括音响设备（麦克风、扬声器、调音台等）、放映设备（屏幕、幻灯机、背射式投影仪、高射投影仪、录像投影仪、VCD/LCD/DVD机等）、同声传译、多媒体投影仪、其他演示设备（配套挂图及黑板、白板、电视大幕墙、视频点播系统、可视电话会议等）、通风设备（空调机、电扇等）、照明设备、通信设备（计算机、传真机、电话机等）以及交通工具（轿车、大巴士）等。

（六）培训临时工作人员及安排相关服务

部分会议期间需要雇用临时工作人员扮演辅助完成任务的角色。首先要确定哪些工作需要临时工作人员负责以及有什么具体要求，据此挑选合适的临时工作人员，然后开展临时工作培训，包括工作技能、知识及工作纪律等，最后安排好具体工作任务。这是一系列较为琐碎又很重要的任务，因为临时工作人员同样代表了会议主办者的形象和整个会议的品质。因此需要严格把好临时工作人员的培训这道关口。

除了临时工作人员的培训及任务安排外，还需要一些其他的相关服务项目，如会议现场摄影、保安以及其他临时需求等。虽然这些服务并非会议必备的，但是提前准备好这些细节服务，将以备不时之需。好的服务可能不被人们注意，但是差的或欠缺的服务则会影响整个会议的成功。

（七）会前检查

会前检查是保证会议顺利召开必不可少的环节，通常也伴随着整改完善工作。一般而言，检查方式有两种：一是会议主办者领导先听取承办者的汇报，发现问题，责成责任人或单位整改；二是会议主办者领导亲自或者委派检查员到会场实地检查，以确保无误。

二、会议期间的组织与接待工作

会议期间的组织与接待工作主要包括召开会前协调会、设立会议秘书处、组织会议报到、会议后勤保障、现场沟通等。

（一）召开会前协调会

召开会前协调会主要有两个目的：一是及时、完整地表达会议主办者、承办者的意图；二是将工作分层安排，以使各个岗位的工作人员都能详细了解自己的工作内容与责任。需要协调的人员及工作包括场地人员协调、指示标志制作、工作人员工作时间表和注意事项。

（二）设立会议秘书处

在会议策划过程中，会议主办者一般要组建一个临时会议组织机构，即会议组织委员会，其中就包括会议秘书处，会议前期主要负责统筹处理会议策划及准备工作的相关事宜，到会议举办期间则转战到会议现场负责整个会议的正常运作。在会议期间，秘书处的主要工作包括：

（1）接听电话及留言。

（2）操作电脑并处理文书工作。

（3）联络交通、餐饮等事宜。

（4）接待。

（5）协助处理报到事宜。

（6）供应并补给物质。

（7）处理危机事件。

（8）协助处理普通事务。

（9）运送会议资料及用品。

（三）组织会议报到

（1）报到。大型或重大的会议活动需要提前1～2天报到，会议组织者需要安排接站、接机、住宿、餐饮、报到等会前服务。一般的会议会将报到程序尽量简单化，报到的方式有很多，如使用电脑进行报到、会前报到、现场签到簿上签署姓名、证卡签到等，但是无论采取何种方式，核心就是正确和高效，以减少与会者的等待时间。

（2）引导就座。大中型会议中，由于与会者对会场不一定都熟悉，因而需要专门引导员采取某种方式引导入座，以方便与会者尽快就座，保持会场秩序井然。

（四）会议后勤保障

会议的后勤保障是整个会议现场有效运作的后备军。主要包括：

（1）提供餐饮服务，保证会场饮料及点心供应。

（2）做好安全和保密服务。

（3）医疗卫生服务随时待命。

（4）组织参观访问和文娱活动。

（5）编制通信录和拍摄集体照。

（五）现场沟通

现场沟通是会议团队小组高效合作的一种表现。首先，这个团队极为庞大，包括承包商场地工程、服务、餐饮和保安人员，以及视听工作人员等所有成员；其次，有效的沟通与合作需要物质和精神上的保障，常用设备有电话、无线对讲机、移动电话、留言中心等。除此之外，采用一定的方式进行精神激励也很重要，如现场简报等。总之，现场沟通目的是让现场所有员工及时处理现场的每一件事务，保证会议的顺利进行。

三、会议期间的特殊事件处理

（一）记者会的安排

有些会议除了在会议前期定期发布大会新闻稿之外，还会召开会前和会间记者会，目的是加强新闻发布及宣传力度。会前记者会一般在会前两三天召开，因为这样可以在会议开幕前一天或当天报道与会议有关的信息，如果把会议议程日程等相关资料发给媒体，媒体可提前为会议期间的采访与记者会做好准备。会议期间的记者会主要是针对大会邀请的知名发言人在演讲完毕之后而召开的，以便记者发问或采访（事先需征求发言人的同意才可以召开）。总之，记者会是整个会议公关与宣传的重要组成部分，应给予妥善安排。

（二）特殊事件的处理

会议期间，及时处理好危机和特殊事件是非常重要的，而前提是要求会议主办者与承办者在会前制定完善的危机/特殊事件处理方案和具备现场危机处理能力。会议过程中可能发生的特殊事件包括：

1. 紧急医疗

有些与会者可能因为水土不服、饮食、喝酒、睡眠不足、旅途疲劳等原因在会议期间生病。以往的经验表明，比较可能发生的是心脏病、中风以及其他一些对生命造成危险的疾病。因此，会议组织者在会前有必要根据与会者的平均年龄、活动范围及过去会议经验制定紧急医疗预案，如建立会场紧急医疗中心点或会场医务室、连通紧急医疗电话等。

2. 卫生问题

卫生包括饮食卫生和环境卫生，其中，饮食卫生是会议主办者最大的威胁，所以需要谨慎选择饮食合作伙伴，一旦因饮食出现问题造成腹泻或食物中毒等，就将造成无法弥补的损失，会议主办国、城市、地点、主办者自身的形象都会受到严重的破坏。

3. 火灾

会议主办者与承办者有责任教授每位与会者遇到火灾时基本的逃生技能，有责任保护与会者的人身安全并提供足够的相关方面资料，并严格做好会场相关火源点的检查，熟悉安全设施。

4. 盗窃

在会议期间被盗事件的发生会给与会者留下不良印象，因此，在重要的会议尤其是国际会议期间，地方政府和会议举办地都需要加强力度避免盗窃事件的发生。同时应该以书面材料告知与会者做好个人财产保护防范工作。

5. 签证问题

签证问题通常发生在国际会议或有国外与会者的会议中。这就需要会议组织者在前提会议通知中注明签证问题事项以便与会者做好相关准备工作，以免国外与会者因签证问题而延误到场，导致大会相关活动不得不重新调整，引致一系列麻烦。

6. 其他突发事件

经验证明，除了上述的重大危机/紧急事件外，一些突发事件也有可能发生，如原定的主要发言人没出现；发言人表现不当；某位代表言行不当；严重的 IT 系统故障等，这就需要会议主办者临危不乱，结合早期的策划与预测，进行理性的判断，有效地化解这些突发事件。

案例 3－3：2006 中国诺贝尔经济论坛（CNEF）活动为何会夭折？

中国诺贝尔经济论坛原定于2006年2月16日上午举行。然而，当众多媒体记者和部分参加论坛的人士按时来到论坛举办地——东旭皇朝酒店四楼会议厅时，却看见会议厅大门紧闭。大家被意外地告知：这次论坛活动取消了。但就在前一天，论坛的主讲嘉宾、诺贝尔奖获得者、被称为“欧元之父”的蒙代尔教授还与媒体见面并接受了采访。只隔了一个晚上，备受关注的论坛活动就夭折了。

这次论坛的主办单位是中央国家机关工委国青生产力促进中心、世界诺贝尔论坛中国联合会、中国发展学研究会企业专业委员会，承办单位是中国诺贝尔经济论坛秘书处和大连文轩音乐文化发展有限公司。

论坛缘何被取消？论坛秘书处秘书长鲁嵘解释说，诺贝尔经济论坛最初定于2月15日上午举行，可是一场大雾使与会演讲的一些嘉宾的行程受到影响，论坛只好推迟到16日。蒙代尔教授是15日中午抵达大连的。主办方希望蒙代尔在16日当天能多逗留一些时间，但蒙代尔在北京还有另外一个重要活动，仅能在论坛作半小时的发言。已做了精心准备的蒙代尔不愿在论坛上作仓促发言，也不能爽约北京的活动，因此决定取消当天的演讲。

鲁嵘称，蒙代尔决定取消演讲还有另外一个原因——作为一个国际级经济学家，他感觉这次论坛的参与人员和规模不够理想。鲁嵘还说，论坛的主办方与会议承办方之一、大连某商业性公司，在论坛的人员组织及程序等环节方面产生了一些分歧。论坛的主办方主张将论坛办成交流智力成果的学术活动，商业性公司则主张售票。论坛会务费每人高达3 800元，这还不包括住宿。这次论坛总共印制了1 000张门票，但仅售出4张。

中国诺贝尔经济论坛是2001年开始举办的，已举办了两届。鲁嵘说，前两届论坛的主办方均是与政府部门联合举办的，而这次论坛则是由商业性公司担任承办方。鲁嵘说，这次论坛活动没有搞起来，对主办方来说也是一个教训。他认为，举行这样的论坛还是应当与政府部门合作，赢得政府部门的支持。

问题：2006 中国诺贝尔经济论坛（CNEF）活动为何会夭折？

（资料来源：http：//hzsw. jpkcd. com/hzsw/showindex/251/233）

第四节 会后的评估

会议结束后的一项重要的工作就是会议评估。通过评估，会议组织者可以总结经验和吸取教训，发现问题并根据反馈意见制定改进方案，争取下一次会议取得更好的成效。

一、评估的目的

评估是指通过收集与特定目标相关的信息，分析评价成功的经验和存在的问题，判断是否实现预期目标的活动。有些人常常将评估与调查两个概念混淆起来，事实上两者主要的区别在于：评估的目的是找出发生了什么事，而调查则是弄清楚事情为什么会发生。几乎每一个会议都会进行各种形式的评估，而很少有会议需要进行调查。评估是会议组织者为判断已做过的所有工作的效率和效果提供标准和结论，并且为今后的工作提供参考依据和经验。

会后开展评估的主要目的有以下四点：一是为了明确会议的目标是否已经实现；二是为了知道会议的成本效益如何（超支/赢利）；三是为了了解与会者是否感到满意；四是为了发现并清楚以后会议工作中有哪些方面需要改进。

二、评估的内容

评估的内容是会议主办者根据具体的会议而最终决定的。理论上，可以对一个会议的所有要素进行评估。根据伦纳德·纳德勒和泽西·纳德勒在《成功的会议管理：从策划到评估》一书中给出的可以进行评估的会议因素表格（如表3－2所示），可详细把握会后评估的主要内容。

表3－2　可以进行评估的会议因素

·承办者	·相关活动	·展览
·策划委员会	·会议地点	·注册报到
·指导委员会	·市场宣传与推广	·与会者手册
·秘书处	·公共关系	·娱乐活动
·主题相关性	·会议预算	·休息
·目标明确性	·发言人或讲演人	·招待会
·整体策划	·交通	·陪同人员

（资料来源：王起静等．会展项目管理［M］．北京：中国商务出版社，2004）

表3－2的内容非常广泛，要进行系统的评估是一项很耗时耗力的艰巨任务，因此有些会议的主办者就会有所选择地进行评估，不管是完全还是部分的评估，目的都是为了掌握会议整个过程中哪些进展顺利，哪些进展不顺，哪些应该在下一次改进，又有哪些具有创意。

三、评估的方法

最常用的评估方法是问卷调查和采访。

（一）调查问卷

调查问卷是根据评估目标设计完成的，包含封闭式问卷和开放式问卷两种。封闭式问卷中，设计的题目包括是非题和依据程度大小排列选项；开放式问卷则要求回答者写出答案，但如果与会者没有耐心将留空白，不利于评估。因此，通常意义上的问卷是封闭式和开放式问卷的结合体，其中，开放式问题大多放在最后且题量较少，以方便回答者能够快速作答。在会议结束后，会议主办者通过邮寄或电子邮件形式将调查问卷表发给与会者，由与会者填写完并寄回。

（二）采访

采访一般是在会议刚刚结束、与会者还没有离开的时候采取邀请部分与会者进行讨论的形式展开评估工作。采访的形式可以是录像式的，也可由主持人和助理做记录。采访过程中需要注意的是：问题要具体，尽量避免有争议的问题；一个问题中不要包含太多的小问题；尽量避免涉及个人隐私和敏感性的话题；行为举止要得体大方，切忌随意。

【本章小结】

本章系统地阐述了会议的组织机构、策划、组织实施、会后评估等理论知识。会议的组织机构一般包括会议主办机构、会议组织委员会、会议秘书处和会务组，主办机构主要有主办者、承办者和支持者；会议组织委员会既是会议的临时机构也是领导机构；会议秘书处是会议筹备和举行中重要的组织机构；会务组一般包括秘书组、文件组、宣传组、安保组和后勤组等。会议策划工作的内容主要包括确定会议议题、与会者、会议地点、会议时间、会议的议程、日程与程序，做好会议宣传推广策划工作以及会议预算。会议的组织实施首先需要做好会议前期准备工作；其次要做好会议期间的组织和接待工作；再次要及时处理好会议期间的特殊事件。会后主要通过调查问卷和采访等方法对会议进行调查评估。

【拓展阅读】

1. ［美］伦纳德·纳德勒等. 成功的会议管理［M］. 北京：机械工业出版社，2002

2. 魏中龙，段炳德. 我为会展狂——如何经营成功的会展［M］. 北京：机械工业出版社，2002

3. 保健云，徐梅. 会展经济——一种蕴藏无限商机的新型经济［M］. 成都：西南财经大学出版社，2001

【思考与练习】

1. 会议主办机构有哪些？请分别阐述各自的职责。
2. 会议组织委员会和会议秘书处分别在会议中扮演什么角色？
3. 会务组一般包括哪些部门，各自承担什么职责？
4. 会议策划包括哪些内容？请试写一份会议策划方案。
5. 会议组织实施过程中具体要做好哪些工作？
6. 会议评估的主要目的和主要内容是什么？有哪些常见的评估方法？

第四章　展览策划与实施

【学习目的】

通过本章学习，熟悉和掌握展览的五大构成要素；重点掌握展览的基本操作流程、策划内容和实际操作等相关内容；尤其要对参展工作有一定的了解，从而对展览的组织策划工作有一个较为系统、完整的了解。

【学习要点】

1. 展览的五大构成要素；
2. 展览程序；
3. 展览决策的影响因素；
4. 展览项目选择的要点；
5. 参展工作的主要内容；
6. 展览评估与总结。

【关键词】

展览构成要素　展览程序　展览策划　参展工作　展台工作　展览评估与总结

第一节　展览的构成要素

现代展览由若干相互联系的要素有机地构成一个展览系统，这个系统包括展览组织者、参展商、观众、场地供应者和展览服务承包商五大基本要素。

一、展览组织者

展览组织者是指以营利为目的而经营展览业的单位部门或机构，即展览公司和一些行业协会。目前，我国的展览组织者主要有专营、兼营和代理三种形式。

展览组织者是展览系统的主体，处于核心和支配的地位，它决定了展览的性质、形式及展览效果等，在展览系统中起着关键作用。展览组织者又分为展览主办者和展览承办者，前者是展览的发起者，包括政府部门或各类协会、商会以及大型企业等；后者通常是展览具体事务的执行者，代表展览主办者向参展商和观众提供展览服务。承办单位可以是行政单位，也可以是事业单位或企业单位。

二、参展商

参展商又称为参展客户，是指参加展览并租用展位的组织或个人。参展商受展览组织者邀请，通过订立参展协议书（或展览合同），在特定时间在展出场所展示物品或者服务。例如，2004 年首届中国—东盟博览会的参展商有中国和东盟 10 国的领先生产企业、主要出口商、招商项目业主、对外承包工程企业、其他国家和地区的跨国公司、旅行社及景点景区、航空公司及与旅游业相关的其他企业。

参展商是展览系统的另一主体，没有参展商就无所谓展览，而且参展商数目的多少和行为的活跃程度直接关系到展览的生命力。通过参展过程，参展商可以展示公司的新技术、新产品，还可以树立公司形象和产品品牌形象，提高公司和产品的知名度。

三、观众

观众是通过购买门票或提前注册前来展览现场参观，与参展商进行洽谈交流的人士。观众又分为专业观众和普通观众。观众也是展览系统的主体之一。

（1）专业观众。专业观众是指可能成为参展商潜在合作伙伴的业内人士，亦称为采购商、买家或观展商。一定程度上，专业观众的数量和质量能反映出展览组织者的能力。

（2）一般观众。一般观众是指出于兴趣和爱好观赏展览，而不以达成交易为目的的普通公众。一些消费类展览就是面向一般观众开放的，而一些专业性展览只欢迎专业观众，不对一般观众开放，即使其允许一般观众入场，也只安排在展览的最后两天。

四、场地供应者

顾名思义，场地供应者就是指展览场所（展览馆或会展中心）的所有者。展览项目经过策划确定后，如果不通过场馆集中向专业观众和一般观众展示，那么展览的真实意义就不存在了。在展览系统中，场地通过展览组织者与参展商、观众发生密切的联系。不同类型的展览选择不同的展览场地，但场地设施和服务水平决定了展览的质量。通常，现代化展览场地都具备以下四个特征：规模宏大；设施齐全；智能化水平高；规划设计“以人为本”。

五、展览服务承包商

展览服务承包商是指承诺为展览主办者、承办者、参展商、观众等各方提供展览全过程服务的服务商。主要包括展品运输服务、展厅安全保洁服务、保税仓储服务、展示设计服务、展览工程服务、展览广告宣传服务、会议服务、旅游服务等。展览服务承包商的职责就是为展览提供一流的、专业的展览服务，在整个展览系统中发挥着不可缺少的支撑作用。

第二节　展览程序

展览的整个过程分为三个阶段：展前阶段、展出阶段和展后阶段，如图 4－1 所示。尽管展会程序并不是一成不变的标准化模式，但展会基本的操作程序可以分解为以下一些流程细节：

（1）展览策划，包括展览决策、展出目标确定、展览选择和展出计划制订。

（2）寻求支持和协助单位。

（3）制定项目预算。

（4）收集、整理可能参加的企业名录，即目标参展商名录，建立参展商信息库。

（5）设计、制作展会宣传资料的形象，并及时发送调查表和征询表。

（6）下发打印文件。

（7）发挥软广告和硬广告的有效攻势，宣传推广展会。

（8）展开电话联系或传真文件等联络工作，并在因特网上发布信息。

（9）印制宣传材料。一般包括招展邀请函、征询函、调查表等；展商须知或参展商手册；招商邀请函；门票；会刊；纸袋；展览会进展报告等。

（10）分析、研究、筛选和甄别目标参展商名录，发送招展邀请函、征询表、调查表等。

（11）亲自上门拜访一些主要的龙头参展商。

（12）联合可能合作的同行，合作招展。

（13）安排和布置展位的销售情况。

（14）针对目标参展商名录有计划地寄送登记表和门票。

（15）进行与展会有关的各项广告征集工作。

（16）开展展览工程业务和展具租赁预定工作。

（17）营造良好的展览现场气氛，包括布置现场、安排开幕式和闭幕式等。

（18）提供优质和细致的展场相关服务，包括工程、广告、会务、清洁、保安、交通等协调工作。

（19）收集并统计分析展会现场获取的信息数据。

（20）准备第二届预告宣传工作。

（21）保障专业的现场服务。

（22）做好展后跟踪、总结与评估工作。

图 4－1 给大家呈现了一个翔实的展会操作程序，贯穿于展前、展中和展后整个展会实施过程。虽然还不尽完善，但是一定程度上可以对展会的具体工作流程有个大概的了解。

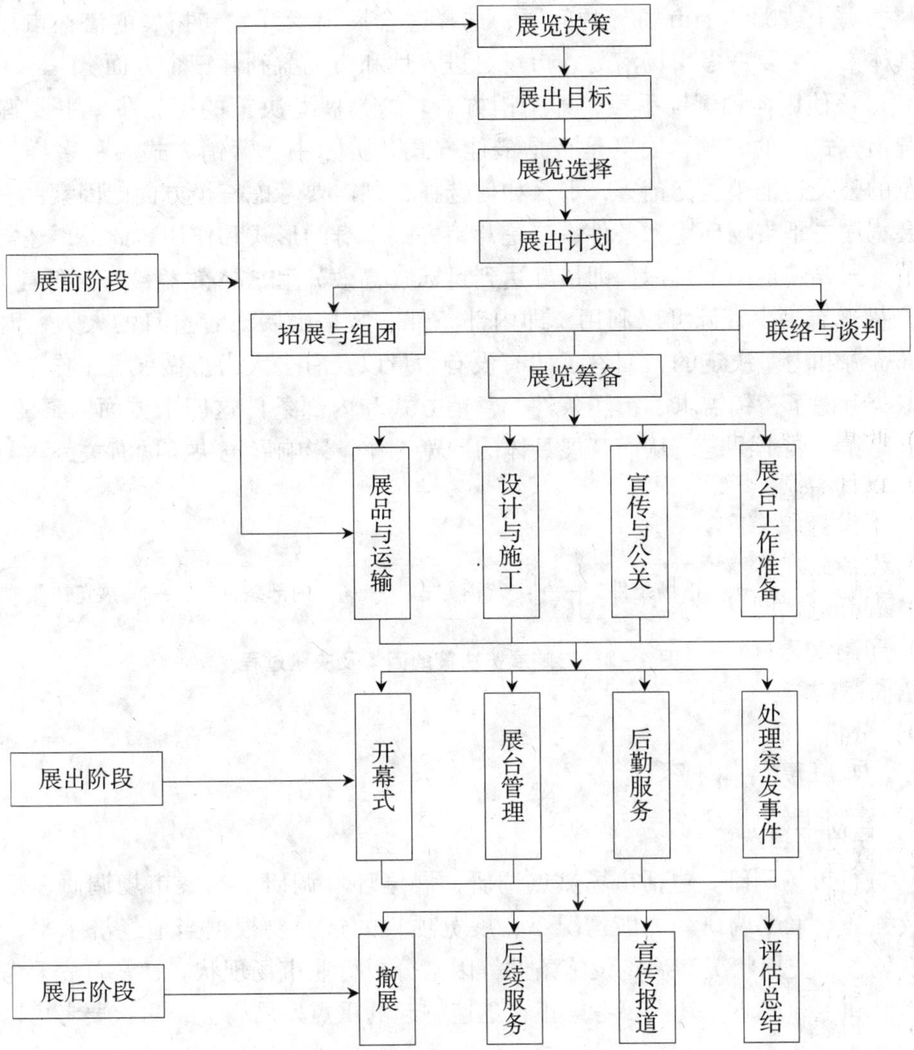

图4－1　展览程序

第三节　展览策划

一、展览决策

展览决策是指作出展览决定，即产生展览构思并形成概念，这是展览工作的第一步。

展览决策是一个决策过程，需要考虑多方面的因素。一般情况下，展出者应该考虑至少四个方面的因素：

（1）内部有无发展需要，即营销需求。这是展览决策的根本原因，回答了“为什么要展出”的问题。内部需要主要包括展出者的经营宗旨、经营方针、经营作风、经营战略、所处行业特性、所经营产品或服务的特征等。

（2）外部哪些市场有潜力，即市场条件。这是展览决策的最重要条件和因素之一，回答了“去哪个或哪几个市场”的问题，选择适合展出者开发和拓展的潜在市场。选择和决定具体市场主要考虑市场潜力、市场可进入性和市场盈利性三个方面。

（3）应该使用何种营销手段，即营销方式。这是展览决策的第三步，主要解决“选择何种营销方式”的问题，展览是否是最佳方式。实际中，营销方式多种多样，例如展览、广告、公关、推销、促销等，那么如何选择，则需要考虑三个方面的因素：一是营销目标和展览；二是市场环境和条件；三是营销方式本身的形式和作用。此外，还需要明确选择营销方式要满足两个目标，即最好达到目标（高效）和成本效益最好（低耗）。

（4）内部有多少资源可以利用，即内部条件。这是由展出者自身的人力、财力和物力等内部资源和力量决定的，回答了“有没有力量以及有多大力量做展览工作”的问题。

在综合考虑了营销需求、市场条件、营销方式和内部条件这四个方面因素的基础上，展出者最终作出展出决定，从而开展具体的展览工作。影响展览决策的有关因素与考虑步骤如图 4－2 所示。

图 4－2　影响展览决策的因素及决策过程

二、展览策划内容

（一）展览项目选择

（1）进行市场调研。包括市场热点调研、展览环境调研、参展市场调研、观展市场调研以及办展竞争度调研。一般情况下，展览项目的选择要根据当地经济水平、产业结构、地理位置、交通状况和展览设施条件等因素分析行业市场现状。通常首先要考虑当地的优势产业和主导产业，其次要考虑正在迅速崛起的重点发展行业，再次要考虑政府扶持的行业。

（2）整合办展资源。办展资源包括人力、财力、物力、信息资源及社会关系资源等。其中，信息资源是指目标客户的信息量，如该行业的发展趋势、热点话题和发展亮点等。社会关系资源是指与该展览所属行业的主办单位、主管部门的关系；与全国及海外合作伙伴、拓展组团代理的关系；还有与各大专业媒体和公众媒体的关系等。

（3）了解同类情况。同行业在当地是否经营过类似的展览项目及其效果如何，这些信息是选择展览项目必须了解的。

（4）创意展览主题。项目确定后，需要确定展览名称，命题的创意要有新意和亮点，而且要抓住本行业的亮点和市场特征，这样才具有市场号召力。

（5）选定展览时间。时间的确定，原则上要避开国内外同类展览项目的举办时间，避免直接冲突，特别是所选择的项目正好存在着品牌展览，两者的举办时间一定要相隔三个月以上，因为品牌展览的市场号召力与竞争力是非常大的，与这些品牌展览进行正面的竞争是不明智的选择。

案例4－1：微软对展会情有独钟

在全球IT产业低迷之际，美国的软件巨擘——微软，其强大的实力令世人瞩目。在美国经济遭受“9·11”重创之后，微软却凭借超乎寻常的经济实力，依然保持稳中有升的势头，其市值也高居全球第一。很难想象，除了微软公司以外，全球还有哪家公司能够一年内参与5 000场形色各异的展会，平均一天有14场次之多。作为全球软件业的龙头老大——微软公司，却实现了这一惊人创举。在微软参加的5 000场展会中，有60%是国际级知名展会，如COMDEX、CeBIT；有30%是一般性展会；有10%是小型展会。由此可见，微软在选择展会类型时不设限制，推销产品的原则是绝不轻易错过任何机会，哪怕是小型展会。从微软2002年的财务报表中可以了解到，其中28.37亿美元的收益来源于对展会的投资。他们是如何从展会投资中切得如此大的一块“蛋糕”的呢？

先调研再投钱

微软投资展会前的可行性报告做得相当出色。微软在参展前早已规划好参展目标和参展观众的人数。展会创意兼制作总监乔·布鲁博格认为：“我们要尽快扩展新产品的知名度就要求展会提供先进的视听设备，最好的视觉效果，以及观众参与的互动模式。当然，我们也会在展会期间对部分新产品实行折扣销售。”展会运营总监杰夫·辛萨斯则强调：“观众与参展商之间的互动交流对展会的运作是大有益处的。我们投入了大量的财力和物力，就是为了使展会有所创新，以便更有效地、适时地、迅速地获得参展利益。”

会展业所具备的拓展市场潜能、宣传效应和规模化销售模式被微软奉为至宝，成为其领先国际市场的“杀手锏”。过去几年，微软的参展目标直指参展观众和买家的出席率。“不要以为仅凭借微软的名气就可以吸引众多观众的参与。事实上，微软最初对展会的投资并没有得到相应的回报。”布鲁博格接着预测：“参展支出会在今后几年里一直维持相当规模，除非发生经济和政策变化。当今会展业的发展趋势正吸引着众多高科技领域的企业，而企业也看到了会展业今后的发展潜力。微软正是看到了这一点，所以，下一步便是重新整合和策划展会，为在展览领域获取更大的利益打下基础。”

CMG（展会市场运营集团）说了算

微软的分支机构遍布全球61个国家，因此，展会的运作管理也相对分散。有鉴于此，微软高层及时成立了CMG（展会市场运营集团），由布鲁博格和辛萨斯两位资深展会经理人肩负起微软全球展览的统筹安排，他们带领40位员工描绘着微软展览的未来。布鲁博格指出：“我们的任务就是提高最终客户与合作伙伴的出席率。”

展会组织工作是相当烦琐的。两位负责人需要改进展会运营进度、成本控制和资源的有效整合。另外，CMG也要承担公共关系、广告策划、品牌定位和市场调研等一系列辅助性工作。

CMG下设6个部门：展会创意、高科技运用、演讲稿/图例、展会项目管理、商业运作和合作意向。展会项目管理是最大的部门，它是体现团队精神的核心。其主要职责是项目管理、预选、物流计划、展馆运营等。

“CMG成立后的真正挑战，是如何有效地确定内部工作关系——角色和责任。”辛萨斯说，“我们把股东、总裁和各部门经理组成一个团队，一方面希望他们参与到我们的工作中，另一方面也希望他们能为展会的运作、预算和物流提出意见。因为在工作中我们会遇到很多困难，股东们可以确立展会的目标，与我们探讨展会的预算，同时我们也看到了市场的需求和潜在的能量。”辛萨斯继续说道：“各部门经理需要经常向股东和总裁提供展会进程反馈表。比如预算是否覆盖了展会目标，或者展会的新闻发布会是否及时通知了各大媒体。”总之，股东、总裁和部门经理在展会进程中起到了润滑剂的作用，同时也左右着CMG对展会的选择。

为了确保展会的顺利进行，CMG策划了一个选择展会的流程图：确定展会计划—制订执行方案—评估展会业绩—计划付诸实施。为了保证每个步骤的顺利实施，CMG以交通信号灯的红、黄、绿三色作为控制流程的信号。布鲁博格解释说：假如对过去展会的业绩评估做得不完善，就会亮起红灯；如果在实施计划时发现了问题，则亮黄灯。布鲁博格和辛萨斯据此就能及时找到改进方法。重新整合的结果是所有的步骤都已经见不到红灯。

全面参与

微软的信条是：绝对不能错过展览会。因为它是向客户、合作伙伴以及观众证明微软真正价值所在的绝佳机会。同时，对它的资金投入也可产生相当可观的回报。这种投资回报率既是有形的，也是无形的。发掘潜在利益和扩大市场占有率是微软参展的根本目的。

微软参展的成功在于它能够抓住参展时机，无论规模大小、知名与否，只要合适，微软都积极参与。微软出席了2002年9月5日至6日在美国好莱坞举行的高科技论坛，这本不是微软发布新产品的最佳时机，但多数观众都关注Windows Media 9系列的发售，因此，新产品的发布就这样促成了。对该产品感兴趣的观众包括业内人士、IT专家、研发人员、微软同行及客户和大量新闻界的朋友。由此可见，微软的魅力非同一般。

除积极参加国际展会外，微软也有能力承办自己的展会。微软的年度例会是Tech-Ed，内容包括专业技术研讨、数据库管理、企业策划论坛和软件开发。此外，Tech-Ed每年也有超过200家参展机构前来助兴，其中包括微软的合作伙伴惠普、戴尔、NEC等跨国集团。预计下一届Tech-Ed将于2004年5月23日至28日在加利福尼亚举行。

品牌展会是企业提高声誉和影响力的捷径，微软也希望在品牌展会上提高知名度。辛萨斯指出：“微软希望所有参加展会的观众都能享受到客户级服务和经历，这也是我们扩大客户群的手段之一。”与微软合作最成功的知名展会当属CES（国际电子消费展）。辛萨斯坦言：“我们与CES的合作非常愉快，它能让我们清晰地发现客户的潜能、产品的漏洞和工作伙伴的需求。而且，CES还给我们指点确立市场的目标，提供建设性的意见。另外，CES可以聚焦客户市场，平衡参展观众的出席率和满意率。”

筛选展会

不是所有展会都能幸运地成为微软的合作伙伴。决定参展之前，CMG必须做详尽的分析。这就是布鲁博格和辛萨斯建立选择展会流程图的原因。流程图帮助他们确定投资回报率并作出正确的决策。当时布鲁博格承认，2003年，微软将首次对过去参加过的所有展会进行投资评估，CMG期待着由此向未来迈出更坚实的一步。

CMG准备对参与过的合作展会进行重新筛选，评估内容包括：展会规模、参展机构、展会运作、媒体出席率等。其中，1 级代表展会实力不足，有被筛下的可能；5 级则代表展会实力强劲，性能价格比令微软满意。展会的排名也是选择的关键。对展会的评分一旦发表，所有在微软选择标准以外的展会都会在微软的视野中消失。辛萨斯称："我们并不刻意减少展会的数量，只是淘汰一些对我们已经没有价值的展会。"布鲁博格则声称："我们的产品是最出色的，我们选择的展会同样也应该是优秀的、有价值的。"

成本与价值

展会成本问题始终是参展商的"心病"，微软也不例外。CMG 把展会预算分为 6 个部分：35% 为内部耗费（包括服务人员的开销、食品及饮料等），25% 为场地租用费，15% 为视听耗材和舞台及灯光设备费，10% 为展会管理和市场运作费（包括宣传广告、精美画册等），10% 为运费，5% 为硬件技术支持费。辛萨斯表示："我们真的想试图平衡花销。"

展会将成为微软未来的重要组成部分。微软更看重展会客户群的扩展，而并非展会所产生的效益。微软准备投入更多的资金，继续寻找新的市场目标和专业观众。辛萨斯指出："我们期待更多的展会目标，以及观众和微软高质量的互动模式。也希望通过成本控制，达到参展目的。"布鲁博格指出："价值和成本好似一个跷跷板。微软所期望的是成本低廉、品质优秀的展会。"

未来战略

当微软对展会进行评估和筛选的时候，其 2002 年的参展数字降到了最低。布鲁博格表示："我们支持会展业是因为它可以为微软提供一个显示实力和财力的空间。然而，我们寻找中的展会应该是一个能够提高巨大投资回报率的地方。"他期待品牌展会继续迎接微软的光顾，但举行的次数要平均。他特别指出："未来几年，微软将继续参加高质量的展会。同时，我也看到了小型展会的优势所在。我相信，小规模展会也能为微软提供机会，开拓新客源。"

问题：微软是如何选择展会项目的？

（资料来源：http：//hzsw. jpkcd. com/hzsw/showindex/251/233）

（二）展出策划

展出策划又叫做展出计划，是指对展览工作做出筹划与安排。展出策划工作必须坚持四条基本原则：①必须尽早制订计划；②必须指定一名协调人员或项目经理全权负责；③必须明确每一项工作、任务和活动的内容、顺序、负责人、完成的时间和期限以及费用标准；④必须定期检查工作进度和质量，进行必要的协调和补救，避免问题成堆造成灾难。

展出策划的主要内容包括明确人员及分工、确定工作事项及顺序、规定时间和期限以及规定费用标准四个方面。

1. 人员因素

人作为展览工作的核心要素，是展览成功与否的决定性因素。展览工作首先就是人的工作。把人的工作都做好了才有可能把展览工作做好，最终使展览取得成功。展览工作的人员工作包括人员组成、人员分工和人员管理。

（1）人员组成。从项目管理的角度来看，展览工作需要由各方面的人员组成一个项目工作小组，此组织机构不管规模大小，必须有一个负责全面工作的项目经理或协调人。展览人员按性质可分为两类：第一类是筹备人员，即负责筹备各方面的工作人员，包括设计施工、展品运输、宣传广告、公关、行政、财务、后勤等工作的人员，这部分工作人员由一个项目经理负责，又可称为“后台”人员，参观者在展览期间基本看不到。第二类是展台人员，即负责展台各方面工作的人员，包括负责接待观众、介绍产品、记录情况、洽谈贸易、签订合同等工作的人员。主要是营销经理、生产经理、推销员、产品开发技术员、翻译员、讲解员、招待员等，这部分工作人员由一个展台经理负责，又被称为“前台”人员，经常活跃在展览现场。

（2）人员分工。首先，任命项目经理或项目协调人作为“后台”工作的总负责人。项目经理的主要职责是：选择或参与选择筹备人员和展台经理（如果项目经理本人不兼任）；制定工作内容和日程并根据实际情况和条件调整工作内容和日程；编制、调整预算并控制经费支出；监督、协调、管理筹备人员的工作；与展台经理共同选择、培训展台人员；参与评估总结展出工作和效果。其次，根据需要指定各方面的负责人，如宣传联络、展品运输、设计施工、行政后勤、财务费用等方面。再次，任命展台经理作为“前台”工作的总负责人。如果条件允许，可以由项目经理兼任。展台经理的主要职责是：贯彻公司营销、市场战略，参与确立展出目标，决定在展览会上如何开展贸易工作；与项目经理协调安排展前宣传推广；选择展台人员并安排展台工作培训；协调、监督、管理展台工作；安排展后评估、总结工作；安排、监督展览后续工作。最后，采用联络表形式将人员分工情况编印出来。联络表的内容包括人员姓名、职权、联系电话与地址，还可包括外部单位，如支持单位、接待单位、运输公司、运输代理、设计施工公司、道具公司、广告代理、花草公司、电信公司等信息。联络表又分为筹备联络表和展台联络表，分别用于筹备和展出阶段。

（3）人员管理。展览人员管理的突出特点是临时性，展览工作组织是临时组建的机构，因此，将展览工作人员管理好格外重要。展览人员的管理工作主要包括选人和用人两方面。首先是应从技术、能力和性格等方面综合选拔展览相关工作人员；其次需要科学艺术地分工、监督、协调和评估工作人员。

2. 工作因素

首先，安排展览工作需要坚持以下原则：①明确展览目标；②做到全面、周到、细致；③展览无论大小，工作内容大致相同，切莫偷工减料；④分轻重缓急安排工作。

其次，展览工作筹划要坚持“四步走”：第一步是按实际需要将工作分为几大类，包括招展组团、设计施工、展品运输、宣传联络、行政后勤、展台工作、后续工作等；第二步是在各大类之下详细列明具体工作事项；第三步是弄清工作事项间的相互关系；第四步是要坚持定期检查工作进度和质量，及时发现并解决问题，保证整体工作正常进行。

最后，将展览工作事项详细列明并排序，再加上一些基本情况，形成一份整体的展览工作方案。表 4－1 展示了一份展出工作方案的主要内容。

表4－1　展出工作方案式样

一、基本事项		①展会名称或展览项目名称（全称、简称、中英文）。②展览日期。③开馆时间。④会场地点。⑤会场使用日期。⑥展览内容。⑦展览性质（贸易、批发、零售、宣传、招商等）。⑧观众性质和入场方式。⑨展出者数。⑩展出目的。⑪展出内容。⑫展出面积、展出规模（参展公司数等）。⑬主办者。⑭协办者、赞助者、支持者。⑮承办者。
二、总体安排		①成立筹备组，筹备人员分工。②制订工作方案。③制定工作日程。④制定费用预算。⑤确定合作者，商量分工、落实方案、签订协议。⑥召开筹备人员会议。
三、设计施工	1. 设计	①确定设计整体要求、风格、标志、色调等。②选择或委托设计人员或设计公司并交代设计要求。③进行场地和施工设计：平面设计、单元设计、施工设计、道具设计。④宣传设计：广告、海报、资料、资料袋、信封、信纸等。⑤特殊设计：大门、装饰、问讯台等。⑥内外部审查。⑦修改设计。⑧向参展公司提出设计施工方面的要求。
	2. 施工	选择、委托施工公司（索报价、洽谈、签约），安排、监督施工。
	3. 会场	①确定面积。②索资料和图纸（规定、图纸、申请表、合同等）。③选择场地、租用场地。④基本设施：地面、负荷、照明、电、水、气、空调、消防、扩音设备、仓库、办公室、会议室等。⑤需要注意的事项：通道宽度、紧急出口、禁止明火、禁烟、限高等。⑥展期的展场管理、保卫、清扫。
	4. 展台	①基本设施：尺寸、用料、地面覆盖物、地毯、框、架、板等、司标板、照明、桌椅、废纸篓等。②租用设施：展柜、展架、模型、模特儿、衣架、灯具、花草等。③其他服务：电、水、气等。
	5. 办公室、接待室、备餐室、休息室	①家具：沙发、茶几、办公桌、椅、备餐桌等。②用具：电话机、传真机、复印机、打印机、电脑、冰箱、烧水器、炉、茶具、咖啡桌等。
	6. 道具运输	包括去程和回程：道具装箱、制作小册等。
	7. 施工安排	①特殊道具制作：文图、大门、问讯台等。②现场施工，包括搭建、展品布置和拆除：日期、时间、人员、监督、交接。③展出期间展台维护。
四、展品运输	1. 参展公司	①招展，宣传、寄发申请表。②确认申请，召开展出者筹备会议，发或寄有关资料：展览会概况、联系地址、工作日程、运输安排、设计要求、行政安排等。
	2. 展品	①公司安排的展品、模型（种类、范围、数量等）。②统一征集、调转、采购的展品。③装箱前测试将操作演示的展品。④准备或要求准备展品说明包括技术数据说明、文图说明。⑤安排或要求安排包装。⑥大型展品，如机械设备运抵展台后安排组装调整。

（续上表）

四、展品运输	3. 运输	①安排运输日程：展品集中日期，办理单证，展品陆运发运日期，展品海运发运日期，办理通关和保税手续，展品运至展台时间，空箱储存、回运，回运展品、道具时间，办理结关、回运手续，回运发运日期。②选择运输公司和代理：索报价、比价、谈判、签约。③集中展品、理货。④租船：船名、船期。⑤装箱：集装箱或木套箱，落实箱源。⑥安排装车、装船。⑦国外运输安排：通关、运至展台、开箱清点、空箱存放和回运、结关、安排回程运输。⑧回国运输安排：结关、港口至仓库运输、分运、开箱清点交接。
	4. 有关手续及单证	参展者办理，组织者审核、汇总：①做清册（15 份），内容包括展品、免费样品、宣传品、招待品、赠送品、工具等。②做货载衡量单（8 份），参展者办，组织者汇总。③办出口许可证，注意一般许可或特别许可。④做类别单。⑤出具报关函、出口报关单。⑥办运输保险。⑦办商检证（参展者办）。⑧办普惠制证明。⑨办原产地证明或领事认证（组织者办）。⑩出具免税港务费函、包装情况表，发委托装船通知书。⑪做装箱单。⑫装车、船后索提单。
五、宣传广告	1. 宣传文字	
	2. 基本资料	①展览概要（单页）。②展览指南：公司介绍（名称、地址）、展出内容、产品介绍、展台号等，平面图、会场地图、导向图、询问地址等。③信封、信纸、资料袋。
	3. 宣传对象	贸易商、制造商、零售商、批发商、消费者等。
	4. 宣传渠道	公关代理、广告代理、使馆、航空公司、贸易机构等。
	5. 宣传方式	①新闻：新闻招待会、记者接待室、新闻稿发布。②刊物：在报纸、杂志、内部刊物刊登广告、消息。③海报、招牌广告。④直接发函：组织者和参展者都寄发，寄发给目标观众、工商团体、新闻机构等。⑤电视、电台：刊登广告、信息。⑥记录：摄像、摄影（开幕式、招待会、记者招待会、展场、洽谈等）。⑦展览会目录：填交登录材料、刊登广告。
	6. 宣传资料运输	装箱、造册。
六、展台工作和贸易活动	①准备货源、货单、价格单、合同和成交条件。②编印询问表、记录表、统计表和其他表格。③选择、培训展台人员，并交代展台工作要求。④布置展台、检查展台文字、测试展品。⑤介绍、演示展品。⑥散发资料。⑦接待观众、接待记者、接待贵宾。⑧贸易洽谈、成交。⑨调研：包括市场调研、展出设计布置和效果等。⑩报告会、讲座。⑪统计、记录。⑫展台管理：安排轮班，现场工作安排、管理，维护展台环境和秩序，监督展台工作人员的工作和效率，总结分析每天展出情况，采取必要的工作调整。⑬评估总结。⑭后续工作。	
七、仪式	1. 开幕式/馆日、招待会	日期、时间、地点、范围、规模、程序、主宾、出席人（名单）、邀请（请柬、印刷、邮发）、签到（名片盒、签到簿、签字笔、胸牌、胸花）、仪式、讲话（讲话稿内容、审核、翻译、设备）、剪彩（立杆、彩带、剪刀、手套、托盘、持彩托盘人、引导）、参观（路线、引导、解说）、招待会、备餐（人数、标准、酒菜水内容）、资料（展览会介绍、讲话稿、贵宾名单）、礼品。

（续上表）

七、仪式	2. 邀请安排	①邀请函或请柬格式。②印制、寄发日程。③邀请范围、名单收集筛选。
	3. 人员安排	①发言人。②工作人员。
	4. 场地安排	大厅、贵宾室、签到台、租用布置。
	5. 用具、资料	①用具：国旗、国歌磁带或乐谱、签到簿、签到笔、名片盒、佩花、装饰花、彩带、立杆、剪刀、手套、托盘。②资料：仪式程序表、讲话稿、展览介绍。
	6. 其他安排	停车、贵宾引导、安全、保卫、消防。
八、交际	①拜会：对象、日程、安排、资料、礼品。②宴请：对象、日程、邀请、地点安排、菜水安排、座位安排、讲话安排。③礼品：购买、制作、包装。④联系征求支持单位。⑤发函致谢支持单位。⑥礼品、招待品装箱造册。	
九、行政	1. 展览团	设立展览团管理体系，任命展览团管理人员，挑选展台人员，包括推销人员、技术人员等；雇佣展台辅助人员，包括招待员、译员，编制名单等。
	2. 证件	办理签证、展览会入场证等。
	3. 交通	安排行期和路线，订机、船、车票，向参展公司确认或自行安排。
	4. 市内交通	有些地方需要统一安排展台人员上下班交通。
	5. 住宿	统计要求，寻房、索价、谈判、订房，向参展公司确认或自行安排。
	6. 膳食	统计要求，选择餐厅、谈价、订餐，向参展公司确认或自行安排。
	7. 服装	统一制作或提出要求。
	8. 财务	做预算，管理开支，支付费用：展览场地费、施工费、道具费、水电费、电话费、运输费、住房费、广告费等。

（资料来源：林宁．展览知识与实务［M］．北京：经济科学出版社，1999）

3. 时间因素

时间安排又称为日程安排，需要确定一些日期和时间段。一般展会活动需要尽早确定的重要日期和时间段有：①开幕日和闭幕日。②展会期间主要活动的时间安排。③参展（会）报名截止期。④组团报名截止期。⑤代办签证截止期。⑥展位搭建进场日。⑦撤展期限。

关于这些重要日期和时间段的安排需要坚持以下原则：①必须有总协调人；②必须在工作开始之前就确定工作期限；③必须确定具体办事人或联系人；④必须有应急准备；⑤定期检查，调整日程。在这些原则下，将展览工作的日程通过标准的工作日程表的形式呈现出来，简单的只需列明日期；复杂的则用网络图表明工作项目、工作顺序、工作之间的关系、工作开始和完成日期、负责人等。

4. 费用因素

在展览策划过程中还应该结合相关事项，制定完整、详细的展览预算。展览界一般将展览费用划分为四大类，并根据不同的特点、标准提出分配比例和备用比例：

（1）设计施工类费用，又称为展台费用。包括设计、施工、场地租用、展架租用或制作及搭建和拆除、展具制作和租用、电源连接及用电、电气设备租用及安装、供排水设备租用及安装、电话电脑租用及安装、餐饮设备租用及安装、地毯租用、展品布置、文图设计制作安装、防火器材租用、展台清扫等。这部分费用可能占总预算的35%～70%，一般需要约15%备用。

（2）展品运输类费用。包括展品的制作或购买（如果是现有产品，也有资金占有问题）、包装、运输、装卸、仓储、保险等。这部分费用随着距离远近、展品多少、单程或往返运输等发生变化，可能占总预算的10%～20%，需要约10%备用。

（3）宣传公关类费用。包括宣传、新闻、广告、公关、交际、联络、编印资料、摄影、摄像等。这部分费用约占总预算的10%～30%，由于其收缩性很大，因此备用多留约20%。

（4）行政后勤类费用，又称作人员费用。主要包括人员的交通、膳食、住宿、长期职工的补贴、人员培训、人员制服、临时雇员的工资等。这部分的费用约占总预算的10%～20%，需要备用约5%。

除了通过清晰地列明开支项目、预算额及实际开支额来做好预算工作外，还必须对预算进行调整，对开支进行控制，强化对展览费用的管理。这是因为预算是根据估计制定的，因此无法做到精准，需要不断地调整，至少每两个月检查一次，发现差距时应及时调整，以使预算符合实际情况和需要。

三、展览筹备

展览筹备工作属于后台性质的展览工作，主要内容包括对内组展、对外联络、展品运输、设计施工、广告宣传、行政后勤服务、财务费用等，其中一些工作在前面的章节中已有涉及，这里主要阐述招展与组团和广告宣传工作。

（一）招展与组团

从字面上理解，招展与组团是指招揽参展者和组织展览团。招展工作的好坏对参展公司的数量和质量有着直接的关系，组团工作的好坏对展览工作的效率及展出效果有着直接的影响，因此应当重视并认真地做好招展与组团工作。

招展与组团主要是依靠联络手段，即一种会展企业和目标客户之间双向地交流信息的方式。招展与组团工作还必须坚持“一个中心、两个基本点”的原则。一个中心即以优秀的专业服务得到应有的经济效益；两个基本点，一是着眼于买家（观众），二是着眼于卖家（参展商）。

（1）招展。招展工作的开展主要包括两个内容：一是分析整理可能的参展商的名单，建立潜在的客户名单；二是通过宣传、联络、筛选等工作选择合适的参展商。选择参展商需要制定一定的标准依据，标准有不同的形式和内容，根据经验看，最简便、最容易的方法是制定产品标准。产品划分一般比较清楚，不容易产生歧义；在展出目标、展览性质等大前提下，争取制定物化的、量化的选择标准。

标准要在招展工作开始之前就决定，并要有透明度，在宣传时予以公布。这不仅能使参展申请有标准依据，而且组织者在拒绝申请者时有理有据，被拒绝的申请者也容易被说服、接受拒绝的结果。此外，使用标准也要公平，对所有申请者一视同仁。否则，标准就失去了意义，也容易造成矛盾。

选择合适的参展商意味着同时要拒绝不合格的申请者。组织者应当排除下列申请者：产品种类与展出内容不符的申请者；非真心诚意做买卖而是另有所图的申请者（如只想借公费旅游）；可能造成内部竞争或冲突的申请者；不合作的申请者；不可靠的申请者（如管理不善的企业）；产品质量和生产量不能满足需要的申请者等。通过这样的筛选才能保证整体展出的质量、效率和效益。

（2）组团。管理工作俗称“组团”，是展览工作的组成部分，贯穿于展览工作的全过程。组团管理工作的主要形式就是召开会议。在展览筹备阶段的会议包括招展会、筹备会、检查会和动员会等，分别达到鼓舞士气、培养集体感和互助合作精神的目的；布置工作、明确任务；检查工作、发现问题；互通情况、相互学习等。

招展与组团是密不可分的，其中，招展工作为展览工作打下了坚实的基础，一定程度上保障了展出的质量。而高质量的参展商并不意味着展出就能成功，还需要有效地规范、管理和组织好展览团的工作。因此，只有做好招展和组团工作，才可能使展出工作效率高，展出效益好。

案例 4－2：2006 年中国国际陶瓷工业展览会招展工作

● 中国国际陶瓷工业展览会（Ceramics China）概况

中国国际陶瓷工业展览会（Ceramics China）目前已经成为亚太地区规模和影响力最大、知名度最高的国际知名品牌展会，同时也是全球三大陶瓷工业展之一。展会聚焦全球陶瓷产业发展的最新趋势，汇集国内外最先进的陶瓷生产技术和装备，每年均会吸引众多国内外著名专家学者、政府高层官员、知名企业总裁莅临参会。展会创造了无限商机，是业内人士每年必赴的最佳交流平台之一。随着我国经济的快速增长和我国陶瓷行业的飞速发展，中国国际陶瓷工业展览会必将成为全球最具规模和影响力的盛会。

● 本届展会规模为历届之最

第二十届中国国际陶瓷工业展览会（Ceramics China 2006）于 2006 年 5 月 16 日至 19 日在广州国际会议展览中心（中国出口商品交易会琶洲展馆）隆重举行。展会得到了中国陶瓷工业协会、中国贸促会建材行业分会、中国轻工业联合会、中国建筑材料工业协会的鼎力支持。截至 2005 年 9 月 30 日，参展面积已接近 30 000 平方米。展会举办方透露：“90% 的老客户已经定购了展位，而且大部分企业均将展位面积在上届基础上扩大了 30% ~80%，部分企业甚至扩大了 2 ~3 倍，而众多新企业的重拳出击也将成为本次展会一道亮丽的风景线。从目前令人欣喜的招展形势来看，有希望达到 40 000 平方米，展位总数将超过 2 000 个，较上届增长了 40%，成为历届之最。”

● 国外陶瓷行业机构高度关注，企业积极组团参展

该展会受到意大利、德国、西班牙等陶瓷工业发达国家的权威行业机构的高度关注和大力支持，意大利、德国、西班牙、英国、日本等国家每年均组织国家展团参与。该展负责人透露，9 月 13 日，意大利陶瓷机械设备制造商协会（ACIMAC）已经向组委会确定了意大利国家展团的展览面积。“这将是意大利国家展团历年来阵容最强大的一次，在上届展会的基础上足足增长了 30%，我们将有机会看到更多新的意大利知名企业和更多最新的、全球领先的陶瓷生产技术和装备。”这一事实更加充分地说明了该展会带给参展企业的极好效果，国外企业已经尝到通过该展会开拓中国市场的甜头。

● **提前开展招展工作，合理安排展区**

为了使第二十届陶瓷工业展办得更出色、更成功，展会招展工作从2005 年5 月初就开始启动，比往年足足提早了四五个月。为了使本届展会更具专业化和国际化，展会组委会参照国内外大型国际性展会的模式，对展览架构进行了调整，充分考虑参展商的客户需求，以产品和企业性质或知名度为划分标准，将整个展会分为五大展区——国际陶瓷色釉料展区、国际陶瓷装备展区、国内陶瓷装备展区、国内综合展区及陶瓷产品展区。除此之外，还将设置“集团采购区”，集中公布海内外买家的最新采购计划并进行现场采购。通过对展会架构进行调整，从而更加贴近市场需求，使采购商和供应商更方便、更快捷地找到目标卖家和买家。

● **针对市场需求，灵活调整布局，丰富展会内容**

在本届展会上，组委会首次开辟了“陶瓷产品展区”，从而形成了一条完整的陶瓷产业链：陶瓷原料（Materials）—陶瓷装备（Equipment）—陶瓷色釉料（Colors & Glazes）—陶瓷产品（Products），也造就了本届展会的一大特色：Nature—Creation—Life。五大展区的安排严格按照这一流程从1A 馆到1D 馆依次平行分布，这样的布局也为参观采购人士提供了极大的便利。另外，针对目前国内日用及工艺陶瓷生产企业的需求和市场状况，组委会加大了日用及工艺陶瓷的生产技术和装备以及陶瓷装饰材料和加工设备这两大领域的招展力度，以提高这两大领域生产企业的参展比例，一改历届展会以建筑卫生陶瓷生产技术、装备和原辅料为主的局面，从而使本届展会的内容更加丰富多彩，亮点和看点更多。

● **招展带动招商，招商促进招展**

陶瓷工业展组委会在开展招展工作的同时，也毫不放松宣传推广和观众组织工作，6 月份开始相继与国内外知名媒体签订广告宣传合作协议。9 月中旬，组委会赴意大利、德国、法国、西班牙、英国等国家拜访了当地的相关机构和行业组织，进行参展及参观邀请，并在2005 年年底走访东南亚、中东各国及南美部分国家，邀请各国相关机构组织、本国采购商赴会参观采购。

问题：2006 年中国国际陶瓷工业展览会招展工作成功的原因是什么？

（资料来源：http：//hzsw. jpkcd. com/hzsw/showindex/251/233）

（二）广告宣传

展览的广告宣传是一种单向的信息传递方式，即会展企业单方向地向潜在目标客户传达展览信息。展览的广告宣传方式主要包括媒体广告和户外广告两种。

（1）媒体广告。主要包括：①专业媒体，如行业专业报纸、杂志、展会目录、展会会刊和网站等，这些媒体针对性强，富有专业性，直接面对展会的目标参展商和目标观众，是展览广告宣传的首选。②大众媒体，如电视、广播、主导性报纸等，这些媒体普及性强，社会接触面广，既面对展会的目标参展商与专业观众，也面对展会的普通消费者，是展览广告宣传的有效补充方式。此外，会展企业还可以通过新闻发布会、行业研讨会等形式制造新闻题材，或对牵头的参展行业代表进行新闻专访，从侧面传播展览信息，以此来进行新闻宣传。

(2) 户外广告。户外广告方式成本相对较低，效果也不错。它不仅可以达到宣传效果，同时可以制造氛围。会展企业利用在人流量较大的公共场所，如机场、车站、码头、市中心沿路、繁华商业街道和广场等地方，以海报、招贴、灯箱、广告牌、宣传布幅、彩旗、气球等形式进行展览宣传，以达到打造展览会的声势，形成广告宣传攻势的目的。

第四节　参展工作

一、参展决策

展览会是展示企业形象、推广企业产品和促进产品贸易的舞台。参展商在作出参展决策前，首先需要根据企业的内外部客观情况分析自身的营销需要；然后根据企业的中长期发展目标和计划来确定企业参展的目标；最后综合分析组展商的实力、展览会的知名度和展会的目标观众情况，正确作出是否参展的决策。

(一) 分析参展的必要性

参展商首先应根据企业的内外部情况，分析企业是否有必要参展。参展是树立和维护企业形象的最佳途径，同时也是了解市场、宣传产品、销售产品的主要手段。作为参展商，需要综合考虑企业的产品、经营情况、营销组合策略、内部人财物资源、目标市场情况等内外部因素，确定自己是否有参展的需要，并据此初步决定是否参展。

(二) 明确参展的目标

在确定参展之后，企业还需要明确为什么参展。企业往往会同时抱有几种目标，要么是为了全面迅速地了解市场的行情；要么是为了推销企业产品；要么是为了树立和宣传企业形象；要么是为了巩固现有市场，开拓新市场。但是，在参展之前企业务必确定主要目标，以便有针对性地制订参展方案。如果是新成立的企业，参展主要是为了展示形象、开拓市场、推广产品、促进交易；如果是老企业，参展将主要是为了巩固原有市场、开拓新市场、推广新产品、打造企业品牌。

(三) 选择正确的展会

确定了参展目标后，需要正确选择将要参加的展会。主要考虑以下因素：

1. 展会性质

展会的性质不同，参展的效果亦不同。按性质可将展览划分为贸易性展览、消费性展览和混合性展览。贸易性展览的优势在于专业性强、观众对口、推销成本低、宣传影响大、接近市场等；消费性展览的优势在于有利于扩大知名度、直接了解市场情况和听取消费者意见等，是一条推广新产品的有效途径；而混合性展览两者兼而有之。如果企业的参展目标是树立企业形象和推广产品，通常可以选择合适的消费性展会；如果企业的参展目标是销售产品，实现贸易洽谈和产品销售，就应该选择专业性较强的贸易交流型展会。

2. 展会品牌

品牌展会通常意味着高知名度、强吸引力、大交易量。好的展会往往取决于优秀的组织者。一般情况下，参展商要选择好的展会，需要从以下三个方面考察组织者的实力：了解展览会的主办单位和支持单位是否是该行业的权威机构或企业；了解展览承办单位是否具有办展资格、经济实力、信誉和品牌；了解展会提供的服务情况，包括参展手续便利与否、安全保卫设施齐全与否、展品道具运输手续便利与否等。

3. 展会观众

展览会成功的关键除了组织者和参展商自身质量以外，还有参观者的质量，尤其是专业观众的质量。展览不仅需要看吸引了多少观众，更重要的是要看吸引了多少优质的观众。因此，参展商还需要对观众情况进行分析判断，具体包括：观众中决策者的比例；目标观众在所有观众中的比例；展览会限制观众的专业或行业；上一次展出接触的观众中新客户所占的比例。此外，观众的数量也是一个重要因素，参展商可通过了解上一次展出接待的观众数量和此次组织者所做的广告宣传范围等预测观众数量。

二、参展程序

参展商一旦决定要参加某个展览会，就需要按照一定的参展步骤有效地推进参展筹备工作。一般来说，参展商参展程序如下：

（1）参展决策。确定是否参展、参展目标及展会选择。

（2）制定初步预算。确定参展人数，做出参展基本预算。

（3）报展。参展报名，获取展会资料；填写展位申请表并交付展位定金，选择展位；填妥并上交主办方要求的参展商资料。

（4）参展准备。展品准备；准备宣传资料和产品目录；参展人员确定并培训；展前宣传。

（5）展台装修。预定光地和室外展区的客户要确定装修方案，联系搭建公司。

（6）展品运输。选择货运代理（一般主办方可提供官方合作货运代理）。

（7）去国外参展的需做好签证准备。签证手续一般包括国外派发或者委托派发邀请函和国内签证手续；委托派发的邀请函需要交纳费用，具体金额根据各国情况有所不同。

（8）布置展位。领取参展证；完善展台装修设计；布置展品。

（9）现场展览。接待客户；洽谈贸易；市场调研。

（10）撤展和展后评估。展位拆除，展品处理；处理商机，答谢客户；评估参展情况，是否达到预期目标；核算参展费用；总结参展经验，为下次参展做准备；与主办方沟通，提出展会建议并了解市场最新动态及资讯。

案例4-3："第十四届中国（厦门）国际投资贸易洽谈会（2010年9月8~11日）"参展程序

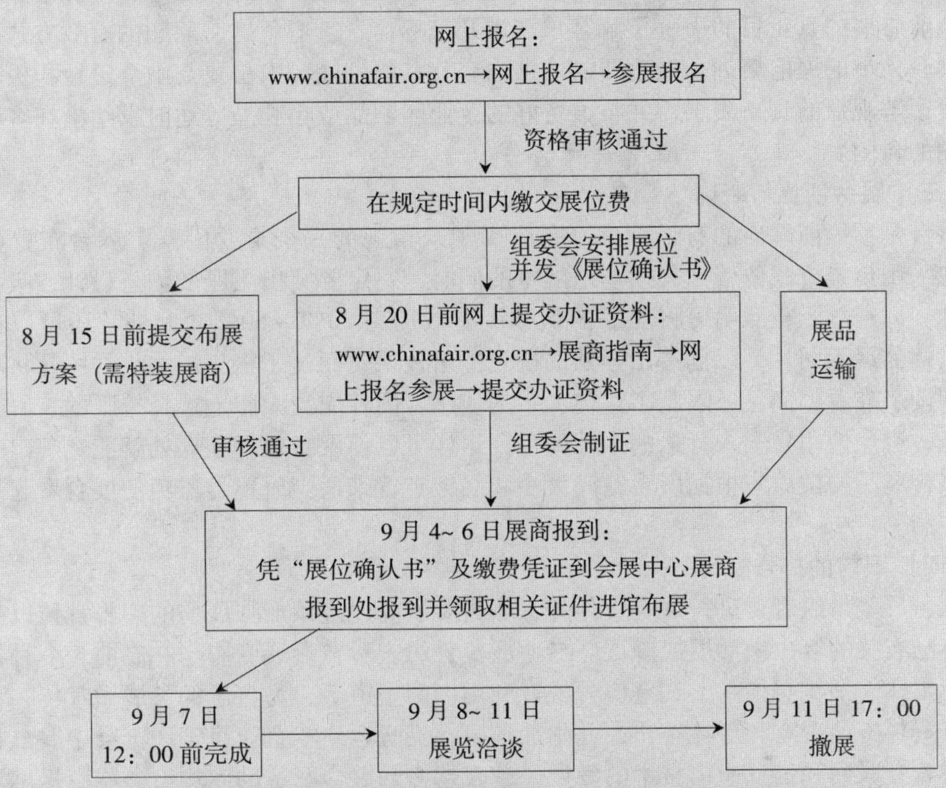

问题：第十四届中国（厦门）国际投资贸易洽谈会的参展程序主要有哪几个步骤？

（资料来源：http：//www. chinafair. org. cn/china/Exhibitor/czcx. aspx）

三、参展工作重点

参展商为了取得展出的成功，应当集中精力重点做好以下四个方面的工作：

（一）展台区位选择

参展商在选择展台地点时，应该认真分析观众的流动方式以及人潮在整个展览会场移动的方向。通常情况下，靠近会展入口处、出口处、洗手间旁、休息室和饮食区等是人流量较大的地方，而展厅内柱子及上货区会阻碍人潮的流动。如果企业的展位刚好与竞争对手相邻而设，那么参展商应将展位充分利用，以展示出本企业产品优于竞争对手。如果展会期间需要架高展品，则需要选择有足够高度的展位，以扩大产品的影响度。

（二）参展人员培训

在大多数情况下，观众只会和参展人员进行沟通交流，从而形成他们对参展商的态度，因此，展台工作人员在整个展览期间扮演了重要角色。然而在实际展览过程中，参展人员常常将注意力放在为观众提供最便利的资料获取渠道上，将宣传手册、赠品及样品放在展桌上任由观众自由拿取后离开，然后不断地补给资料以满足观众需求，却缺少与客户的面对面交流或因为缺乏发问技巧而错失了许多重要信息，因此，在这种情况下根本无法达到企业参展的真正目的——了解客户需求及市场信息。避免这一问题的有效方式就是强化对展台人员的展前培训。最重要的培训内容就是培训展台人员要与观众进行积极的沟通交流，了解观众的真正需求，并将准备好的企业印刷品或小礼品等适时发给潜在客户，达到营销的目的。

（三）展台创意与装饰

展台是参展商展出的有形载体，是吸引观众参观的一个重要因素。展台布置要有创意，在采用传统方式依赖大规模场地展览的同时，一定要突出主题的创意设计，吸引观众的眼球。调查显示，照明可将展品的认知度有效提高30%～50%。此外，还可以选用少量、大幅的展示图片，以创造出强烈的视觉冲击效果；而过于密集或太小的图片将不利于观众阅读、查看，而且还限制了宣传文字的使用。图片应当大胆地选择抢眼的、鲜艳刺激的颜色，避免使用易融入背景的中性颜色，这样可以使展台效果在远处就能突现出来。另外，展台展品的摆放应根据展台空间大小和展架布置来适当放置，避免使展台看起来拥挤或者空洞。

（四）展前的广告宣传

除了展览组织者要进行展会宣传外，作为参展商也应该加强展前的广告宣传以吸引更多和自己有关的客户来参展或观展。专业展览公司表示，参展商应当在展前3个月在相应的专业媒体、展览会指南上刊登广告或者利用新闻报道等，为自己的参展做宣传，将相关的宣传资料寄给现有和潜在客户，并附加信息，提醒客户本企业将于展览会中展出相关产品。随着互联网和信息通信技术的发展，越来越多的展会及赞助商均给参展商提供了专门的网址。参展商可以借此宣传自身产品和服务形象，提高自己的知名度。参展商还可以在网站上刊登自己的展品图片或更详尽的产品资料，以提高展会现场的识别度。

四、展台工作管理

展台管理工作的主要内容包括接待客户、洽谈贸易、记录和市场调研等工作。

（一）接待客户

接待客户是展台现场工作的第一步，也是关键性的一步。展台接待工作首先要解决的问题就是从大量的观众中去发现展出者的潜在客户和现有顾客，并将他们的潜在需求转化为现实需求。接待对象一般可分为重要客户、现有客户、潜在客户、普通客户等。对于重要客户，无论是潜在或现有的，可事先列出名单交与展台人员，给予特别的接待，以维持良好的关系。接待潜在客户是展会的最大优势、最大价值所在。而普通观众没有多大的贸易价值，展台人员不需要耗费太多的时间和精力去接待，但要注意礼貌，对其提问应做简单回答并尽快结束交谈。管理好展台客户接待工作，可以保持、巩固和老客户的关系，并发展新的潜在客户，挖掘新市场，树立良好的企业形象。

（二）洽谈贸易

洽谈贸易是展台关键性工作之一，与展台接待密切相关。经过展台人员有效的推销、介绍，目标观众对展出公司的产品或服务产生兴趣和购买意向，接着展台人员与目标观众就进入了贸易洽谈阶段。洽谈是展出者建立新的客户关系的重要方式，但并不是进入洽谈接待就一定能签订贸易合同。如果对方是新的大客户，一定要慎重抉择，不宜当场就签订大宗买卖合同，必须经过彻底的调查。因此，展出者应尽可能通过贸易洽谈赢得新客户，巩固老客户，而不是一味地追求订单合同。管理好展台贸易洽谈工作，可以达到有效推销公司产品和服务、公司品牌形象的目的，从而使潜在客户对展出公司产生信任，对展出的产品或服务产生兴趣和购买意向，并与现有客户签订新的贸易合同。

（三）记录和市场调研

对展台客户接待和贸易洽谈情况所做的记录是参展商进行展后评估总结等后续工作的主要依据。部分展出者无法判断展出效果或无法取得理想的展出效果，往往与没有做好记录有很大的关系。因此，需要对展台工作情况做详细的记录。记录的方式多种多样，如收集名片、使用登记簿、记录表格、电子记录设备等。准确翔实的记录有助于后续工作的针对性和效率。此外，市场调研也是一种主动收集市场、趋势、产品、竞争、需求等信息的有效方式。具体实施可以由展台人员自己做也可以委托专业公司做，根据具体条件和需要决定。通过该项市场调研工作，可以为展览公司以及参展商/客商提供建议及参考。

第五节　展览评估与总结

无论是会议还是展览，结束后的评估与总结都是一项非常重要的工作。展后的评估与总结作为展览工作的组成部分，是经营和管理循环过程的一个终结工作，也是承上启下的环节，其主要目的是总结经验、发现问题、吸取教训、改进工作、提高效益。

一、展后评估

展后评估工作的作用和意义在于为判断已做过的所有工作的效率和效果提供标准和结论，并为提高以后的工作效率和效果提供依据和经验。

展览是一项投入较大的经营活动，展出者投入了相当多的人力、财力、物力、精力等进行筹备工作，对展览成本效益的评估、宣传质量和宣传效果的评估、拓展代理完成目标任务的评估、主办单位是否具有预计的号召力的评估等，都有助于主办者发现问题，改进工作，提高工作效率。

目前在国外，特别是德国、意大利、法国等一些展览业发达的国家，该行业早已实行专业化和产业化经营，业务分工十分明确、专业和细化，并且派生出许多专业性质的展览服务公司，如展览广告公司、布展公司、策划公司、顾问公司、评估公司等，专门提供策划、预测、统计和评估等专业的展览服务。然而，目前在国内，许多展览会的主办单位在展后几乎不做任何评估工作，致使办展水平一直原地踏步，甚至日渐下降。

展后评估工作应该在展览会开展前一个月就着手进行，成立专门的评估小组，并指定专门负责人，从展前、展中到展后全过程地收集各种信息资料和数据，然后做出预测和统计，并且要坚持使用一种标准形式来保证收集和统计的一致性，而不要经常变换方式和标准，这样将有助于提高评估工作的准确度、实用性和连续性。

二、展后总结

作为管理工作的一部分，展后总结是非常重要的，其意义在于总结成功的经验以利再展，分析失败的原因以改进工作、规避下一次的风险。展后总结具体是指通过对工作资料的统计整理，研究分析已做过的工作，总结经验和教训，形成总结报告，以期为未来的工作提供参考数据、资料、经验、教训和建议。换言之，展后总结工作包括两方面：一方面是对客观的数据、资料进行总结；另一方面是对主观的经验、教训、意见和建议进行总结。从总结工作的具体内容来看，展后总结应把重点放在以下三个方面：

（1）工作总结。工作总结包括从筹备到开展中的各项工作，目的在于总结工作中成功的经验以利再展，分析工作中失败的原因以改进下一次的工作方式。

（2）效益总结。效益总结包括成本核算和效益分析，目的在于通过成本核算和效益方式测算利润，进而评估会展得失和机会成本。

（3）项目市场总结。项目市场总结包括本次展览会在市场同类项目中所占的市场份额、优势和劣势、竞争情况等。

展后总结一般采取召开总结大会的形式，与会人员包括所有参加过举办、筹备和管理的人员，还可以邀请参展商和观众参加。在会上，每个人围绕议题畅所欲言，既可以对自己的工作进行总结，也可以对其他工作进行评价。对于表现出色的工作人员进行表彰和奖励，对于出现的漏洞与差错予以总结和检查，对相关责任人进行必要的批评帮助，让全体人员吸取教训，避免再次发生类似情况。最后会议有专门记录人员形成书面的会议总结报告。展后总结报告一般分为内部总结报告和对外总结报告两种。内部总结报告是供办展机构内部使用的，一般比较详细具体；对外总结报告主要是提供给新闻媒体以及参展商和观众使用的，一般比较简单。

案例 4－4：第七届中国高交会电子展展后总结报告

第七届中国高交会电子展共有来自23个国家及地区的3 464家参展商，1 896家投资商参加了展示、交易和洽谈。其中，知名跨国公司65家，国际组织代表团104个。专业展海外展区面积比例达38%，共接待55万名海内外观众。

第七届中国高交会电子展ELEXCON 2005历时6天，会聚了14个国家和地区的266家参展商，展览总面积15 000平方米。其中，光地面积占电子展总展览面积的80%以上。海外展商113家，展览面积占总展览面积的58.6%；跨国知名企业16家，展出面积占总展览面积的11.8%。

本届电子展吸引了NEC、ALPS、泰科电子、京瓷、EPCOS、太阳诱电、美国国家仪器、信利半导体、福禄克、西门子、松下、环球仪器、安必昂、德州仪器、飞思卡尔半导体、杰尔系统、美国国家半导体、富晶半导体、特瑞仕、iSuppli、矽玛特半导体、欧姆龙、汉高乐泰、3M、SONY、IEI等国际企业以及珠海炬力、中国电子器材深圳有限公司、劲拓、日东等中国本土知名电子企业参加展览及技术发布，展品包括了半导体、被动元件、测试测量仪器、生产设备及无铅制造技术等内容，业界为之瞩目，具有行业代表性，被誉为“覆盖整个产业链的综合性电子展”。

本届电子展6天展期共接待海内外专业观众逾10万名，专业观众人数、专业观众人气指数均创历史新高。ELEXCON 2005的成功举办，无论对电子信息制造产业的发展，还是对展览会本身都起到了巨大的促进和推动作用。

深圳市××会展有限公司在展览期间对展商、观众采取了随机抽样问卷调查、电话访问等办法，对本届高交会电子展ELEXCON 2005参展参观人员的构成基本情况，以及两者对高交会电子展的评价及下年参展意愿等情况进行了统计分析。

问题：第七届中国高交会电子展展后总结报告包含了哪些内容？

（资料来源：http：//hzsw. jpkcd. com/hzsw/showindex/251/233）

【本章小结】

本章系统地阐述了展览的构成要素、展览程序、展览策划、参展工作、展览评估与总结等理论知识。现代展览主要由展览组织者、参展商、观众、场地供应者和展览服务承包商五大基本要素构成。展览的程序分为展前阶段、展出阶段和展后阶段。展前的策划工作主要包括展览决策、内容策划和展览筹备。从参展决策、参展程序、参展工作重点和展台管理等方面阐述了参展商的参展工作内容，参展决策主要依据参展的必要性、参展目标、展会的性质、品牌和观众而定；参展工作的重点包括展台区位选择、参展人员培训、展台创意与装饰、展前的广告宣传；展台工作管理工作主要包括接待客户、洽谈贸易、记录和市场调研。最后简要阐述了展后评估和总结的意义、目的和内容。

【拓展阅读】

1. [美] 诺贝. 如何进行成功的会展管理 [M]. 北京：高等教育出版社，2004
2. 王春雷，王震. 展览会策划与管理 [M]. 北京：中国旅游出版社，2006
3. 华谦生. 会展管理 [M]. 广州：广东经济出版社，2008
4. 推荐学习网站：中国会展网，http：//www. expo - china. com/web/center/index. aspx
   中国会展管理网，http：//www. sgcec. com/
   中国会展在线，http：//www. cce. net. cn/
   中国会展论坛，http：//www. 2010show. com/index. html
   中国会展与商务旅游教育科研网，http：//www. sino - imbest. com/
   中外会展，http：//www. zwhz. com/default. aspx

【思考与练习】

1. 展览的构成要素有哪些，各自扮演着什么角色？
2. 举办一个展览需要遵循什么样的程序？请简述各步骤应该怎么做。

3. 展览策划的主要内容包括哪些?
4. 简述参展商参展的决策程序。
5. 简述参展商参展的基本程序。
6. 参展工作的重点是什么?
7. 展台管理工作包括哪些内容?
8. 展后总结的重点是什么?

第五章　节事活动策划与实施

【学习目的】

通过本章的学习，熟悉节事活动策划的原则和内容；重点掌握节事活动的筹备和组织实施；熟悉节事活动评估的原则、内容、过程。

【学习要点】

1. 节事活动策划的原则、步骤和内容；
2. 节事活动的筹备工作；
3. 节事活动的组织管理工作；
4. 节事活动评估的内容和过程。

【关键词】

节事活动　策划　筹备　组织实施　评估

节事活动能够在短期内聚集大量的人流、信息流、商品流，产生巨大的轰动效应。节事活动不仅可以提高举办地的知名度，而且对举办地相关产业和城市环境建设都有着极强的带动作用。20 世纪 90 年代以来，我国的节事活动取得了快速的发展，据初步估计，全国各地的现代节事活动有三千多个，加上传统节日和法定节日，数量更为惊人。如此数量众多的节事活动意味着竞争的加剧，因此，如何科学地策划和组织成为节事活动能否成功的关键。

第一节　节事活动策划

一、策划原则

（一）特色化原则

特色化是节事活动策划的基本原则，特色化是节事活动的生命力。国际节事协会经济影响力顾问斯科特·内格尔先生提出，节事活动必须强调区域的特殊性和个体性，有自己的特色才能吸引全球更多的观众。节事活动的特色由节事的文化内涵体现，节事的主题选择必须基于当地的历史文脉、文化传统，并紧紧围绕主题对文化进行有形展示的策划。主题特色鲜明的节事活动才具有吸引力和生命力，如山东潍坊的风筝节、青岛国际啤酒节等。

（二）整体性原则

坚持整体性原则就是要把策划作为一个整体来考虑，在系统、整体与部分之间的相互依赖、相互制约的关系中进行系统综合的分析。强调整体性原则，就是强调策划节事活动的全局性、效益性，对系统中各个部分的策略做统筹安排，确定最优目标，以实现决策目标。策划本身是一个有序的过程，各部分工作具有不同的特征和目标，要全盘筹划、协调进行，也需要团队合作和丰富的实战经验。

（三）效益性原则

每一项节事活动都需要投入大量的人力、物力和财力，属于高投资高风险的项目。在进行节事活动策划时，既要考虑节事活动的创新性和前瞻性，更要考虑节事活动的可操作性和效益性。一项成功的节事活动策划，需要充分考虑活动的社会效益和经济效益、近期效益和远期效益、单项效益和综合效益，并据此进行合理的资源配置。

（四）参与性原则

吸引广泛的参与是任何节事活动赖以成功的关键所在。节事活动不仅要吸引外地观众的参与，还要获得当地居民的支持。节事活动的内容与形式要从参与者体验需求出发，力求创造独特的娱乐体验、审美体验、学习体验、寻求新奇体验、追求时尚体验等，增强广大公众的参与兴趣。同时，节事活动要充分调动当地居民的参与热情，使当地居民成为节事活动的“向导”和展现当地文化的“舞台演员”。

（五）市场化原则

不仅要根据市场的需求来策划节事活动的产品和服务，而且节事活动的运作还需要引入市场机制。如果市场化运作不成熟，活动资源无法优化配置和整合利用，部分设施可能闲置，达不到利益最大化。充分认识到市场运作的重要性才能科学地把握节事活动。

二、策划步骤与内容

从程序上说，节事活动的策划一般遵循以下步骤执行：

第一，立项。就是要把活动作为一个项目确定下来，这个活动要不要做？为什么要做？

第二，进行调查和可行性研究。做调查是制定节事活动策划方案的基础，调查的内容包括：有关节事活动方面的政策和法规，举办地经济、社会发展和历史文化特色，公众关注的热点，同类个案的资讯，场地状况和时间的选择性等。

可行性研究是一个十分重要的工作步骤。研究范围包括节事活动的社会适应性，以及社会环境和目标观众的适应性、财力适应性、效益的可行性。从效益方面，要考虑财力与经济、社会效益目标的适应性；从市场方面，考虑节事活动的目标观众适应性；从社会物质水平方面，考虑节事活动的创意是否具有社会物质水平的适应性；从应急方面，考虑需要哪些应变措施。这些都是要进行可行性研究的范畴。

第三，提炼主题，进行创意。确定节事活动的主题是节事活动策划的核心。节事活动主题一般应包括兴奋要素（即避免乏味和枯燥）、娱乐要素（即避免陈旧）和炫耀要素（即有特色值得向他人炫耀）。需要通过评价节事活动资源特色，分析目标观众的构成及兴趣，比较类似的节事活动，寻找具有“唯一性”和“特殊性”，可以张扬个性、体现特色的节事主题。这要求策划团队具有敏锐的市场感觉以捕捉潜在的市场机会，并运用娴熟的商业运作经验，对主题进行提炼、包装和设计。

第四，方案制订。内容包括项目背景、可行性分析、总体目标、主题定位、市场定位、活动的时空安排、活动项目确定、实施措施、效益及风险评估等。

第五，方案论证。方案要有科学的论证，方案论证通常使用定位式优选法、轮转式优选法和优点移植法。

三、策划的注意事项

（一）文化类节事活动策划

文化类节事活动应该顺应时代潮流，能够引发文化产业化观念的变革，每个文化类的节事活动要以引起全国乃至世界关注为目标，策划核心如下：

（1）正确把握文化活动的脉络和方向。

（2）谨慎处理文化界与各相关利益者之间的复杂关系和敏感关系。

（3）列出预见和应对活动可能出现的巨大反馈和变化的方案。

（4）怎样在行政干预和法律许可的范围内化解可能出现的危机。

（5）怎样保障活动的顺利开展。

（6）在节事活动比较漫长的过程中保持热点效应。

（7）设计并引导媒体的关注点、兴奋点。

（8）给每个环节建立一个利益相关者之间资源和收益共享的体系。

（二）政治主题类活动策划

一个重大的历史事件，尤其是当它还带有浓厚的政治意义时，活动策划者必须把握以下五点：

（1）策划者选择的角度和介入的身份。

（2）处理和把握好官方与民间的关系。

（3）在市场中寻找一个正确的定位。

（4）把握将商业行为引入政治策划的尺度。

（5）平衡和处理好商业意图在政治策划中的关系。

第二节　节事活动的筹备

节事活动的筹备阶段是节事活动顺利举办的前提，充分的准备才能保证节事活动在组织实施时有条不紊。节事活动的筹备主要涉及场地设计、物料准备、信息传播、人员准备、政策制度、后勤保障等。节事活动的筹备工作主要包括以下内容：

一、组织准备工作

（一）取得有关部门的同意和支持

节事活动会在短时间内聚集大量的人流，就会牵涉到节事安全管理、交通疏散、环境保护、现场监管等工作，因此，争取公安、交通、消防、市政、城管、环保局、旅游局、国土资源局、工商局等部门的同意和支持非常重要，是节事活动成功举办的有力保障。

（二）成立筹备小组

明确组织者（包括主办单位、承办单位、协办单位、支持单位等）的组织结构设立和内部责任分工，负责解释活动的组织和策划等相关事务。一般情况下包括以下四个部门：

1. 组委会

主持节事的全面工作，研究决定节事的各类重大事项，检查监督各项工作。

2. 组委会办公室

在组委会领导下，负责解释各项活动的协调、检查、监督等工作。

制订组委会工作计划，负责组委会日常工作；制订和完善节事总体方案、组织机构及工作职责方案；负责节事主要活动的经费预算编制及使用的审核；检查各项活动的落实情况；综合协调各工作机构的有关事项；协同有关单位做好开幕式、闭幕式、大型演唱会等活动的策划和组织；会同行政接待部做好国内外重要来宾的邀请；掌握并提供节事各类动态信息；准备节事有关资料、邀请函、证件、礼品等。

3. 综合工作机构

（1）新闻宣传部。

编制节事宣传报道的工作方案；负责节事对外宣传报道工作；负责新闻发布会、领导专访、现场采访、电视专题节目录制等各类宣传活动的策划、组织等。

（2）行政接待部。

编制节事行政接待工作方案；会同组委会做好节事国内外重要来宾的邀请；做好重要来宾接待服务及迎送工作；掌握宾客动态；配合其他部门做好领导参与各项活动的安排和服务等。

（3）安全保卫部。

编制节事及节事各项活动的安全保卫工作方案及紧急情况预案；负责保护来宾的安全；节事前对主要宾馆的治安、消防等进行检查。

（4）环境管理部。

编制节事环境管理工作方案并组织实施；配合其他部门完成场地搭建等工作；完成活动场地相关的道路及绿化工程建设等。

（5）广告票务部。

制定广告票务工作方案和实施方案；完成广告招商工作；制订并实施环境广告宣传方案并组织实施等。

4. 各活动项目工作机构

根据各个地方区域特色，确定节事中的活动项目，再根据活动项目划分为若干部门，每个部门负责一个活动项目，分工明确。

节事活动的筹备必须重视安全问题，并且力求从筹备的第一步——机构设置开始就牢牢把握好对安全事务的全局性掌控和细节性处理。

案例 5－1：2002 年桂林博鳌亚洲旅游论坛组委会机构设置框架示意图

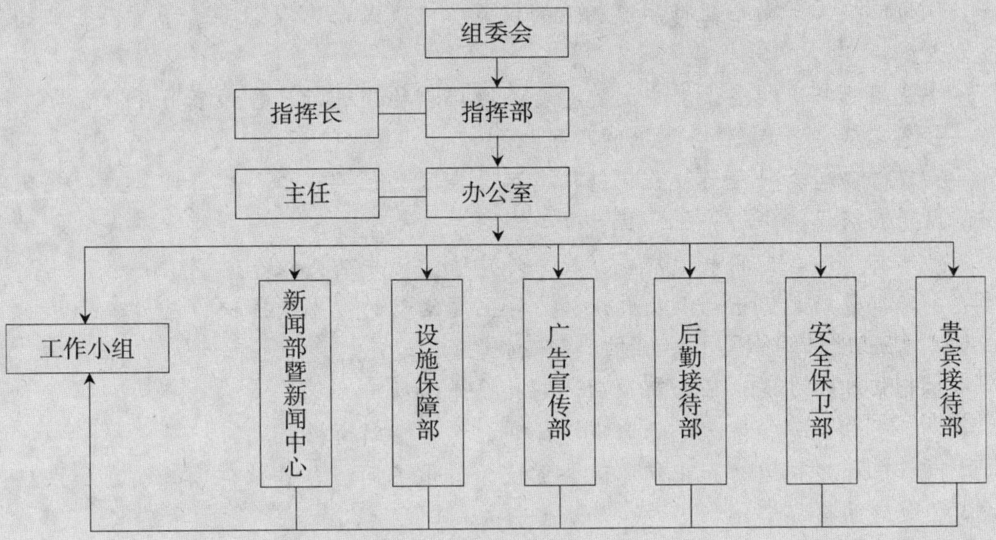

问题：2002 年桂林博鳌亚洲旅游论坛组委会机构主要由哪些部门组成？

（资料来源：戴光全．节庆、节事及事件旅游［M］．北京：科学出版社，2006）

（三）寻求可能的赞助者

节事活动的举办需要大量的资金投入，寻求赞助是解决资金问题的重要方式之一。而对商界来说，积极、力所能及地参与赞助活动可以为自己树立良好的公众形象，是企业公共关系营销的重要组成部分。赞助在经济上给节事活动以财力支持，在社会上领导塑造文化。

案例 5－2：2008 年北京奥运会获得赞助计划

一、赞助商层次

对北京 2008 年奥运会的赞助包括国际和国内两个方面：国际奥委会第六期全球合作伙伴计划在国际范围内对整个奥林匹克运动提供支持，包括支持北京奥运会。北京 2008 年奥运会赞助计划在主办国范围内对举办 2008 年奥运会提供支持。

北京 2008 年奥运会赞助计划包括三个层次：一是北京 2008 年奥运会合作伙伴；二是北京 2008 年赞助商；三是北京 2008 年奥运会供应商。每个层次都设定了赞助的基准价位。在同一层次中，不同类别的基准价位也会有所差异，以体现不同行业之间的差别。具体价位将在销售过程中向潜在赞助企业作出说明。

北京奥组委的各级赞助商将为奥林匹克运动在全国的开展作出贡献。通过在技术、产品和服务等方面的赞助，支持北京奥组委的筹办工作，支持 2008 年奥运会的举办，支持中国奥委会以及中国奥运代表团。不同层次的赞助商享有不同的市场营销权。赞助商在主办国地域范围内享受市场开发的排他权。

二、赞助商权益

赞助企业向北京奥组委、中国奥委会和中国奥运代表团直接提供有力的资金和实物支持。作为回报，赞助企业将享有相应的权益。以下是北京奥组委给予赞助企业的主要回报方式：

——使用北京奥组委或者中国奥委会的徽记和称谓进行广告和市场营销活动。

——享有特定产品/服务类别的排他权利。

——获得奥运会的接待权益，包括奥运会期间的住宿、证件、开闭幕式以及比赛门票，使用赞助商接待中心等。

——享有奥运会期间电视广告以及户外广告的优先购买权。

——享有赞助文化活动以及火炬接力等主题活动的优先选择权。

——参加北京奥组委组织的赞助商研讨考察活动。

——北京奥组委实施赞助商识别计划和鸣谢活动。

——北京奥组委实施防范隐形市场计划，保护赞助商权益。

根据对奥林匹克运动和北京奥运会贡献的价值不同，合作伙伴、赞助商和供应商享有不同的权益回报。

三、赞助销售

1. 销售方式

坚持公开、透明、公平的原则，根据行业的不同情况采取以下不同的销售方式：

(1) 公开销售：公告销售通知或公开征集企业赞助意向。

(2) 定向销售：向具备技术条件的企业发出征集赞助邀请。

(3) 个案销售：直接与符合技术条件的企业进行销售洽谈。

2. 销售步骤

主要采取以下步骤进行销售：

(1) 北京奥组委将征集情况通知企业或向企业征集赞助意向。

(2) 企业提交赞助意向书。

(3) 北京奥组委销售机构进行企业资格评审。

(4) 北京奥组委销售机构与企业洽谈赞助方案。

(5) 企业提交正式的赞助方案。

(6) 北京奥组委评估机构提出赞助商候选人。

(7) 北京奥组委确定赞助企业，提交国际奥委会批准。

实际操作中，以上步骤可根据需要增加或减少。

3. 销售进度

鉴于不同层次的赞助商对奥运会贡献的价值不同，销售进度也将体现投资差异。首先开始合作伙伴的销售。但根据销售进程，有可能同时进行不同层次的销售。

具体安排：

合作伙伴：2003 年第四季度至 2004 年第四季度；

赞助商：2004 年第二季度至 2005 年第二季度；

独家供应商/供应商：2004 年第四季度至 2007 年第二季度。

四、赞助商选择标准

选择赞助企业时，主要参照以下标准：

(1) 资质因素。赞助企业必须是有实力的企业，是行业内的领先企业，发展前景良好，有充足的资金支付赞助费用。

(2) 保障因素。能为举办奥运会提供充足的、先进的、可靠的产品、技术或服务。

(3) 报价因素。企业所报的赞助价格是选择赞助企业最重要的考虑因素之一。

(4) 品牌因素。企业具有良好的社会形象和企业信誉，企业的品牌和形象与奥林匹克理想和北京奥运会的理念相得益彰，产品符合环保标准。

(5) 推广因素。企业在市场营销和广告推广方面投入足够的资金和做出其他努力，以充分利用奥运会平台进行市场销售，同时宣传和推广北京2008年奥运会。

问题：1. 2008 年北京奥运会赞助的销售方式有哪些？

2. 选择赞助商的基本标准有哪些？

（资料来源：http：//cqihm. org/huizhan/UploadFiles/al. htm）

（四）制定节事日程

大多数节事活动都离不开日程表，初期日程表的内容可以比较简单，时间的分配只局限于活动项目的具体构成因素。但随着活动的推进，日程表应更为详细，如准确的演员、技术人员或其他员工的工作时间安排等，包括主题活动日程、内容和配套活动的日程、内容等。以下是太湖明珠·无锡——2005 新丝路世界模特大赛赛事日程的初步安排：

案例 5－3：太湖明珠·无锡——2005 新丝路世界模特大赛赛事日程初步安排

日期	时间	内容	地点
10～12 日	全天	参赛选手陆续报到、安排入住；发放大赛所需花絮服装及大赛专属用品；参赛选手进行量体、选手化妆；准备平面拍摄的场地及相关设备、拍摄；会刊照片（12 日 19：00～21：00）；技术测试（暂定）	酒店
13 日	8：00～8：30	早餐	酒店
	8：30～12：30	南禅寺购物、品尝小吃	南禅寺
	12：30～13：30	午餐	酒店
	13：30～18：00	待定	待定
	18：00～19：00	晚餐	酒店
	19：30～21：00	选手见面会及新闻发布会	待定

（续上表）

日期	时间	内容	地点
14日	8：00～8：30	早餐	酒店
	8：30～11：30	主题活动：美丽的眼睛看江阴。鹅鼻嘴公园、登江阴大桥、参观古炮台、游览长江	江阴
	11：30～13：00	午餐	
	13：00～15：00	登华西金塔参观、参观企业	
	15：00～18：00	参观徐霞客公园、故居、墓	
	18：00～19：00	晚餐	酒店

（资料来源：无锡旅游网，www. wuxitour. gov. cn）

（五）制定绩效评估体系

绩效评估体系包括一些具体的目标和经济指标，主要是对活动效益进行评估。

（1）活动服务商的利益：①交通服务商的利益；②饮食服务商的利益；③住宿服务商的利益；④其他服务商的利益。

（2）预计活动承办方的利益：①门票收入；②赞助收入；③广告收入；④捐款。

（3）预计接待人数。

（六）确定节事总体口号、标识和吉祥物

节事总体口号、标识和吉祥物可以对节事的宣传起到事半功倍的效果。名称要易读、易记，字义要鲜明且吉祥，能启发联想，具有促销、广告和引导作用。如2002年奥运会的口号为“点燃心中之火”，是现代奥林匹克历史中一个非常成功的口号案例；2008年北京奥运会也选出了具有中国特色的吉祥物——福娃，体现了奥运会的理念和中国人热情好客的精神风貌；广东省国际旅游文化节则以“活力广东，欢乐祥和”为总体口号，展示广东欢快、健康的气息。

（七）设计和开发宣传品、纪念品和配套商品

印制宣传手册、利用各种媒体跟踪报道都是对节事有效的宣传方式。随着人们文化素质的不断提高，追求文化精神满足的要求越来越高，人们往往把购买具有鲜明特色和丰富文化内涵的高品位的商品和纪念品作为其参与节事活动的见证。纪念品在设计时必须突出文化特色和高品位的艺术特色、独特的纪念价值，还要方便携带。北京奥运会特许商品有胸章纪念章、服装服饰及配饰、玩具、文具、工艺品、珠宝首饰、日用品、音像制品及出版物、体育用品、食品及其他，共计11个大类，近40个小类，7 000个品种。

（八）制订突发事件应急方案

节事活动要受很多因素影响，而且节事活动一旦失败将会对举办地的形象造成极大损害，并会延续较长时间，所以必须做好几套应急方案。

（九）物资准备

准备在节事活动过程中需要的物资，包括场地的租用，节事场地布置所需要的音响、录像设备、横幅、鲜花等，员工统一的服装，以及举办现场所需要的水、食物，观众所需要的荧光棒、哨子等。在节事活动开始前必须保证所有物资都能够如期送达现场。

（十）筹备过程中需要签订的与节事相关的合同

（1）设备合同。在活动举办前，组织者需要与某些设备商签订租赁或买卖合同，如同声传译设备、音响设备、录像设备等，必须明确陈述全部当事人的具体责任，如设备的数量、安装、调试与使用、服务人员与服务方式、付款方式、可能出现的冲突等，保证当事人的利益。

（2）场地使用合同。活动举办方必须对场地各方面的条件和情况熟悉，通过签订一定的使用合同，保证场地设施设备的安全性。

（3）赞助合同。明确双方的责任和义务，体现双赢。

（4）比赛合同。一般由参赛的双方或多方签订，合同内容包括地点、日期、时间、报酬、转播权、赠券、故意不履行的终止条款与补偿等。

（5）演出合同。对演出节目和时间、地点安排、双方责任、承担费用、违约责任等作出明确描述。

（6）商品合同。对商品的交货时间、质量、包装、安全使用的方式、保质期等明确责任。

（7）分包管理合同。涉及食品供应、卫生的清洁、物品的运输等方面的合同。

二、制订实施行动计划

各类行动计划主要包括财务计划、消防及安全计划、员工培训计划、接待计划、环境整治及场地布置计划、交通管制计划、宣传促销计划、开幕式和新闻发布会计划、各主题和配套活动的日程安排等。为了有效地实施各项计划，必须制订详细的行动方案。此方案必须明确行动计划和战略事实的关键性决策和任务，并将执行这些决策与任务的责任落实到个人或小组。

第三节　节事活动的组织实施

节事活动前期的策划、筹备工作一般需要一年左右的时间才能进入正式的实施阶段。这是最为紧张、最为关键的一步，管理不善不仅会功亏一篑，而且会在社区里造成恶劣影响。本节从场地的布置和管理、后勤管理、交通管理、安保管理和现场管理等方面阐述节事活动的组织管理工作。

一、场地的布置和管理

（一）场地的选择

场地分为室内场地、临时搭建的凉棚式场地和露天场地三种，选择哪种形式的场地应该根据活动的性质、规模以及是否适合活动项目而定。同时，还要考虑场地的区位因素，节事活动的举办地点的区位条件在很大程度上影响参观者的数量和活动的效果。设施设备的要求也会影响场地的选择，如新闻记者席、停车场、会议设施、储物间、供餐服务、衣帽间等。

（二）举办场地的分区设置

场地的布置和装饰都必须围绕整个活动的主题展开，灯光、音响和特殊效果都是为了烘托活动的气氛而进行设计和实施的，如整个活动背景的色调、舞蹈的形式等都留有使游客和观众发挥充分想象力的空间，音响和灯光能够使娱乐活动更加完美，诱导观众从潜意识到全身心的投入，而不会发生视线被阻挡或嘈杂声过大而淹没音乐的情况。

1. 舞台、表演或演示区域

舞台、表演或演示区域的设计需要满足所有出现在舞台上的表演者的需要，也要便于观众观赏和参与，音乐的选择和音量的高低等音响效果、灯光的变换和强度、座位的数量和舒适度都要使观众满意。

2. 观众和参与者区域

观众和参与者区域分为站立和坐席两种类型，相比之下，坐席更便于管理，观众区域的入口和出口的管理也相当重要。

3. 设施设备管理区域

检查设施设备是否完备，是否完好，要及时维修或者补充。

4. 服务区域

如储存区、演员休息室、化妆室等。在活动开始前，要对场地再次检查，如场地与活动项目是否一致、观众的舒适度、观众对活动项目的可视性（视线）、储藏区、出入区等相关区域和设备的情况，避免发生意外。

（三）装饰的要求

布景和道具等的装饰涵盖了许多不同的因素，从颜色的设计到幕布的选择，从舞台景架的搭建到鲜花的摆放，其关键点是使不同的因素都围绕并突出活动的主题。

1. 舞美设计

前台的舞美设计不仅仅是提供演出的环境，更重要的是体现设计者力图描绘的意境。从活动的主题出发，把时间、地点、气候、活动氛围、人物情绪、时代特色和地方色彩等在服从演出总体构思的前提下，通过舞台设计用色彩、线条、光线等，创造出一个适合活动的演出环境。

2. 布景

背景板和横幅是活动的标志物，背景板要求设计简洁、色彩明快、主色调和活动主题协调。横幅通常是红布做成的，文字用白色。气球、充气拱门和彩旗也是为烘托活动效果而布置的，能有效地营造出活动的喜庆气氛。

二、后勤管理

（一）后勤管理应注意事项

（1）举办活动的目的：筹募资金、促销产品、吸引媒体注意或者提供公众娱乐机会。

（2）活动的规模：预计观众人数、媒体记者和 VIP 贵宾。

（3）活动的地点：室内或室外。

（4）活动有无分会场以及各个场地之间的距离。

（5）需要的供应商或服务商。

（6）活动对设施的要求。

（7）是否需要提供食品和饮料、提供的对象。

（8）计划特邀嘉宾的数量。

（9）运动员、演员、观众和媒体记者抵达的交通工具；车辆的类型、来往时间和特殊要求。

（10）工作人员和志愿者到达指定地点的交通工具。

（11）对卫生设施的要求。

（12）照顾特殊的观众。

（13）场地的座位布局。

（14）活动需要的工作人员和志愿者的人数。

（15）用来储存设备和物品的空间。

（16）工作人员和志愿者是否需要制作制服。

（17）紧急救援措施、保安措施和人流控制措施的安排。

（18）加强对可能发生情况的安全措施。

（19）活动是否需要电视转播。

（二）与供应商/服务商的协作

1. 确定需要的产品和服务种类

如一场高尔夫球赛需要与30多类供应商/服务商打交道，包括市场设计、标志牌、礼仪策划及用车、计分系统、餐饮服务、饭店服务、发电机与空调、印刷、救援车辆、制作证件和凭证、票务及汽车通行证、各种桌椅、停车场管理、洗车服务、保安、往返交通、无线电通信等。

2. 详细说明彼此的权利和义务

如对于餐饮服务商，应确认他们是否具有经营许可证，了解饮食责任保险由谁承担，要求他们提供公司简介、餐饮品种、供餐计划、有价格明细的菜单，并提出在活动供餐多样性等方面的基本要求。活动组织者要为餐饮服务商提供公用帐篷、配餐工作空间和服务通道等。

3. 保证商品保质保量并如期到达会场

如活动制服的设计、制作和发放是活动后勤工作的重要内容，且制服的款式、颜色和面料选择都有讲究。制服尺寸、提前足够的时间定制制服、寻找愿意为活动提供制服的赞助商、有效率地发放制服、制服调换、归还制服等有关规定的制定，保证制服能在活动前如期运到组织者手里。

三、交通管理

交通服务的主要事项：

（1）确认VIP客人、媒体记者、观众、娱乐节目演员的接送、停车要求。

（2）向相关车辆发送通行证和停车证。

（3）配备通信设施，保证所有的汽车司机都能随时与中心调度员联系，中心调度员又能随时向后勤部门报告。

（4）与当地交通、停车场管理部门合作，绘制准确的交通线路图，绘制交通车辆接送乘客的停靠点和停车场的位置。

（5）在紧急情况（如交通堵塞或发生意外事故）下可选择的其他行车路线。

（6）确认活动场地大门是否允许各种车辆进入，将有关通知传达到门卫处。

（7）安排一些备用车辆待命。

（8）做好重要客人接送时的安全保卫工作。

（9）为司机提供休息室并供应茶点。

四、安保管理

（一）“安全第一”

（1）设立安全事务委员会，审定最终制订的安全计划，并制订计划实施时间表。

（2）根据医疗卫生及治安管理部门的建议，在活动现场中设立多个急救点。

（3）根据以往的经验，确定急救点须配备的医疗人员数量。

（4）活动现场应接受消防部门的安全检查，物品存放、装饰性搭建设施须遵循消防部门的规定。

（5）如果要放烟火、礼花，要报请消防部门批准并在现场布置适当的消防警力。

（6）与治安管理部门一起检查现场，讨论出入管理方案及如何对重要区域进行安全保卫。

（7）设立明显的用于人流疏导的标牌系统。

（二）制定安全与危险防范措施

（1）张贴适当的标志或通过广播向观众提醒安全事宜。如提醒观众“中场休息时请尽量留在座位上，过多的活动容易导致危险”或贴出“烟火燃放区请勿靠近”的标志。

（2）设置防护围栏，不让观众随意在场内跑动。

（3）对于高风险的表演或娱乐活动不仅要在现场设置保护设施，而且要购买连带保险。

（4）为工作人员、志愿者、媒体记者、演员、VIP 客人和赞助商制作出入证。

（5）告知观众何处是紧急出口，宣传急救知识，并事先进行培训。

（三）有价物品的运送和保护

（1）事先确定现金、收据和有价物品的存放地，一般将这些高风险活动安排在安全的场所进行，以降低被抢被盗的风险。

（2）在商品到达前安排好各类存放和保管事宜。

（3）坚持签单管理制度，预防损失。

（4）售票亭或售票点不要积放过多现金，防止失窃。

（5）对接触现金和有价物品的人采取相应的管理措施。

（6）指定专人负责活动财产安全保卫措施。

五、现场管理

（一）现场接待管理

1. 观众的到场与退场

节事活动的观众流动有两种情况，一种是在较长的时间跨度内观众以较小的流量陆续抵达又陆续离开；另一种是在较短时间内（如开始前半小时和结束后一小时）观众蜂拥而至，又蜂拥而出。安排迎宾员、引座员接待客人，可帮助客人迅速扭转因路上堵车或其他原因引起的心情不快，融入活动的欢快气氛中。主办方适当地提供点心和饮料，为客人营造积极的、值得回味的印象，向客人赠送有保留价值的纪念品已经成为许多活动的惯例，如派发印有组织者、赞助商 Logo 的物品，如帽子、T 恤或外衣、纪念胸针等。

2. 演员、媒体记者、VIP 客人及所有官员的接待

大型活动时尤其必须考虑演员、VIP 客人、媒体记者及所有官员的接待。接送演员时要有缜密的交通方案，根据需要选派合适的车辆，保证一路上交通的顺畅；对于媒体记者，要保证交通方便快捷，把握新闻的及时性；对 VIP 客人和官员的接送，可以向旅游汽车公司租用配有导游的巴士或轿车，驾驶员必须是经过严格培训的，主办方对交通车辆进行协调和监控。提供专门的车辆、停车区域和办公、休息地点会给他们留下良好的印象。

3. 对特殊人士的照顾

所有的公共设施都应该考虑到残疾人的特殊要求，如坡道、盲道、专用的洗手间等，而且在现场划定专用的停车区域、观看比赛区域并以醒目的标志标明。残疾人参加的活动，要特别注意沿途路面的情况，避开陡坡和沟坎，安排志愿者帮助盲人适应陌生的环境，使用轮椅者上下台阶、陡坡以及帮助他们换演出服，为聋哑人配置手语翻译等。

4. 住宿餐饮服务

组织者除了可指定旅游代理外，往往还会和一些宾馆酒店签订合作协议，向所有演员和观众推荐这些指定的宾馆酒店，这些指定的宾馆酒店也往往提供比市场价更优惠的价格接待这些演员、观众和嘉宾，并在活动过程中向观众提供餐饮服务，保证食品和饮料数量充足，并培训服务人员，高效地应付繁忙时段，减少观众的排队等候时间。

（二）现场工作人员管理

1. 重视活动举办前的短期培训

培训的内容包括场地情况、具体任务分工、工作职责、工作守则、意外事故处理程序、应急措施及其他相关信息等。

2. 采用有效的激励措施

奖励是强化激励的正面手段，包括物质奖励和精神奖励。物质奖励包括奖金、提高工资、发活动的入场券、实物奖品、提供高档次的工作服和餐饮、发活动纪念品、庆功表彰和庆功聚会等。精神奖励包括岗位轮换、多样化工作内容、工作肯定或口头表扬、颁发奖励证书、媒体宣传、提供与偶像见面的机会、奖励旅游与度假等。

3. 加强现场沟通

在现场保持及时、顺畅的交流很重要，可以减少人与人之间的冲突。加强沟通是项目经理成功领导的重要手段，提高项目经理的沟通能力与领导过程的成功性关系极大。沟通的效率直接影响管理者的工作效率。

4. 组织和管理好临聘人员

现场需要大量的执行人员来完成不同区域的繁重的工作任务和阶段性工作，活动项目组织者就需要聘用临聘人员。本着“公开、公正、择优”的原则，通过在社会上广泛招募，面试合格后办理录用手续。节事活动的招聘人员一般以志愿者为主，通过总体培训、分类培训和实地演练，充当翻译、文秘、接待、安保等岗位。

（三）制定必要的防范措施及紧急应对计划

不管举办何种有大量人流的活动，都要提前做好安全检查工作，对大型活动场所进行一次全面检查，确保安保措施到位、设施运转安全、组织体系完善。做好安全措施的预定工作主要包括：设立非通行区域；设置专门人员通行区域；确认紧急救援人员进场和离场路线；确认急救需要；制定紧急回应措施。

案例 5－4：2006 年德国足球世界杯贵宾服务

iSe－Hospitality 是国际足联 2006 年足球世界杯组委会商业性贵宾服务项目的独家签约伙伴。它是全球唯一一家官方授权销售一揽子贵宾服务的公司，服务内容包括 2006 年德国世界杯期间所有比赛的现场贵宾服务、送餐、停车和球票销售。

● 无限魅力尽在 2006 年足球世界杯

世界上最令人期盼的体育赛事——国际足联德国世界杯足球赛，于 2006 年 6 月 9 日至 7 月 9 日在德国举行。

德国世界杯的“探险”非常激烈：约 200 个国家争夺这场比赛的参赛资格，也许对于很多足球队员和球迷来讲，这样非同寻常的经历一生只有一次。

最终，来自全世界的 32 支球队于 2006 年会聚德国，在 12 个主办城市举行的 64 场比赛中一决高下。有幸到现场观看比赛的球迷达到 320 万人，全世界的电视观众累计超过 400 亿人次。人们分享着一个共同的梦想：庆祝世界杯冠军的诞生。

这场新千年里首次在欧洲举行的世界杯足球赛，门票的需求量远远超过预测。

不过，如果您参与到 2006 年世界杯足球赛的贵宾服务项目中，完全可以确保您和您的客人在德国世界杯足球赛期间美梦成真！

这是唯一的官方贵宾服务项目，因此也是确保享受包括所有比赛门票在内的贵宾服务的唯一途径。该项目将场馆里某些最好的座位与优先停车、贵宾通道、美味珍馐、体贴入微的服务、特别纪念礼品和娱乐节目进行了完美的结合。

贵宾多人包厢特别计划（Sky Box）是其中设计最为独特的部分。这一方案主要针对公司客户推出，以便他们为自己邀请的客户提供布置个性化、氛围舒适的独立空间。

尊皇贵宾服务计划（Elite）是“单人包厢”一揽子服务的最高等级。每个场馆内角度最佳的看台中，仅有有限的一部分座位能够达到要求。在大多数场馆中，所有尊皇贵宾服务都在馆内提供。

精英及豪华贵宾服务计划（Prestige & Premier）也是“单人包厢”一揽子服务的一部分，包含较好的看台座位、一流的服务和场馆内或馆外的贵宾设施，当然不超出场馆边界。

所有上述贵宾服务计划都是为“特殊”的足球迷而设计的，是为那些追求豪华舒适、独特氛围的客人而设计的，以便他们能与好友和客人一起真正享受世界杯足球赛带来的乐趣。

● 一流的体验

2006 年国际足联世界杯足球赛独特的贵宾服务项目的内容包括：

①场馆内的贵宾包厢和最佳看台座位；

②所有贵宾服务区要么位于场馆内，要么位于紧邻场馆的贵客服务村；

③在紧邻场馆的停车区优先停车（1个车证加4项贵宾套餐服务）；

④可任意选择场馆入口；

⑤美食体验，辅以精选的葡萄酒和其他饮料；

⑥世界级水平的优秀东道主服务团队；

⑦精美的纪念品；

⑧代表当今最高水平的娱乐项目。

● **独具创意的氛围及装饰**

2006年国际足联世界杯贵宾服务项目充分体现了以人为本的宗旨，专门为追求完美的您而设计。所有贵宾服务人员为您和您的客人提供特别的服务，从而使您的世界杯体验早在正式开赛之前即已开始。

您首先将车停到预订的优先停车区域，通过选定的入口进入体育馆。从那里您进入体育馆内指定的贵宾服务区或馆外场地内的贵宾服务村。我们的员工全程为您提供现场帮助。

您到达贵宾服务区以后，我们的员工用精选的清爽饮料和开胃酒来欢迎您。

由我们的专家特别设计的美食方案给您留下深刻的印象。精选的开胃头盘，国际性的、地区性的和地方性的特色菜肴，配以精美葡萄酒和饮料，定会使您一饱口福。更为重要的是，当比赛开始时，您拥有场馆看台上最好的座位之一，尽情领略比赛的精彩纷呈。比赛之后继续您的美食体验吧：餐后甜点将与精美饮料一起奉上，以帮助您"消化"刚刚欣赏过的比赛。

总而言之，贵宾服务计划使您和您的客人的世界杯体验成为难忘的回忆。

● **更多信息**

贵宾包厢和尊皇贵宾服务计划包含一个体育馆里举行的所有比赛。

精英及豪华贵宾服务计划：四个全包项目或四个套餐项目起售。

一份最终确认的日程表和开赛时间表与贵宾服务套餐大约在2006年世界杯足球赛开幕之前30天（有可能变更）一起提供给您。

座位安排和停车位可能会因比赛场次的不同而不同。详情请向您的销售代表咨询。

具体的付款计划在您购买时提供。

欲了解销售及贵宾服务项目的更多详情，请参见附在本手册后面的iSe贵宾服务价目表和销售条款。

● **温馨提示**

我们在此想提醒您，由于贵宾服务一揽子计划数量有限，为了公平起见，我们将按照收到申请的先后顺序来办理手续。详细的报价及示意图，请垂询索取或者登录网站查询：

iSe-Hospitality AG，CH-6300 Zug；电话：+41-41-72 60 331。

问题：2006年德国世界杯为贵宾提供了哪些服务内容？

第四节　节事活动的评估

节事活动评估是一个在整个活动管理周期内衡量和评价活动的过程，包括对项目已经发生事实的总结和对项目未来的预测。它提供了反馈，有助于单个活动的计划和改善以及丰富活动行业的知识库。

一、活动评估概念与类型

（一）概念

活动评估就是严格观察、衡量和监控一个活动的执行，以便精确地评定其成果的过程。具体而言，是对活动前期工作、目的、实施、运作等情况的综合研究，对服务、直接或间接效益、作用和影响所进行的系统的、客观的分析和评价，判断该活动是否成功，总结经验教训，为活动的主办者与承办者提供经验，并通过及时有效的信息反馈，为观众、赞助商和供应商等提供参考。

（二）类型

1. 事前评估

对一个节事活动控制因素的某些评估通常发生在研究和计划阶段。这有时被称为灵活性研究，评估的目的在于确定举办该活动可能需要的资源量大小和继续这一活动的可能性，得出是否可以立项。这种评估涉及对观众可能做出的反应进行市场研究，对出席人数、费用和利益进行研究和预测。它通常会把这一活动和以前相似活动的概述和成果进行比较。这些研究的结果就是建立目标或基准，根据它来衡量是否成功。

2. 监控评估

监控评估又称“实施过程评估”，就是跟踪某一活动在不同执行阶段进展的过程，这就可以调整活动的控制因素。这种评估的目的在于检验活动营销、形象、时间等策划的质量；或评估在实施过程中的重大变更及其对活动效益的作用和影响；或针对活动中的重大困难和问题寻求对策和出路。如在活动的准备阶段可能会感觉到售票很慢，这就会导致广告增加，或付出更大的宣传努力。这种监控过程对质量控制非常重要，也将为最终评估和未来计划提供宝贵的信息。

3. 事后评估

事后评估是节事活动评估的最常用形式。这种评估涉及收集活动的统计数据，并分析数据与活动任务和目标的关系。一个重要的方面通常是把主要参与者与项目干系人的反馈放到一起，讨论活动的强项与弱点，把观察记录下来。事后评估也可能涉及对活动参加者或观众进行某种形式的问卷或调查。这些调查是为了收集参与者的体验意见，衡量他们对活动的满意程度。调查经常涉及收集有关参与者经济消费的数据，以便把这些花费与活动产生的收入相比较。事后评估主要包括实施效果评估和项目影响评估两种。

二、评估的原则

活动评估的结果要反馈到决策部门，为调整规划和做下一轮决策提供依据，所以评估需要遵循以下原则：

（一）公正性原则

公正性应贯穿活动项目评估的全过程。一般来说，活动成员不应该自己评价自己，评价方应从第三者的角度出发，独立地发现问题、分析原因和避免结论的主观性。

（二）可信性原则

评估的过程和结果要建立在资料信息可靠的基础上，运用客观的评估方法和标准。活动的实施者和管理者应该提供详细可靠的信息，使评估过程程序化和规范化。

（三）可操作性原则

评估结果必须具有实用价值，能够满足多方要求，评估后提出的建议能够为决策部门所用，能为他们采取具体的措施提供依据。

（四）透明性原则

评估过程和结果越透明越能获得公众的信赖，增加透明度可以提高公众对活动的实施和管理的关注，从而达到社会舆论监督的目的，有利于树立良好的公众形象。

三、评估的参与者

（一）观众

观众是活动评估的重要调查对象，包括现实的观众和潜在的观众。通过问卷调查、观察法等方式对现实的观众调查其亲身感受等，对潜在观众调查获得节事信息的渠道等原始资料，为市场细分和营销方案的制订提供依据。

（二）活动项目组及其成员

活动项目组及其成员参加了整个活动的全过程，他们对自身工作的总结是评估的重要组成部分。

（三）聘请的评估机构

为了保证评估的客观性和科学性，由专门的评估机构对节事活动的效益等进行评估，从第三方的角度论证。评估机构往往由比较资深的专家组成，凭借他们丰富的阅历和渊博的知识对节事活动进行专业性的评估。

（四）赞助商

从赞助商实施赞助的出发点来看，他们是为了提高产品的知名度，改善企业形象，增加产品的销量。他们会随时对活动进行监控，随时关注公司产品的销售效果与活动的实施影响是否一致、有无达到预期的目标。

四、评估的内容

从活动项目评估的作用来看，是把活动实施后的结果与前期策划的目标进行对比，评价其财务效益、经济效益和社会效益，总结经验教训，以便运用到新的决策活动中去。

（一）方案与目标评估

1. 策划方案评价

策划方案评价包括节事活动的举办时间、规模、地点、主承办机构组成、活动主题、活动定位、活动价格、人员分工、活动的品牌形象策划、市场营销策划等，找出它们的优点和缺点，之后将其报备存档，避免在以后的活动中犯相同的错误，坚持扬长避短。

2. 目标评价

预定目标和现实中目标实现的程度是评估节事活动的主要任务之一。一般来说，节事活动的目标在立项时就已经确定了，其评价指标包括宏观指标和直接目的。宏观指标即对国家或地区经济、社会发展的总体影响和作用，直接目的即向社会提供某种产品或服务，指标一般是量化的。节事活动评估首先要对照原定目标的主要指标，以及检查活动结束以后的实现情况，确定实际变化产生的原因，判断目标的实现程度。

（二）筹备和实施工作评估

节事活动的筹备和实施工作的内容比较广泛，涉及时间进度情况、推广宣传情况、财务实施状况和现场服务等情况，与立项或可行性报告的预定情况对比加以分析，找出差距，分析产生差距的原因。节事活动的评价工作一般包括以下八个方面：

（1）筹备工作评价：包括节事活动工作的统筹、准备、协调及各项筹备工作的安排和调整等。

（2）服务代理工作评价：对通过公开招标的服务商、代理商、指定赞助商、旅游代理商、清洁公司、保安公司等的工作进行评价。

（3）宣传推广工作评价：包括媒体宣传与公关、推广进度安排、宣传渠道的选择、宣传资料的印发、宣传效果、新闻媒体的反响（刊载、播放的次数、版面大小、时间长短、内容是否正面）等。

（4）组织结构与人员评价：对构建的组织结构形式、人员组成、工作态度、团队合作精神、工作效率等进行评价，评价人员的安排是否合理、工作是否有效率、工作时间的安排是否适中等。

（5）现场管理工作评价：包括场地选择、舞台音响、后勤管理、物流配送、清洁保安、志愿者管理、现场工作人员管理、突发事件应急措施和各环节的服务，以及对这些服务的质量、提供方式的合理性进行评估。

（6）时间管理评价：对节事活动的招商、宣传推广、服务及整体时间进度安排等进行评价。

（7）服务管理工作评价：包括筹备管理的质量和效率、接待服务的各环节质量、培训、后续工作等。

（8）财务实施评价：包括对节事活动的预算制定与执行情况、成本、费用支出时间安排，收益、收款情况，超支原因及其他财务管理问题进行评价。

（三）效益与影响评估

1. 效益评估

节事活动的效益评估即财务评估和经济评估，主要的分析指标为内部的收益率、净现值和贷款偿还期等盈利能力和偿还能力，包括成本效益评估和成本利润评估等。

2. 影响评估

节事活动的影响评估主要包括经济影响、社会影响和环境影响，具体如下：

（1）经济影响评价：它主要分析评价节事活动对当地社区、所在区域、所属行业、国家所产生的经济影响，评价的内容主要包括分配、就业、技术进步、换汇成本、产业结构调整等。国外也有学者认为节事活动的经济影响主要根据主办团体以外的参观者的消费，通过问卷调查得出一个平均消费，然后用这个数字乘以参观者的数量就可以得到总的参观者的消费。从城市或政府的角度计算活动的经济影响是很复杂的，涉及很多因素，因此部分难以量化的因素一般只能做定性分析。

（2）环境影响评价：一般包括节事活动举办地的环境质量、自然资源利用和保护、区域生态平衡和环境管理等四个方面。

（3）社会影响评价：节事活动的社会影响是对社会经济发展方面的有形或无形的效益和结果的一种分析，重点评价节事活动对举办国、举办地和社区的政治、文化、经济、生活的影响。

从系统和发展的角度来看，节事的影响研究应当从节事所承担的不同角色出发，把节事作为一个产品来进行分析，从不同的角度来进行研究（如图 5－1 所示）。从具体内容上，节事影响可以从持续时间、影响程度、影响深度、影响对象和具体的影响指标等角度进行全面的分析（如图 5－2 所示）。

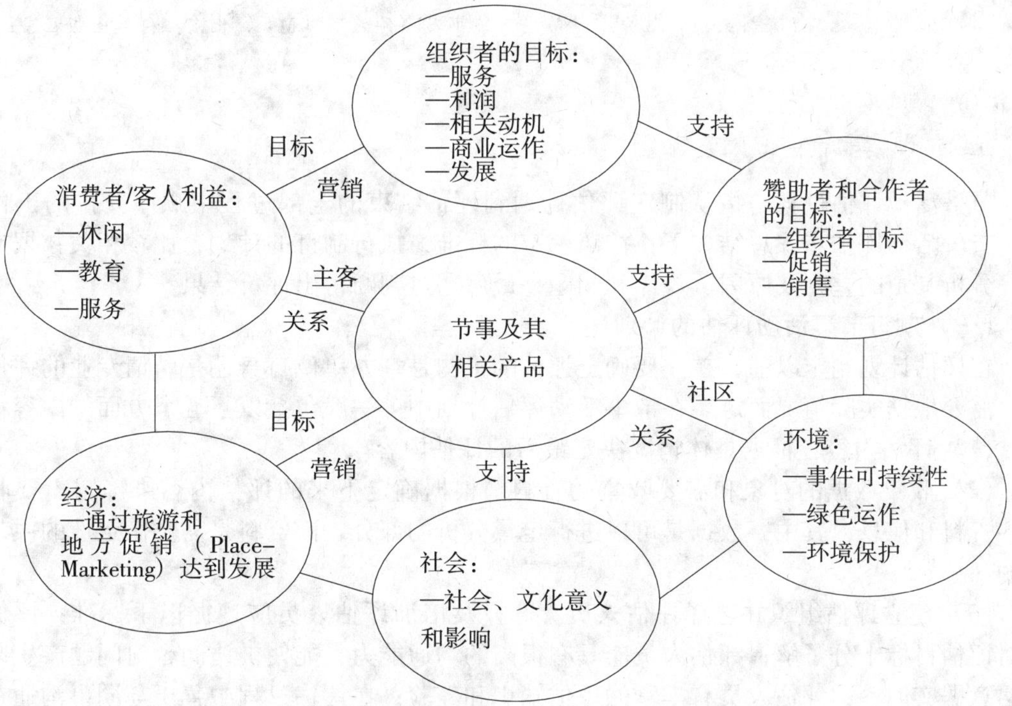

图 5－1　节事角色和影响的分析角度

（资料来源：戴光全．节庆、节事及事件旅游［M］．北京：科学出版社，2006）

图 5－2　节事对举办地的影响：分析框架

（资料来源：戴光全．节庆、节事及事件旅游［M］．北京：科学出版社，2006）

五、节事评估的过程

节事活动评估过程是指从制定评估计划到评估结束的全部过程中顺序安排的工作步骤。节事活动评估步骤总结如下：按照一定的标准，执行制订的计划，比较相关数据或信息，分析其中的差距及原因、规律和问题，最后通过判断得出评价结果。

（一）制订节事活动评估的计划

在评估计划制定以前，首先要确定评估的机构是举办单位自身还是聘请专业的评估机构，需要根据实际情况而定。在节事活动评估计划中，一般包括以下五个方面的内容：

（1）评估内容：根据具体情况决定最后的评估内容。

（2）收集数据的对象和需要收集的资料。根据确定下来的评估内容来确定需要收集哪些资料和信息，其中，数据是可以进行定量分析的部分，而资料是需要做定性的主观判断的部分。

（3）建立评估组织并选择评估人员。选择及培训评估人员应遵循以下标准：评估人员对评估目标十分了解；评估人员应具有很高的沟通能力，能使被访问者对问题产生兴趣并愿意据实回答；评估人员有丰富的评估知识和经验；在评估过程中善于与同事沟通在此过程中遇到的各种情况。

（4）评估方法。数据收集是采用问卷调查、访谈还是观察法要视具体情况而定，数据收集以后通常可以采用层次分析法和德尔菲法相结合，定性与定量结合。

（5）评估报告的形式。最终的评估报告形式有描述性评估报告和数据性评估报告两种。描述性的报告是定性的总结，是对整个节庆活动概况的归纳；而数据性的报告可以通过图表来展示。最终的报告形式要根据具体的对象和受众而定，一般来说评估报告是书面的。

（二）收集数据和资料

执行活动的过程可以提供收集有用数据的机会。例如，可以要求参加者填一张登记表，该表提供有关人数、年龄、性别、职业、消费模式等信息。售票活动考虑到一种简单的方法计算参观人数，售票处也能进一步提供有用信息，如购票人的邮政编码。对于非售票活动，在计算出席人数时，可以采用有关公共运输和停车位的使用数据以及警队人员估计数字。活动管理者应该寻找、利用所有机会来收集相关数据。

信息收集是节事评估过程中耗时最长、花费最大而且最易出差错的部分，在这一阶段中，评估人员按既定的时间、目标、方法进行实地或远程调查，收集相关资料，主要形式包括收集第二手资料、召开会议、发放调查表、现场采访和观察等。

1. 问卷调查

问卷的范围包括从面向活动参加者和项目干系人的简单反馈表到受过专业训练的团体所做的详细的观众或参观者调查。问卷的等级取决于活动的需要和资源。使用活动本身的内部资源就可以设计和分发简单的反馈表。它寻求记录和定量化基本数据，如活动参与人的消费、项目干系人的观察以及对活动管理和成果的评价。

调查用来确定可靠的统计信息，这些信息包括观众的概况和反应、参观者的模式和消费。直接访问参加者或让参加者填写表格都可以完成调查。可以是面对面的，还可以通过电话或电子邮件联系。面对面访问通常会产生较高的响应率，还可以采用有奖竞争的办法来刺激参与的积极性，从而提高邮件调查的响应率。

2. 观察

员工观察和报告可以提供关于活动的很多方面的信息，包括表演质量、观众反应以及饮食和住宿设施是否充足等。管理者要训练员工去观察，一开始就让员工意识到观察和报告是他们职责的一部分，并给他们正确的指导和基准。活动中其他重要成员，如委员会、赞助人、商人、保安人员、警察和急救人员，也能经常从他们各自的角度提供宝贵的反馈。

例如，在悉尼的达令港，要求舞台监控对每一次活动完成一份书面报告，给出他们对出席人数、天气条件、表演标准和群众反应的评估，并对任何不寻常的活动和特征进行评论。同样，要求保安人员报告群众行为、事故、混乱和受伤情况，并借助于设在战略位置的安全摄像头定时拍摄的照片来评估人群的规模。

（三）分析数据

数据分析有三个部分的工作，即统计、比较、分析，是将所收集到的数据和情况统计整理成系统的、有用的评估材料，根据评估标准进行比较，并分析其中的原因、规律和问题。统计工作主要是整理收集到的数据，计算出总数和比例。收集到的信息只是评估材料，任何一个独立的数据和情况并不能说明问题，不具备评估价值。接下来是对照评估原定的目标进行统计结果的分析，判断活动是否达到目标，组织工作的效率、活动收益怎样。做分析工作时，要客观全面地考虑，综合分析活动的组织管理工作和活动效果，找出数据和情况之间的内在关系、原因和问题。

（四）评估结果的呈现

评估结果的表达形式之一就是标准和数字排列，即按所制订的计划排列评估内容和结果。这种形式适合表现定量的评估内容以及量化的定性评估内容，包括活动的基本情况、工作质量等。表现形式之二是对比，按所制订的计划排列评估内容，同时排列预定目标和实际完成情况，可以通过一系列反映情况、说明问题的数字、比例和陈述来表示。

【本章小结】

本章系统地阐述了节事活动的策划原则和内容，总结了节事活动的筹备和组织实施过程，归纳了节事活动评估的内容和步骤。策划节事活动应遵循个性化、文化性、整体性、效益性、可行性等原则。节事活动筹备过程包括：确定节事定位、主题定位、组织准备工作以及制订各种实施计划。节事活动的组织实施过程包括：场地布置和管理、后勤管理、交通管理、安保管理和现场管理。节事评估的内容包括方案与目标评估、筹备和实施工作评估、效益与影响评估；评估的步骤依次为制订评估计划、收集数据和资料、分析数据、写评估报告。

【拓展阅读】

节事活动具有很强的带动作用，可以帮助一个区域提升形象。以下介绍一些文献资料以供课外学习之用，可以对节事活动有更加深入的了解。

1. 卢晓. 节事活动策划与管理［M］. 上海：上海人民出版社，2007

2. 戴光全，马聪玲. 节事活动策划与组织管理［M］. 北京：中国劳动和社会保障出版社，2007

3. ［英］格雷厄姆·贝里奇. 节事设计与体验［M］. 上海：格致出版社，2008

4. ［英］茱莉亚·图姆，菲莉帕·诺顿，尼瓦·怀特. 节事运营管理［M］. 上海：格致出版社，2008

【思考与练习】

1. 节事活动策划应遵循什么原则？
2. 节事活动的组织准备工作包括哪些内容？
3. 试论述如何策划一项节事活动。
4. 如何进行节事活动现场管理？
5. 节事评估的内容有哪些？分为哪几个步骤？

(5) 对行业的统计数据进行公正审核，向国家统计部门、宏观管理部门和经济研究部门提供真实的数据统计等。

案例6-1：上海市会展行业协会

上海市会展行业协会是由本市从事会议、展览及相关业务的企事业单位组成的具有法人资格的行业性、非营利性社会团体。本会是在上海市委、市政府领导的关心下，市外经贸委、市科委、市外办、市经委、市商委、市农委、市旅委等委办联合推动下，全市各会展企业自愿发起的基础上组建起来的，是上海会展业应对入世，携手合作，顺应本市会展行业发展的成果。按照新型行业协会的标准，本会在行业界定上，实现内展与外展的融合、会议与展览的融合，体现上海的“大会展”理念；在组织结构上，打破系统和所有制的局限，体现行业协会的广泛性和代表性；在运作模式上，实行政府、协会、企业三分开，体现自主办会的原则。

本会于2002年4月8日召开了首次会员大会，4月25日上海市市长陈良宇为本会正式成立揭牌。

本会以“服务、自律、代表、协调”为基本职能，遵守国家法律、法规，在政府有关部门的指导下，协助政府从事行业管理，保护会员的合法权益，提高行业整体素质，形成行业自律机制，组织国际交流与合作，促进上海会展行业的健康发展。

本会的主要职能包括行业协调，项目申报代理，制定行规行约，制定中长期发展规划，行业统计，为会员提供信息、咨询、培训、认证、评估、招商、年审等服务。

本会现有会员单位96家，涉及全市7个系统，会员单位的业务范围基本涵盖了会展以及与此有关的各个方面。年营业额占全市会展业营业总额的60%以上。

本会的常设机构是秘书处，下设项目部和办公室。

本会首任会长是中国国际贸易促进委员会上海市分会会长吴承璘，秘书长为邹勇飞。

问题：上海市会展行业协会的主要职能是什么?

（资料来源：www. sceia. com. cn）

二、管理模式

国际会展行业管理一般有三种模式：政府干预模式、政府扶持模式和市场运作模式。

（一）以德国为代表的政府干预模式

德国是世界会展强国之一，其举办的国际会展在数量、规模和效益上都首屈一指。德国每年要举办400多个国际展会，在全世界影响较大的210个专业性国际贸易展会中，有130多个是在德国举办的，几乎占了2/3，居世界领先地位。在德国会展业的发展过程中，政府扮演着重要角色，主要呈现以下特征：

(1) 由政府授权的权威协调管理机构——德国贸易会展和会展业联盟（AUMA）——在会展组织和协调中充当了重要角色。该机构成立于1907年，总部设在科隆，是全国性的行业协会，由政府授权对每年的国内外博览会进行组织和协调。其主要职能包括：审定年度会展计划；严格审查和评定会展的名称、内容；监督会展服务，核查会展组织者的能力和信誉；统计调查会展后的效果；支持中小企业到海外参展等。AUMA 对会展的管理制定了各项措施，如对会展名称给予类似商标的保护，以制止会展雷同和“撞车”，保护名牌展会。同时，AUMA 根据需要介入会展的推出和举办。AUMA 保证了会展细分市场基本不重复，避免了资源浪费以及恶性竞争。另外，AUMA 还聘请业内人士对展会进行考察，对会展经济进行研究，使德国政府从中得到很好的建议。

（2）由政府出资支持展览场馆建设，会展场馆多是公有性质，并采用市场运作模式。德国大型的现代会展场馆一般由政府出资建设，委托会展公司运营。州、市两级政府一般占会展公司股份的99%左右，展览公司由政府控股，实行企业化管理。例如，法兰克福会展中心由法兰克福市和黑森州共同拥有，市政府占60%，州政府占40%。位于汉诺威的德国最大的展览公司——德国展览公司由下萨州政府和汉诺威市政府控股49.8%。德国展览公司既是展览中心的管理者，又是许多大型博览会的举办者和实施者。如德国展览公司既是汉诺威展览中心的拥有者，又是 CeBIT（汉诺威电脑及通信博览会）和汉诺威工业博览会等大型展览会的举办者。由于德国各级政府将展览业作为一项重要的产业并给予高度重视，对展馆及其配套设施和交通建设均给予大力支持，德国绝大部分展览中心都拥有先进的设施，这为举办高水准的专业博览会打下了良好的基础。

（二）以新加坡为代表的政府扶持模式

新加坡因其发达的交通、通信等基础设施，较高水准的服务业，较高的国际开放度以及英语普及率等，2000 年被总部设在比利时的国际协会联合会评为世界第五大会展城市，并连续 17 年成为亚洲首选会展举办地城市。新加坡每年举办的大型展览会和大型会议达 3 200 多个。这些都离不开新加坡政府的大力扶持。新加坡对会展业的扶持表现出以下主要特点：

1. 设立国家级的会展管理机构对会展业进行统一的管理

新加坡政府把会展业定位为国民经济的支柱产业，并设立会议展览局和贸易发展局专门负责推广会展业；制定了一套会展扶持、服务、规范协调和发展计划；推动与世界知名会展企业和组织的交流与合作。

2. 政府扶持资助政策

新加坡为了扶持会展业发展，制定了三项政策：①特准国际贸易展览会资格计划（AFI）。1990 年新加坡贸发局提出对符合一定质量、规模、参展和参观人数、国际化程度（海外参展及观众比例）等方面标准的会展授予 AFI 资格，并给予最高达 2 万新币的政府资助。此外，新加坡本地公司参加具有 AFI 资格的会展，也可像出国展一样，获得双重减免税收的优惠。②特准贸易论坛计划。主要是为了推动与国际展览同时举行的商务会议和论坛等活动。可有效地提高新加坡办展质量，增强展览会的竞争力，促进展览业的健康发展。③国际展览发展资助计划。目的是对一些有潜力成为高质量、高档次展览会的新题目、新项目进行重点扶持和政策倾斜。此计划于 1995 年开始实施，目前在此计划项下已举办 10 多个国际展览会。

3. 新加坡会议展览协会（SACEOS）与政府密切配合，管理本国会展业

该协会与政府一起制定了一套行业道德与行为规范，对于违反有关规定的行为集体讨

论并提出制裁措施，维持公平竞争的会展市场秩序；同时，在会展题目、展出时间安排、摊位价格、展览会质量水准等方面，在会员单位之间进行协调，维护会员的正当权益。新加坡会展协会还把人才培养作为它的一项重要职能。该协会通过定期培训班、年会和不定期讲座等方式，对国际会展业从业人员进行业务培训。

（三）以美国为代表的市场运作模式

美国每年举办的会展近万个，最著名的会展城市有拉斯维加斯、芝加哥、纽约、奥兰多、亚特兰大、新奥尔良、旧金山、波士顿等城市。作为自由主义市场经济国家的代表，美国政府对会展行业提供的是一种间接的支持。美国会展业管理主要由市场主导，很少由政府或政府某个部门直接组展和办展。其主要特点如下：

（1）美国不存在会展审批制度。美国拥有众多健全的会展市场主体，且有较强的会展行业自律能力，加上发达的会展信息传递系统，因此会展完全由市场来主导、协调，没有专门的政府部门通过行政手段管理会展业，而是由会展行业协会负责协调和规范会展业的发展。美国商务部对此实施后续的审核、认证，对会展组织工作进行监督和指导，而不是直接介入管理。

（2）美国国际会展管理协会（IAEM）是全国唯一权威性的会展行业协会。会展协会与政府管理会展业的职能紧密地结合在一起，共同合作、相辅相成。IAEM既是会展企业的代言人，也是贯彻美国政府意图、执行政府政策的可靠助手。该协会以维护行业合法权益、协调美国会展会员之间关系，为其会员提供服务、维护会展市场公平竞争，沟通会员与政府之间关系，促进会展行业的经济发展为宗旨；制定组展、办展的整体规划，会展行业规定，参与制定各类会展的标准，进行行业内部协调，对会展行业内的重大项目进行前期认证等。美国的行业协会系统发展得非常完善，是会展业市场主导模式有力的基石。

（3）会展人才培养制度。美国国际会展管理协会（IAEM）创造了一套系统完整的会展业专业人士职后培训计划，通过课堂学习、工作实践、参与协会活动和考试等方式给与会展业专业人士继续学习和资格认证的机会，每完成一个专业测定后就授予一定的分数，累计到一定分数后，协会将授予会展管理资格证书（CEM：Certified in Exhibition Management）。美国的会展教育完全依据市场需求运行，这也是美国会展市场化运作模式的体现。

三、管理方式

按照市场经济发展的要求，政府对会展业应主要通过法律的、经济的、公共财政的方式来进行宏观调节，而会展行业协会则是主要采用协调、自律、服务和市场的手段。所以，会展行业管理是面向全行业的、宏观的、间接的管理，体现在管理方式上主要为指导与监督、协调与规范、审批与认定等几个方面。

（一）指导与监督

指导是通过一种协商渐进的方式指明发展的总趋势和基本方向。这一方式被广泛地应用于我国的会展行业管理活动中，体现出经济民主的政策导向。指导作用的发挥，在很大程度上取决于决策行为和政策形成的质量。指导性决策的形成一般通过吸收多方面的意见并兼顾各方面的利益作出初步决策，再通过不断加深认识、不断宣传说服，作出修订，使政策被多方接受和采纳。这种非发号施令的管理方式不仅行之有效，也有利于利益最大化目标的实现。

监督是实行行业管理和进行宏观调控的重要手段。对会展行业实行全面的、严格的监督，有利于会展产业有计划地协调发展，有利于提高会展企业的经济效益。通过监督，不仅可以保证会展行业的各企业、各部门贯彻执行党的方针政策，遵守国家法令法规，保证会展活动健康、有序地发展，还可以维护会展举办地的良好经贸声誉，维护公平竞争的市场经济秩序，促进会展企业不断改进经营方式、提高管理水平。当前，监督的重点之一是制止、严厉查处会展知识产权的侵权和假冒行为。

（二）协调与规范

所谓协调，就是通过协商而调整，争取达到认识的一致、政策的认同、操作的支持和实施的有效。会展业的协调活动是多层次和多部门的，核心则是部门协调。由于各个部门的侧重点和既定目标不尽相同，部门协调经常表现为利益上的妥协和竞争。作为多方面、多部门的复合式协调，这种协调往往需要协调人从推动发展会展业的战略目标出发，作出符合大局利益的决策。

规范工作的出发点是促进会展业的健康发展，落脚点是市场秩序，重点则是调整企业间、行政管理部门与企业间、市场主体与消费主体间的关系。我国各项法律法规并不健全，尤其是会展方面的法律和法规。虽然我们已经加快了会展立法的进程，但是法律制定程序的复杂性决定了一些重要的会展法律法规难以在短期内出台，因此，规范工作仍然是会展行业管理的一项十分重要的内容，政策规范手段仍然十分重要。而运用法律、政策以及技术标准等手段进行会展市场的规范则是大势所趋。

（三）审批与认定

审批是最能体现政府行为特征的手段。目前我国对会展业实行的是分类管理和分级管理。外经贸部、中国贸促会、国家科委和国家经贸委有权审批各自负责范围内的展览，各省市也有了当地展览会的审批权。为进一步规范在中国境内举办的会展活动，我国对举办涉外经济技术、文化艺术交流展览会的境内主办单位进行较为严格的资格审批和认定。按照我国行政审批管理体制改革和《行政许可法》的精神和要求，行政审批在会展行业管理中使用的范围应该受到严格的限制，尽量减少直至彻底取消行政审批环节。但是目前由于我国相关配套制度、机制和法规跟不上，缺乏对展会的事后监督，有些地方取消审批制以后，会展业出现重复办展、多头办展等局面，恶性竞争的混乱状况加剧。所以，审批和认定作为会展行业管理的有效方式将在一定时期和范围内存在。

第二节　国际会展管理组织与机构

国际上有众多的国际会展管理组织与机构，对世界会展业的市场化、规范化起着极其重要的作用。我国会展的发展历史相对较短，经验尚浅，了解和熟悉这些国际会展组织，可以获取国际会展行业信息，了解国际会展发展动态和趋势。以下介绍国际主要的会展管理组织和机构。

一、国际会议协会（ICCA）

国际会议协会（International Congress & Convention Association）是世界上最具权威的

会议业协会组织之一，成立于1963年，是全球唯一将其成员领域涵盖了国际会务活动的操作执行、运输及住宿等各相关的会议专业组织。其总部设在荷兰阿姆斯特丹，在全球拥有80个国家的800多个机构和企业会员。中国内地ICCA成员有16家，如上海国际会议中心、北京国际会议中心等。中国台湾地区有3家。协会根据成员不同业务范围分为8类，即会议旅游及目的地公司（旅行社）、航空公司、专业会议展览组织者、会议观光局、会议设备、饭店、会展中心和名誉会员等。

根据国际会议协会的评定，只有符合下列几个标准的会议才能称为“国际会议”：与会人士来自4个以上国家；与会人数在300以上；国外人士占参会人数的40%以上；会期3天以上。

国际会议协会将全世界划分为9个区域，设立了9个区域分会：非洲分会、法语分会、北美分会、亚太分会、拉美分会、斯堪的纳维亚分会、中欧分会、地中海分会、英国爱尔兰分会，并在17个国家和地区设立了委员会，它们是：澳大利亚委员会、以色列委员会、瑞士委员会、奥地利委员会、日本委员会、泰国委员会、巴西委员会、马来西亚委员会、慕尼黑委员会、中国台北委员会、荷兰委员会、维也纳委员会、德国委员会、葡萄牙委员会、国际会议协会欧洲理事会、印度委员会、斯里兰卡委员会。

作为世界主要的会议专业组织，国际会议协会包含了所有当前以及未来的会议领域专业部门，协会肩负如下使命：

（1）提高协会成员举办会议的技巧和加深对会议行业的理解。

（2）为协会成员间的信息交流提供便利。

（3）最大限度地为协会成员提供发展机会。

（4）根据客户的期望值逐步提高专业水准。

各种会议公司或机构必须交纳会费和年费才能成为国际会议协会的成员，并享受该协会提供的产品与服务。国际会议协会提供的产品和服务有：协会数据库说明、协会数据库报告书、协会数据库提供的按客户要求特制的表格名录、公司数据库表格名录、公司数据库提供的按客户要求特制的表格名录、国际会议协会数据专题讨论会资料、国际会议市场统计资料等。国际会议协会提供的产品和服务对于帮助其会员了解国际会议市场，获取行业信息、开展会议行业教育和调研活动以及制订会展发展计划和策略有着重要的参考价值。

二、国际协会联盟（UIA）

国际协会联盟（Union of International Associations）于1910年在比利时布鲁塞尔召开的国际组织第一届世界大会上正式宣告成立。该联盟是一个独立的、非政府的、无政治色彩的、可帮助4万个国际组织和客户交换信息的非营利性组织。该组织自成立以来就成为提供有关国际组织和全球挑战信息的先锋。国际协会联盟用书面、光盘和互联网的形式为广大用户提供了大量的数据资料。

国际协会联盟每两年召开一次大会，选举国际协会联盟执行委员会。该执行委员会由15～20个成员组成，每个成员任期最长为4年。国际协会联盟的正式会员不超过250个，要由全体大会根据候选人的兴趣和他们在国际机构中的作用选举产生。通常候选人都在某个国际机构中发挥过积极的作用。正式成员包括外交家、国际公务员、协会管理人员、国际关系教授和基金负责人。正式会员不需要交年费，但要在各自领域内为维护国际协会联盟的利益和进一步扩大联盟的影响作出努力。对国际协会联盟的宗旨和活动感兴趣的法人团体和个人只要交纳年费，并经过国际协会联盟执行委员会批准，就可以成为国际协会联盟的非正式会员。非正式会员如各种组织、基金会、政府机构和商业企业有优先权先使用国际协会联盟的服务。

国际协会联盟的工作语言为英语和法语。自 1919 年以来，国际协会联盟出版了 300 多种出版物，大多数出版物用英语出版。国际组织年鉴用各种语言编入索引供其他国际组织使用。期刊《跨国协会》刊登英文和法文的文章。

国际协会联盟的宗旨和活动是：

（1）在人类尊严、各国人民团结和沟通自由的基础上为建立全球秩序作出贡献。

（2）在人类活动的每个领域里，特别是在非营利和志愿者协会里，促进非政府网络的发展和效率的提高。

（3）收集、研究和传递有关信息，如政府和非政府国际机构之间的关系、召开的会议及它们面临的问题与采取的策略。

（4）国际协会联盟在尝试更有意义、更切实际、更有效的信息传递方法，以将其所提倡的联合活动和跨国合作发扬光大。

（5）促进国际协会就法规政策、协会管理和其他问题开展研究。

三、国际展览局（BIE）

国际展览局（Bureau of International Expositions）是政府性质的国际战略机构，负责协调管理世界博览会。其总部设在巴黎，成员为各缔约国政府。联合国成员国、不拥有联合国成员身份的国际法院章程成员国、联合国各专业机构或国际原子能机构的成员国可申请加入。各成员国派出 1 ~3 名代表组成国际展览局的最高权力机构——国际展览局全体大会，在该机构决定世博会举办国时，各成员国均有一票。

1928 年 11 月，31 个国家的政府代表在巴黎开会签订了《国际展览公约》。《国际展览公约》规定，加入国际展览局是一个国家的外交行为，国际展览局的成员是缔约国政府。该公约规定了世博会的分类、举办周期、主办者和展出者的权利和义务、国际展览局的权责、机构设置等。公约的执行机构是国际展览局。此后，国际展览局又就《国际展览公约》的有关规定作了修订，签订了 1948 年和 1966 年的两个协议书。1972 年 11 月 30 日，国际展览局签署了新的“协定书”。自此，该协定书便一直作为指导世界博览会的组织规章。

新中国于 1982 年首次参加世博会，并与国际展览局建立联系。1993 年 5 月 3 日，国际展览局通过决议，接纳中国为其第 46 个成员国。同年 12 月 5 日，在巴黎召开的国际展览局第 114 次成员代表大会上，中国被增选为国际展览局信息委员会的成员，1999 年 12 月 8 日，在法国召开的国际展览局第 126 次成员代表大会上，中国首次当选为执行委员会成员。

展览局下设执行委员会、行政与预算委员会、条法委员会、信息委员会 4 个专业委员会。国际展览局主席由全体大会选举产生，任期两年。任何国家都可以参加世界博览会，但是只有国际展览局的成员国才能申请举办世界博览会。

按照国际展览局的规定，世界博览会按性质、规模、展期分为两类。一类是注册类（亦称综合性）世博会，展期通常为6个月，从2000年开始每5年举办一次。注册类世界博览会不同于一般的贸易促销和经济招商的展览会，是全球最高级别的博览会。另一类是认可类（亦称专业性）世博会，展期通常为3个月，在两届注册类世博会之间举办一次。我国2010年上海举办的世博会属于这一类。认可类博览会的主题包括：生态学、原子能、气象学、化学工业、海洋、陆路运输、山脉、货运、森林、数据处理、狩猎、城市规划、捕鱼、居所、粮食、娱乐、畜牧业、考古、渔业、医药等。我国1999年举办的昆明园艺世博会也属于这一类。

四、国际博览会联盟（UFI）

国际博览会联盟（Union of International Fairs）是世界上主要博览会组织者、展览场馆业主、重要国际性和国家展览业协会的联盟，于1925年4月15日在意大利米兰市由20个欧洲顶级国际会展组织发起成立，总部设在法国巴黎。作为一个全球性的展览业国际组织，其成员分布在五个大洲72个国家的164个城市，共有299个正式成员组织。

国际博览会联盟的主要目标和职能有：

（1）为展览业的专业人士提供有效的网络平台，让他们相互交流看法和经验。

（2）提供独特的营销和交流工具，在全球范围内促进展览业的发展。

（3）向其会员提供有关展览业领域宝贵的研究成果，提供教育培训和高层次研讨会。

（4）协助处理影响会员共同利益的争端问题。

2004年，国际博览会联盟对其会员机构主办的703个交易会和展览会授予UFI质量认证。国际博览联盟有一套成熟的展览评估体系，对由其成员组织的交易会和展览会的参展商、参观者、规模、水平、成交等进行严格评估，用严格的标准挑选一定数量的交易会和展览会给予认证。国际博览会联盟认证是高质量国际展览会的标志。由于国际展览会联盟在国际展览业中的权威性，得到国际博览会联盟认证的交易会在吸引参展商、参观者方面具有明显优势。国际博览会联盟认证的基本条件有：

（1）会展必须至少已定期举办过3次。

（2）会展必须是一个有20%以上外国参展商、有4%以上外国观众的国际会展。

（3）外国展商纯租用面积达到会展纯租用面积的20%以上的国际会展。

作为世界重要的交易会和展览会的组织者，国际博览会联盟会员做出了显著的成绩，它主办了4 000个交易会和展览会，展览面积达5 000万平方米，每年吸引100万参展商，1.5亿会展参观者。

国际博览会联盟没有个人成员，只有团体成员。我国目前已有34个展览企业活动组织加入国际博览会联盟。

五、国际展览管理协会（IAEM）

国际展览管理协会（International Association for Exhibition Management）成立于1928年，总部设在美国达拉斯。该协会与国际博览会联盟在国际展览界享有盛誉，被认为是目前国际展览业最重要的两大行业组织，两者现已结成全球战略伙伴，共同促进国际会展业的发展和繁荣。

国际展览管理协会的成员来自46个国家，成员数量超过3 500个，其使命是通过国际性网络为成员提供独有的、必要的服务、资源和教育，以促进展览业的发展。

国际展览管理协会的基本目标有：

（1）促进全球交易会和博览会行业的发展。

（2）定期为行业人员提供教育机会，提高他们的从业能力。

（3）发布展览会信息和统计数据。

（4）为展览人员提供见面机会，方便交流信息和想法。

国际展览管理协会提供展览管理的注册培训认证项目为CEM，该培训项目的必修课程包括项目管理、选址、平面设计和布置、计划书的制定、会议策划、标书的制定与招标。高级课程为：展览策划与预算、经营会展法律问题、安全与风险问题的防范。高级课程专为已取得CEM认证并可能使用CEM培训认证项目开展培训活动的人员所开设。

六、其他国际会展组织

1. 世界场馆管理委员会（WCVM）

世界场馆管理委员会（World Council of Venue Management）成立于1997年，它通过加强成员协会和会员之间的信息和技术交流促进沟通和专业发展，以促进场馆行业的专业认识与相互了解。世界场馆管理委员会设有6大协会成员：会议场馆国际协会、亚太会展委员会、国际会议经理协会、欧洲活动中心协会、亚太场馆管理协会和体育场馆经理协会。世界场馆管理委员会汇集了全世界场馆行业专业人士和设施，它的6个协会成员为5 000多个经营管理场馆设施的专业人士提供专业资源、论坛和有益的帮助。场馆设施包括全世界1 200个体育馆、竞技场、大剧场、会展中心、演艺中心和会议场所。

2. 奖励旅游管理协会（SITE）

奖励旅游管理协会（Society of Incentive and Travel Executives）成立于1973年，是全球唯一的营利性的、致力于综合效益提高的奖励旅游产业的世界性组织。该协会为那些设计、开发、宣传销售、管理和经营奖励旅游的机构提供教育研讨会和信息服务。目前奖励旅游管理协会有1 800个会员，遍布82个国家，协会还在不同区域设有28个分会。协会会员主要来自航空公司、游船公司、公司企业、目的地管理公司、地面交通公司、饭店、官方旅游机构和旅游公司。

第三节　会展危机管理

会展业是一个涉及多个关联产业的现代服务产业，一场大型的会展活动就是一项复杂的系统工程，其开展可能伴随着各种各样的风险与危机，大到突如其来的国际或国内政治、经济和社会事件，小到会展现场的突发事件都会使会展活动受到不同程度的冲击。面对危机，未雨绸缪和应对突发事件的能力将直接影响会展活动的成功与否。要对危机进行有效的管理，会展管理者必须了解举办会展可能面对的危机，以及应该采取的管理方法和措施。

一、会展危机的定义

会展危机是指影响参展商、专业观众、媒体等利益相关主体对展览会的信心或扰乱展览会组织者继续正常经营的非预期性事件，这些事件可能以无限多样的形式不断发生。广义来看，会展危机是会展过程中的不确定性和危害性因素的总和。

会展危机往往具有以下特征：

（1）意外性。意外性是会展危机的起因性特征。如2001年美国的“9·11”事件以及中国2003年经历的“非典”等重大意外性事件。

（2）危害性。危害性是会展危机的结果性特征。重大的会展危机往往造成会展终止，有的还会造成巨大经济损失和社会负面影响。

（3）紧急性。紧急性是会展危机的实践性特征。事件突然爆发，管理者只有短暂的决策时间，必须在危机事件爆发时迅速作出决策，紧急应对。

（4）不确定性。不确定性是会展危机的本质性特征。具体到某届展会，组展者很难预料危机何时发生，从何处发起，其危害有多大，范围有多广，持续时间有多长，损失有多少等。

二、会展危机的类型

会展是持续时间长、人流物流高度集中的活动，任何危机事态的爆发都可能使它本身的影响扩大数倍，既可能造成参展商、观展者的人身和财产损失，又可能造成对展会甚至所在城市的无形损害。为了更好地应对会展危机，首先要对会展危机事态分门别类，依据各自的特点编制危机管理计划并组织应对方案，以最大限度地减少成本、提高管理效率。

（一）依据危机产生的根源分类

1. 外部因素引起的危机

外部因素大多都是来自于组织外部，单凭办展机构自身的力量是无法与之对抗的，故被称为不可控制型危机。一方面，展会所处的特定的社会经济宏观环境变化，如经济衰退、通货膨胀、游行示威、政府动乱或恐怖主义等都会对整个展览行业造成较大冲击，对于其中政治动乱、游行示威等社会不安因素，展会组织者可以根据相关政治部门提供的信息，采取有效措施加以防御。另一方面，自然环境的变化，如地震、海啸、飓风或暴雨等“天灾”也会对会展产生巨大的影响，这种影响是难以预防、不可抗拒的。随着人类对自然灾害的研究的深入，有一些是可以提前预测到的，会展的组织者可以及时避开恶劣的天气或提前采取相应的防范措施以减少来自自然灾害的威胁。

据各种危机发生的特点和概率采取相应的防御预案，做好充分准备，这样可最大限度地掌控危机，使其危害最小化。

（二）快速反应原则

危机事件往往是突发的，要求组织管理者必须在第一时间内迅速作出反应。危机发生后的24小时是解决危机最有效的时限。对于人流和媒体高度集聚的会展活动而言，要求处理危机的时间更具紧迫性，有时甚至必须在分秒之内作出决策，这往往是控制危机事态的关键所在。这就要求会展管理者具有良好的心理素质和丰富的危机管理经验，能迅速地找到问题的关键，并启动相应的预案或提出行之有效的对策。

（三）单一口径原则

在危机处理过程中，危机管理部门对外界公众和内部员工应保持统一口径。对内要杜绝散布非正式渠道消息，尽量减少失真信息的传播，防止非正式渠道消息的扩大，避免加重事态危机或者引发出新的危机；对外，发言的立场要前后一致，尽量避免使用会引起歧议的语句，减少事端发生的可能性，降低危机的负面影响。

（四）信息对称原则

危机会使会展原来正常的沟通和联系渠道遭到破坏，各种信息真伪难辨，在危机处理的过程中，应努力避免信息不对称的情况。在对内、对外两个层面上，保持信息管道的双向畅通。要在危机事态处理过程中及时通知内部和外部人员，减少信息传播的渠道和层次，采用面对面的通知和交流方式，避免信息失真。为了杜绝内部员工妄自猜测和外界媒体歪曲事实的现象，所有的发言都要经过仔细准备和严格审核。

（五）全面权衡原则

围绕危机事态所做的一切管理决策都应该全面权衡所有利益相关者的利益，并且兼顾环境利益、经济利益和社会利益的统一。这一原则要求管理人员要有顾全大局的意识、果断决策的战略能力和高度的社会责任感。

（六）维护形象原则

会展的形象和品牌是其重要的无形资产。对于办展单位来说，危机事态对形象和品牌的危害往往比财产安全要严重得多，而且形象一旦遭到损害就难以恢复，其影响更为深远。在危机发生之后，会展组织者的立足点应该放在维护会展的形象上，在危机管理的全过程中，要努力减少对形象带来的损失，争取参展商和观展者的谅解和信任，以达到维护企业信誉的目的。维护形象是危机公关管理的主要内容，危机的爆发对于企业的形象、知名度既是挑战也是机遇，“危”中有“机”，怎样转祸为福就取决于会展组织者的能力了。

四、会展危机控制

在会展活动中，每一次危机都潜伏着失败的根源，但同时也可能蕴藏着引向成功的契机，善于扭转危机并捕捉潜在机会是危机管理的精髓。会展危机控制的过程可分为事前控制（预防）和事中控制（处理），具体包括以下三个方面。

（一）建立危机预案

危机预案是会展管理者在会展前根据其会展经验和对危机的把握而建立的危机处理行动指南，是管理者快速反应、防止危机进一步升级、降低其危害程度的有力保证。完善的危机预案的建立也是管理者应对突发事件的信心基础。危机预案一般包括危机管理机构的设置，危机预测和分析，危机事态分类，危机事态排序、分级和评估，分类预案的设立，危机管理培训和演习六个部分的内容。

1. 设置会展危机管理机构

建立会展危机管理机构包括确定负责人、各组人员构成、替补人员以及组织结构设计等。一般情况下处理和控制危机需要成立三个小组：核心委员会、危机控制组和沟通交流组。

核心委员会包括会展主办方或各类相关协会的主要管理者，其任务是对危机进行宏观管理，主要考虑危机应急预案的审批，负责高层间的信息交流，对媒体、参展商、观展者发布信息等任务。

危机控制组的主要职责是在紧急情况下迅速采取应对措施，在危机处理现场安排专门负责人，不断地把最新的事态发展情况通报给核心委员会，并遵从核心委员会提供的战略性意见。控制组的成员必须明确一些微小的细节，如消防系统等安全设备的存放地点和使用方法、危机现场的出口及路况、急救中心等相关信息。

沟通交流组是在危机发生后对内部工作人员和外部媒体进行及时有效的信息沟通，为危机的处理赢得一个良好的内部和外部舆论环境。

2. 会展危机预测和分析

会展危机预测和分析包括正确选择预测和分析的方法，分析评价各种危机发生的概率及其潜在损失，以对每个风险的表现、范围和时间作出尽量准确的判断。对危机的估计可以使人们对其损失给予及时的关注，更好地识别一些后果比较严重的风险，帮助管理者在预测和衡量的基础上较合理地制订和选择恰当的危机管理手段和管理方案。

3. 会展危机事态分类

根据处理危机事态所需要资源的相似性对会展活动可能会发生的危机尽可能进行详细的分门别类。

4. 会展危机事态排序、分级和评估

通过对危机事态发生的概率、敏感性（指与会展项目有关的一个或多个主要因素变化时对该会展项目的影响程度）以及潜在损失进行估计分析，根据不同程度的影响划分不同的危机级别，从而明确各种危机事态处理的优先次序。

5. 分类预案

在危机事态的分类基础上，针对不同事态的爆发机制和特点来制定不同的危机处理目标，所需要的是控制成本估计，资金资源和方法、方式。

6. 会展危机管理培训和演习

包括心理训练、危机处理知识培训和危机处理模拟演练等内容。会展危机管理培训和演习是十分必要的，不仅可以提高管理者和危机应对人员的快速反应能力，增强危机意识，同时也是危机管理的一支强心剂。

（二）会展危机监测

在对可能发生的各种危机及其诱发机制深刻了解的基础上，对会展活动的宏观环境和现场进行实时监控，不仅仅局限于对现场的把握，如防止盗窃、冲突、医疗事件等，还需要明确会展所处的社会、政治经济等宏观环境的潜在影响。在监测时应借助现代电子装置，同时建立信息传递和反馈系统以保证信息渠道的通畅无阻。

（三）会展危机处理

一旦危机发生，会展管理相关机构应迅速进入作战状态，启动危机管理机制，避免事件蔓延到更广的范围而难以处理。会展环境的复杂多变性要求管理者应因时制宜，把危机管理纳入一个动态的过程中，不断地调整已有的预案和计划，适应不断变化的事态发展。

在危机事态得到控制时，应把握时机进行恢复工作。首先，做好安抚工作，会展危机可能对参展商和观众的信心、员工的身心健康、会展的社会声誉等产生不良影响，这就需要对内部的工作人员以及参展商和观展者给予适当的抚恤、补偿或补助，并提供司法和心理援助。其次，重塑会展形象，协调好与利益相关主体的关系，果断地处理媒体和公众关心或存有疑虑的问题，重新塑造会展的形象。最后，总结经验教训，要善于从危机事件中总结教训，通过对危机的诱因、爆发机制、处理的有效性等进行总结评估，编写危机报告，将这些经验反馈到下一次危机的准备工作中去，以提高应对会展危机的能力。

五、会展危机管理计划

鉴于会展危机的意外性和不确定性特征，会展管理者需要为各种可能出现的危机事态预先作出应对计划，计划应该涵盖从危机预防、识别、控制到报告整个过程的所有细节，尽量面面俱到，并且以文本方式表示出来。

（一）制订危机管理计划的关键点

1. 会展场馆的选择

作为会展管理者，有责任选择一个安全的举办场所，为参会者提供一个安全的会展环境。首先是会展城市的选择，除了对经济和交通等条件的考察外，也要考虑安全问题。一般情况下，可以通过该城市的自然灾害发生频率、犯罪率、劳工（纠纷）状况、城市的特殊利益团体状况等来考察所选城市的相对安全性。其次是场馆的选择，安保检查是至关重要的，实物检查可以依靠一些高科技工具来加以辅助，包括检查用电安全监控系统和应急服务系统等。除了实物检查外，还要通过询问调查等方法来确保其安全性。

2. 展示规章制度的制定

每个会展都有自己的展示规章制度来保护会展管理方、参展商和观展者免受会展举办过程中的内在风险的危害。展示规章制度一般会在会展策划前期制定，要确保会展通知发布之前已经制定完善，并在参展商手册和展位销售合同中注明，保障其高效性和强制执行。应用于会展的安全和意外事故预防准则会因为会展的种类、展出的地点和性质的不同而有所区别。制定展示规章制度时可以参考国际会展管理协会（IAEM）制定的展示标准。大多数准则可以分为两大类：一是针对会展场馆，二是针对会展本身。

（1）场馆专有风险。指直接与会展设施或会展类型相关的风险，如参展商被要求遵守当地的消防条例，不能使用易燃性的产品和材料；明火、液压罐、便携式加热设备、液化石油气等，或者被全部禁止，或者要经过消防局与合格的设施代表的检测；消防通道和消防设施要清晰标出、随时可见，不得封堵这类消防设施。另外，观展者在场时，不能将消防通道锁住。

防火证明，现场易燃性检测，硬纸盒和板条箱的存放，有活动部件的机器或者可以屏蔽碎屑、火花和有毒物质的机器，激光束，特殊的医疗仪器如 X 光机等，所有这些都需要制定具体的规章制度来管理，以达到会展的安全标准。

在所有的大型活动中，用电设备的安装必须达到专业的标准，并且必须配备合格的电工来完成与电相关的操作。电器、电缆以及其他外围设备都必须通过注册实验室的确认，并且满足举办地的规定。

搭建标准在大多数会展规章制度中也是一个重要的考量，尤其是两层展台和有悬挂品的展台。一般来讲，两层的、有阶梯的或者有额外高度等特征的展台，必须有搭建计划，且通过注册专业工程师和所在展馆的工程技术人员的认可。

（2）会展专有风险。通常指发生在管理方和参展方或是参展方之间的纠纷，主要是针对规则标准的解释问题或销售合同问题。大多数的会展专有风险与会展的政策有一定的相关性。在销售合同中，很多情况也可以用平时的、确定性的语言避免。例如，一些展台的报价可根据净场地的价格，而其他的则以打包的方式报价。净场地就是没有任何服务的场地。一个打包单元通常会包括挂有帷幔的后墙和两侧的栏杆、地毯、公司标志和电源插口。

转租，噪声控制，在公司展台使用有竞争力的产品，在展台分发食品和饮料，运用图画、辩论和抽奖来吸引参观者人数等都需要深入调查并且应有相应的规章来控制。

对于会展中发生的偷窃、损坏、遗失和破坏等情况，公司是负有限责任还是不负任何责任都要清楚地说明。

为了避免被参展方误解以及随后的纠纷和可能发生的诉讼，合同中应以某种形式包括不承担责任条款，注明作为会展管理方保留修正和解释合同条款、条件和限制的权利。

3. 安全保障

安全保障涉及方方面面，除会展场馆的选择外，还包括展览品的保护、犯罪情况的预防、仅限于合格观展者的准入等。

展览品的保护，主办方除了提供完善的安保服务外，还应为参展商提供有声望的保险公司。参展方应当对自己的仪器设备和工作人员负责，因为承包商、会展主办方或是设备方都不可能为参展方的损失提供保险。个人参展商则期望买足够多的保险来保护自己，避免可能发生的损失。这种保险通常是定期（人寿）保险，涵盖搭建、展览、拆卸这类特定时段的特定损失。在会展上遭到偷窃或破坏而蒙受了损失的参展商应立即与主办方联系，主办方迅速通过安全代表做调查，写出调查报告。

设计登记系统来限制进入会展大厅的人员，避免犯罪的发生。另外要确保观展者的人身安全。首先是出入口区域不能有障碍物，要足够开阔，紧急出口和消防设施、应急设备不得隐藏或遮挡。其次交通区域，展厅中的走廊和人行道要足够宽，展场中要留有足够的安全疏散通道，所有人流拥挤且出口狭窄的通道应该实时监控。

4. 医疗保障

会展必须配备合格的医护人员和可用的紧急救援人员来处理紧急医疗事件，在会展举办前应进行培训和紧急医疗事故演练。

5. 自然灾害预防

自然灾害对会展的影响也不容忽视，常见的有地震和天气灾害。地震灾害具有剧烈性和大范围破坏性，在有地震活动风险的任何地方，都应把地震急救列入危机计划之内。应对地震灾害，首先应和当地的公众安全办公室或紧急服务办公室联系，以获得有关地震应对方案和灾难应对计划的专门信息。其次会展设施在地震易发区域有严格的建造标准，参展商在展览期间的安装和搭架必须严格遵守。

6. 人为灾害和暴力行为处理

（1）食物中毒。食物中毒是最常见的一种人为灾害，特别是在人群聚集的地方容易发生，往往是由于食品和饮料的提供商工作失误而引发的，所以采取前瞻性防范措施可以很好地控制食品安全。在餐饮准备期间对会展厨房进行全方位的检查，看其是否符合公共卫生标准，如卫生手套、冲洗菜板并消毒、食物存放。另外应针对各种可能出现的食物中毒现象制定紧急应对措施。

（2）火灾。会前做好消防防范措施，遵守消防规章，做好消防检查，每一份参展商手册中都应该注明防火要求，同时要给观展者提供防火小册子，注明火灾发生后的救生方法和安全通道。会展举办过程中要实时监控，一旦发生火灾马上启动紧急预案，组织人员控制火势，有组织地疏散人员。会后要对火灾的起因进行调查，编写报告书。

（3）暴力行为。包括扒窃、袭击、骚扰、恐怖主义分子爆炸威胁或暴乱等。了解会展所在区域的犯罪率和以往会展发生的犯罪种类是建立危机管理计划的最好开始。要对暴力行为的发生保持敏锐的洞察力，建立完善详尽的计划。

（4）示威。示威是一群人共同意见的展现，是激进主义的一种类型，通常采取一干人集结在同一地方的形式。示威者通常拿着标志和横幅大声呼喊，并分发传单说明他们的意图。若示威已经得到相关部门的批准，并且没有干扰会展的正常进行则是合法的。会展应聘请能言善辩的发言人并为会展中的活动和观众提供额外的安全保障，来确保活动和观众不受干扰或损害。示威还有可能引起对抗，扰乱会展的正常秩序，所以应当预先计划，保证任何已知的示威不会失控。

（5）恐怖主义。恐怖主义是对人身、财产非法使用武力或暴力，恐吓或强迫政府、民众或其任何部分，以实现其政治、社会目的。恐怖主义活动是真实的，而且主办方几乎不能做任何事情来避免袭击。为了降低潜在的风险，应了解恐怖主义可能袭击的目标，提前做好应对准备。

7. 保险购买

开展会展活动，保险支出是正常支出，关键是购买有效用的保险。为会展投保首先要做风险评估，需弄清楚会展可能遇到的问题，聘请资深保险咨询师做全面的风险评估。其次考虑保险的责任范围，一般责任保险单的赔偿范围包括第三方及观展者的人身伤害和财产损失。其他情况在一般责任保险单中也可以得到保障。最后根据主办者实际情况决定购买的保险种类和费用。保险费通常基于对风险的测评而定，如展台的数量、估计的观展者数量、会展的类型等。

除了一般的责任保险外，还可以购买收入保护险，其责任范围是保护主办者免受以下损失：收入损失或减少、费用增加、观展和参展费用的返回、重新布置和计划会展引致的额外费用。另外，如果主办方正考虑要在一个有异常气候的城市举办会展，可以考虑投业务中断险，以补偿自然灾害带来的损失。

（二）制订危机管理计划的步骤

（1）确定危机管理小组成员，选择会展经验丰富且应变能力强的人作为危机管理经理，另外根据会展的规模，确定管理小组的人数。对所有成员进行培训，保持其对危机的高度警觉和敏感性，使其掌握应对危机的措施。在会展开幕前进行演习。

(2) 制订危机应对计划，并根据各种可能的危机情形及可能采取的应对措施的轻重缓急来排序，应对措施中应该详细地注明责任人、信息传达草案、制定的报告程序、所有员工相应的责任分工等。

(3) 建立高效的内部信息传达计划，使得正确的信息在正确的时间能够有效传递给正确的人，如将信息传递给会展现场的工作人员和医务人员、会展场馆安全人员、当地紧急事故处理部门等。

(4) 建立完善的报告系统，这将有助于收集事件发生时和发生后必须的信息，有助于危机学习。

(5) 确保购买的保险的保障范围已经涵盖了所有的情况，无论出现什么情况，都能尽量减少损失。

第四节　会展场馆管理

一、国内外会展场馆概况

(一) 国外会展场馆发展概况

1. 总体上重点集中、合理分散

在国外，尤其是在德国、法国和意大利等会展业高度发达的国家，会展场馆的空间发展模式表现出积聚的特点，其巨大的规模效应带来非同一般的影响力、竞争力和品牌效果。实际上，国外会展场馆的发展是聚中有散，合理布局的。

重点集中有两层含义，一方面指会展城市主要集中在几个大城市，以便集中力量培育国际会展名城，如德国作为展览大国，拥有 23 个会展场所，总面积高达 240 万平方米，主要场馆集中在汉诺威、科隆、慕尼黑、法兰克福和杜塞尔多夫等城市。另一方面指各个会展城市的场馆建设规模较大，基础设施完善，功能健全，如汉诺威就拥有展览面积达 68 万平方米的巨型场馆，功能健全，吸引了许多国际性品牌的展览会落户德国。

合理分散表现在场馆的建设上突出重点，分级开发。例如意大利的大型国际会展主要集中在米兰、波洛尼亚、巴里和维罗纳四个城市举办，这些城市都是颇有名气的旅游城市，地理上相隔一定的距离，并且主要经营的品牌展览类型也不尽相同，有各自较为稳定的品牌类型，因而在会展的开展上各具特色，相互补充，不会形成恶性竞争。另外，除了这些国际性的大型会展城市外，还形成了一些地区性的会展中心，以促进意大利的经济发展。

2. 场馆规模大，设计以人为本

国外的会展场馆在规模上很有讲究，大部分场馆的展览面积都在 10 万平方米以上，而在建筑设计和设施安排上则更加强调人性化，体现以人为本的特点，尽量为参展商和观展者提供方便。例如，2000 年 5 月在德国汉诺威举办的印刷机械展是全球最具影响力的会展之一，整个展览会分 18 个场馆进行展出，总面积达到 15.8 万平方米，有来自 42 个国家的 1 800 多家厂商参展，有来自德国及世界各地的约 40 万观众观展。场馆的各项设施和服务均以人为本，旨在为参展商和观众提供全方位的个性化、人性化的配套服务。观众一进展馆便能得到一份用多种文字编写的参观指南，使各展馆的展览内容、观众出口、公共交通及停车场一目了然；展场中间的露天场地设有饮食和休闲中心，除提供快餐外还有各式风味餐厅；不同展馆之间有遮雨通道相连，在有些地方参观者还能乘坐电动通道直接进入不同展区。这些细节上的关注使得参展者和观展者拥有难以忘怀的会展经历，造就了德国汉诺威的国际会展高端品牌，吸引了众多国际大型品牌展览。

3. 场馆不断翻新，功能不断优化

面对会展业的高速发展，大多原有的场馆在规模和功能上已经无法满足现代化会展业的新要求，必须对原有场馆进行合理的改建和扩建。这正体现了欧美国家新老会展中心普遍遵从的理念，即以可持续发展原则来指导会展中心的规划建设、改建扩建。在规划时应在不影响建成部分的使用的前提下，重视扩建方式、后续工程或改建工程。如法兰克福、科隆和柏林会展中心就采用这种模式。它们逐步拆除老的、不适用的建筑而以新的大跨度、大规模、高效率的建筑取代，在不断的建设过程中，应用新的技术，适应新需求，完善新功能。科隆会展中心就在原地将围院式建筑逐步改造为大跨度的展厅，并以连廊将各个展馆相连通。再如法兰克福会展中心，它拥有从1909年一直到2001年建设的包括穹顶式多功能会堂、超高层办公楼、大跨度的新型展厅等各类型的建筑，清楚地刻画出多次改扩建的时间痕迹。这样的扩建投资规模比较小，实施灵活，多以加建单独的大型展馆、连接通廊或主要的入口大厅等内容为主。

（二）我国会展场馆的发展概况

1. 会展场馆发展迅猛

近几年来，伴随着会展业的飞速发展，我国会展场馆需求旺盛与供给的结构性相对不足的矛盾逐渐显现。一方面，会展日益国际化，大型国际会议和展览日益增多以及规模不断扩大，对会展场馆无论在规模还是现代化水平上都有了较高的要求，大型国际专业展会一般都要超过10万平方米甚至达到15万平方米的规模；另一方面，我国原有的场馆普遍存在硬件设施不足、面积偏小等问题，我国目前超过10万平方米的会展场馆屈指可数，我国现有的会展场馆将不能满足需求（如表6－1所示）。目前我国各大、中城市如北京、上海、广州、深圳、青岛、武汉等正在规划兴建新的大型现代化展馆，更大规模的会展场馆建设仍在进行中。如广州市已经开始了会展中心二期工程，二期展馆总建筑面积与一期相当，约为39万平方米，占地面积27.4万平方米，室内展厅面积达12.8万平方米，展厅主体有3层，共13个展厅，每个展厅面积约1万平方米，室外展场面积1.36万平方米，二期工程建成后，它的建成面积和摊位数将超过德国的汉诺威展览中心，跃升为世界第一；北京中国国际展览中心预计扩建为占地面积约67万平方米、展馆面积为20万平方米的新展馆；上海市政府与德国汉诺威展览公司、杜塞尔多夫展览公司、慕尼黑展览公司合作在浦东兴建的上海新国际博览中心规划面积达100万平方米，仅展览场馆就将分期建成25万平方米，届时将成为中国规模最大的会展场馆之一。

表 6－1　2008 年度中国十大品牌会展场馆

展馆名称	拥有室内展厅面积（m^2）	年度展出总面积（m^2）	估算出租率（%）	年度展览总数（次）	自办展数量（次）
中国进出口商品交易会展览馆（广州琶洲展馆）	338 000	3 960 000	22.47	45	12
上海新国际博览中心	126 500	3 860 500	58.53	80	0
深圳会展中心	105 000	1 820 000	33.24	75	3
中国（北京）国际展览中心	60 744	1 488 928	47.01	89	8
昆明国际会展中心	70 000	1 150 000	31.51	40	6
天津国际展览中心	36 000	950 000	50.61	94	4
中国（北京）国际展览中心（新）	106 800	827 862	14.87	15	2
青岛国际会展中心	50 000	810 000	31.07	76	5
郑州国际会展中心	68 000	804 100	22.68	35	0
上海展览中心	43 286	789 700	34.99	111	3

（资料来源：中国会展研究中心发布的《2008 年度部分会展场馆基本情况与经营数据资料调研报告》，http：//ribao. qingdaonews. com/html/2009－07/30/content_ 2150338. htm）

2. 会展场馆规模不断扩大

我国 2001 年新增室内展览面积 32.5 万平方米，2002 年新增室内展览面积 41.2 万平方米，2003 年全国已经完成的新建和扩建场馆总建筑面积 65.4 万平方米，其中新增室内展览面积 46.3 万平方米。在 2008 年 1 月举办的第四届中国会展经济国际合作论坛上，国际展览业协会的《UFI 世界展览场馆地图》全球首发，2006 年中国以 251.7 万平方米的展览面积名列世界第三位。该协会预测，2010 年的中国场馆面积将增长 18%，达到 296.1 万平方米，仍然处于世界第三，新增展览场地面积 44.5 万平方米，位居亚洲之首。就单个场馆规模而言，广州琶洲国际会展中心是目前亚洲最大、世界第二大的会展中心，面积仅次于德国汉诺威展览中心，已竣工的首期工程占地 43 万平方米，总建筑面积 39 万平方米，拥有三层共 16 个标准展厅，展厅总面积 16 万平方米，有国际标准展位 10 200 个。

3. 会展场馆集聚与分散并存

同国际会展发展类似，我国会展场馆在布局上也存在集聚与分散并存的现象。无论是会展中心城市在特定区域内的空间布局，还是会展中心城市内的会展场馆空间布局上，都显现出聚中有散的特点。会展场馆集聚发展，共用基础设施和相关资源，有利于单体会展企业降低基础设施和市场营销成本，形成规模效应，而且空间集聚造成的整体竞争力远远超过了单个会展企业的影响力。而分散则利于树立各自的品牌和形象。在会展中心的宏观区位上，环渤海带、长江三角洲与珠江三角洲形成了三个会展中心城市集聚带。在会展中心城市内，有的城市也形成了集聚带。以广州为例，如广州的中国商品交易会展览馆与新建的广州国际展览中心形成了相对集中的展览区；广州会展中心的分散趋势也很明显，近年在琶洲岛规划新建了大型会展展馆，形成了一个新的城市会展中心。

二、现代会展场馆的特征

1. 场馆规模宏大

规模宏大是现代化展览中心的重要标志之一。现在国外新建的展览中心占地面积一般都超过100万平方米，如巴黎北展览中心的占地面积高达115万平方米。展览中心的建筑呈现越来越大的趋势，一些展览中心的展馆面积达20万平方米。

2. 服务设施齐全

现代化的展览中心不仅有展馆，还配套有会议中心、餐饮服务的场所和设施，这使展览中心建成了集展览、会议、餐饮、文艺表演、体育比赛等为一体的综合功能型场所。另外，为解决停车难问题，展览中心建有大面积的停车场，如慕尼黑展览中心的停车场可以容纳1万辆车。

3. 智能化水平高

高科技融入现代化展览中心中。目前国外展览中心基本上都配备了高智能化网络系统，如观众、参展商电子登录系统、电脑查询系统等。此外，多媒体、手机短信等多种通信手段也在展馆内得到了广泛应用。

4. 人性化设计

首先，场址选择上的人性化。现代化展览中心往往都具备较好的区域优势，在经济发达的城市占据交通要道，社区基础设施健全。其场址选择首先要综合考虑交通条件、环境条件和地形条件，同时要与市政规划相一致。其次，内部合理布局，可以使展览中心有序管理，方便参展商和观众，提高工作效率。如在慕尼黑展览中心，人在展馆连廊里走，货物在地面上运，避免人流物流交织影响内部交通。餐饮网点分布到各个展馆周围，便于展商、观众就近就餐。会议中心与展馆保持一定距离，避免与展览发生冲突。场址内保留大片绿地，以便展商观众在工作或参观之余有休闲场所休息。再次，展馆设计“以人为本”。现代化展览中心的展馆基本上都是单层、单体建筑。面积约1万平方米的展馆，长140米、宽70米是人眼的正常视觉范围，观众不容易迷失方向；高度13~16米，则是基于展台装修设计的要求，适合布展作业。

5. 注重经济实用

现代展览中心注重经济实用性。如慕尼黑展览中心外观并不豪华，看上去类似一排排的厂房或仓库，展馆内也没有大理石的墙和花岗岩的地，但展商和观众需要的设施一应俱全，非常实用。尽管现代化展览中心占地规模大，但在考虑土地使用时仍要“米米计较”，绝不浪费。如两个展馆之间距离定在38米，正好是集装箱卡车掉头的最小宽度。

6. 政府投资为主

现代化展览中心公益性很强，因而其从规划到建造都得到政府的大力支持。如慕尼黑展览中心的投资，巴伐利亚州政府和慕尼黑市政府各出49%，剩余2%由当地的手工业协会出资；巴黎北展览中心是由巴黎市工商会出资建设的，同时政府在土地等方面给予了很多优惠政策。我国地方政府在这方面的表现就更突出，有些城市在建展览中心时，政府不仅出钱、出政策，而且还出人，组成以市长亲自挂帅的筹建领导小组。

三、会展场馆管理模式

会展场馆建设的管理模式从目前来看主要有三种，即企业自主管理、政府管理以及行业协会管理。

1. 政府管理

即由政府投资兴建和管理，会展场馆作为城市的公共设施或形象建筑而存在，是国内外最为主要的管理形式之一。如德国大部分会展中心基本是由各级政府牵头出资建设，并成立了专门的有限责任公司加以运营管理。这样的建设经营模式和组织结构一方面是使会展中心可以获得政府对土地、交通乃至政策方面的大力支持，使其具有城市基础性公共设施的特征，树立城市形象；另一方面也可以保证高效、灵活的商业运营管理，带动城市和地区经济。

2. 行业协会管理

在会展经济较为发达的国家和地区，会展行业协会发展较为成熟，即行业协会受到人们的信任并拥有公正的权威。因此，这些地区会展场馆的建设和运营由会展行业协会进行统一管理。这些行业协会和组织的职责是对行业内部的场馆新建和运营进行监督、评估和提供信息，对规范行业、避免恶性竞争起到很大作用。

3. 企业自主管理

即由企业出资建设，会展场馆建成后成为会展企业的资源，由该企业对场馆实施统一管理。如上海新国际博览中心是由国外三家大型会展企业联合成立公司对其设计并投资兴建，并最终由该公司负责场馆的经营和运作。

案例 6-4：广交会会展场馆的经营

中国对外贸易中心经营管理广州的两个超大型展馆——中国出口商品交易会琶洲展馆和流花路展馆，目前两馆室内展厅面积总和达 25 万平方米。两个展馆各有优势，适合不同类型、各种规模的展览。

流花路展馆室内展厅面积 12 万平方米，拥有 14 个相连的展馆。琶洲展馆分为一、二、三期展馆。其一期占地 41.4 万平方米，建筑面积 39.5 万平方米，室内展览面积 13 万平方米，单个展厅面积均在 1 万平方米左右，室外展场面积 2.2 万平方米。2004 年 3 月 15 日，中国对外贸易中心与广州市人民政府签订备忘录，正式取得琶洲展馆一期的经营管理权。2005 年 12 月 30 日，琶洲展馆二期工程正式动工。二期工程总建筑面积约 39 万平方米，包含展览馆、会议室、洽谈厅及餐饮配套等区域。展馆主体 3 层，共 13 个展厅，每个展厅的面积为 1 万平方米，可提供标准展位 6 500 个，工程于 2007 年年底竣工。二期工程是一期工程的延续，与一期展馆设计飘逸的风格完全保持一致。三期也于 2006 年动工。琶洲展馆二、三期工程建成后，总占地面积达 101 万平方米。从琶洲展馆到流花路展馆 18 千米，可乘坐地铁二号线直接到达。

流花路展馆地处城市中心，人流密集、交通便利，以举办中小型展览为主。琶洲展馆位于广州市东南部的琶洲岛，展厅无柱空间大，利用率高，特装效果好，以举办大型展览为主。两馆充分发挥各自优势，实现资源整合，错位抢占市场份额。

为拓展中心展览业务，加强场馆的日常经营管理，1999 年 4 月，中心将此方面业务从原展览公司中分离出来，专门成立了展场经营部。

展场经营部负责两馆日常展览的经营管理工作，本着“诚信为本，服务为先”的经营理念，不断扩大业务，优化服务。1999 年至 2005 年共承办展览 488 个，总使用面积为 598 万平方米。其中 2005 年共办展 71 个，总使用面积达 150 万平方米，其中 1 万平方米以上的大展 27 个，成为广州地区乃至华南地区展馆经营的佼佼者（以上数据均不含每年两届的广交会）。

自经营部成立以来，我们的销售业绩逐年攀升。除 2003 年业绩因“非典”影响稍有滑落外，其他年度无论是使用面积还是营业收入都不断增长，特别是接手琶洲展馆后，更是实现了经营面积超百万平方米和展览收入过亿的双突破。

两馆日常展览运作模式：由展场经营部负责展会前期的洽谈、签约，展会现场管理服务的统筹安排，以及展会结束后的结算等后续工作。而展会现场主要由中心保卫处、电子商务处、技术保障部、展会服务部等一线部门共同为主办单位提供各项服务。

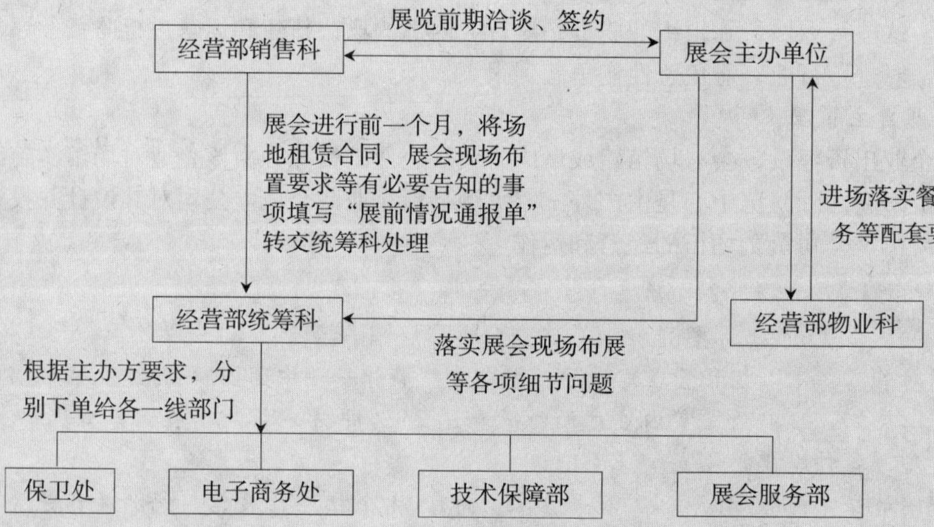

问题：中国出口商品交易会琶洲展馆和流花路展馆的经营模式是什么？

（资料来源：http：//www. cantonfair. org. cn/cn/）

附：中华人民共和国商业行业标准（SB/T 10358 -2002）

专业性展览会等级的划分及评定（Rating Standard for Professional Exhibitions）

1. 范围　本标准规定了对专业性展览会等级划分和评定的原则、要求和方法

本标准适用于在中国境内举办的以经济贸易活动为目的的专业性展览会的等级划分及评定。

2. 术语和定义　下列术语和定义适用于本标准

2.1　专业性展览会［Professional Exhibition (Show，Fair，Exposition)］在固定或规定

的地点、规定的日期和期限内，由主办者组织、若干参展商参与的通过展示促进产品、服务的推广和信息、技术交流的社会活动。

2.2　特殊装修展位（Raw Space With Special Decoration）由参展商自行或委托专业机构专门设计并特别装修的展览位置及其所覆盖的面积。

2.3　展出净面积（Exhibition Net Area）专业性展览会用于展出的展位面积总和。以平方米表示。

2.4　特殊装修展位面积比（Ratio of Area for Special Booth）特殊装修展位面积总和与展出净面积的比值。以百分比表示。

2.5　参展商（Exhibitor）参加展览并租用展位的组织或个人。

2.6　境外参展商（Overseas Exhibitor）以境外注册企业或境外品牌名义参加展览的参展商。

2.7　专业观众（Professional Visitor）从事专业性展览会上所展示产品的设计、开发、生产、销售、服务的观众，以及用户观众。注：这里所指的产品可以是有形的产品（如机械零件），也可以是无形的产品（如软件、服务等）。

2.8　等级（Grade）用于划分专业性展览会质量差异的级别设定。用英文大写字母A、B、C、D表示。

3. 等级的划分、依据和评定方式

3.1　专业性展览会的等级评定分为四个级别，由高到低依次为A级、B级、C级、D级。

3.2　等级的划分是以专业性展览会的主要构成要素为依据，包括：展览面积、参展商、观众、展览的连续性、参展商满意率和相关活动等方面。

3.3　专业性展览会等级的具体评定标准，按照附录A执行。

3.4　专业性展览会的等级是由专业机构依据统一的评定标准及方法评定产生，其评定结果表示该专业性展览会当前的等级状况，有效期为三年。具体的评定方式按专业性展览会评定机构制定的评审程序和评定实施细则执行。

3.5　专业性展览会等级的评定采取自愿的原则，主办（承办）方按有关程序向评定机构提出申请，由评定机构予以评定。

4. 安全、卫生、环境和建筑的要求

专业性展览会举办场馆的建筑、附属设施和管理应符合现行的国家、行业和地方的消防、安全、卫生、环境保护等有关法规和标准。

5. 专业性展览会等级评定条件

5.1　A级

5.1.1　展览面积

5.1.1.1　展出净面积不少于5 000平方米。

5.1.1.2　特殊装修展位面积比至少达到20%。

5.1.2　参展商　境外参展商展位面积与展出净面积的比值不少于20%。

5.1.3　观众

5.1.3.1　展览期间专业观众人次与观众总人次的比值不少于60%。

5.1.3.2　境外观众人次不少于观众总人次的5%。

5.1.4　展览的连续性　同一个专业性展览会连续举办不少于5次。

5.1.5　参展商满意率　参展商满意率的评价按“参展商满意率调查表”的调查结果进行，其中总体评价结论为“很满意”和“满意”的数量总和，应不低于参展商总数的80%。

5.1.6　相关活动　专业性展览会期间组织与专业性展览会主题相关的活动。

5.2　B级

5.2.1　展览面积

5.2.1.1　展出净面积不少于3 000平方米。

5.2.1.2　特殊装修展位面积比至少达到10%。

5.2.2　参展商　境外参展商展位面积与展出净面积的比值不少于10%。

5.2.3　观众

5.2.3.1　展览期间专业观众人次与观众总人次的比值不少于50%。

5.2.3.2　境外观众人次不少于观众总人次的2%。

5.2.4　展览的连续性　同一个专业性展览会连续举办不少于4次。

5.2.5　参展商满意率　参展商满意率的评价按“参展商满意率调查表”的调查结果进行，其中总体评价结论为“很满意”和“满意”的数量总和，应不低于参展商总数的75%。

5.2.6　相关活动　专业性展览会期间组织与专业性展览会主题相关的活动。

5.3　C级

5.3.1　展览面积

5.3.1.1　展出净面积不少于2 000平方米。

5.3.1.2　特殊装修展位面积比至少达到5%。

5.3.2　参展商　境外参展商展位面积与展出净面积的比值不少于5%。

5.3.3　观众

5.3.3.1　展览期间专业观众人次与观众总人次的比值不少于40%。

5.3.3.2　境外观众人次不少于观众总人次的1%。

5.3.4　展览的连续性　同一个专业性展览会连续举办不少于3次。

5.3.5　参展商满意率　参展商满意率的评价按“参展商满意率调查表”的调查结果进行，其中总体评价结论为“很满意”和“满意”的数量总和，应不低于参展商总数的70%。

5.4　D级

5.4.1　展览面积　展出净面积不少于1 000平方米。

5.4.2　观众　展览期间专业观众人次与观众总人次的比值不少于30%。

5.4.3　展览的连续性　同一个专业性展览会连续举办不少于2次。

5.4.4　参展商满意率　参展商满意率的评价按“参展商满意率调查表”的调查结果进行，其中总体评价结论为“很满意”和“满意”的数量总和，应不低于参展商总数的65%。

6. 专业性展览会等级评定附加项

6.1　管理体系状况

6.1.1　负责专业性展览会具体组织管理工作的主办（承办）方通过 GB/T 19001－2000 质量管理体系认证。

6.1.2　展馆方通过 GB/T 19001－2000 质量管理体系认证、GB/T 28001－2001 职业健康安全管理体系认证。

6.1.3　装修和搭建的主要承办方通过 GB/T 19001－2000 质量管理体系认证、GB/T 28001－2001 职业健康安全管理体系认证。

6.1.4　展览运输的主要承办方通过 GB/T 19001－2000 质量管理体系认证、GB/T 28001－2001 职业健康安全管理体系认证。

注：专业性展览会等级评定附加项不作为专业性展览会等级评定的必要条件，达到的项目在评定规定时可以加分。

（资料来源：商务部网站，www. mofcom. gov. cn）

【本章小结】

本章主要阐述了会展的行业管理、国际会展管理组织、会展危机管理和会展场馆管理的内容。会展行业管理的主体包括政府会展主管部门和行业协会组织，各自的管理内容各不相同；国际会展行业管理一般有三种模式：以德国为代表的政府干预模式，以新加坡为代表的政府扶持模式和以美国为代表的市场运作模式；会展行业管理的方式主要为指导与监督、协调与规范、审批与认定等。对国际会议协会（ICCA）、国际协会联盟（UIA）、国际展览局（BIE）、国际博览会联盟（UFI）、国际展览管理协会（IAEM）、世界场馆管理委员会（WCVM）和奖励旅游管理协会（SITE）等国际会展管理组织与机构进行了介绍。对会展危机管理的定义、会展危机类型、管理原则、会展危机控制和会展危机管理计划制订进行了系统阐述。介绍了国内外会展场馆的概况以及现代会展场馆的特征，总结了会展场馆管理的主要模式：企业自主管理模式、政府管理模式和行业协会管理模式。

【拓展阅读】

1. 通过阅读以下网站了解我国国家和地方会展管理的相关政策法规：商务部网站，www. mofcom. gov. cn；上海会展行业协会网站，www. sceia. com. cn；广州会展业行业协会网站，www. gzceia. com. cn。

2. 通过阅读以下网站了解国际主要会展管理组织机构：国际会议协会网站，www. iccaworld. com；国际展览局网站，www. bie－paris. org；国际博览管理协会网站，www. ufi. org 等。

3. 通过阅读以下网站了解我国会展场馆情况，如中国会展网，www. expo－china. com。

【思考与练习】

1. 试论述各会展行业管理主体的主要管理内容。

2. 试比较目前国际上三种会展行业管理模式的差异。

3. 简述会展行业管理的方式及其内涵。

4. 试指出“国际会议”标准、世界博览会、UFI 质量认证和 CEM 认证分别与哪些国际会展管理组织相关。

5. 试从会展危机产生的根源对会展危机进行分类，并举例说明。

6. 简述会展危机管理的原则。

7. 会展危机管理预案主要包括哪些内容?

8. 制订会展危机管理计划的关键点是什么?

9. 简述现代会展场馆的特征及其管理模式。

第七章 会展营销

【学习目的】

通过本章的学习，了解会展市场分析的宏观和微观环境要素，掌握会展市场细分、目标市场选择和市场定位的方法与策略；了解会展产品的特点，理解会展产品定价的影响因素，熟悉产品定价方法与策略以及会展产品营销策略；了解会展营销的分销渠道、促销手段，重点掌握会展客户关系管理的内容。

【学习要点】

1. 会展市场分析的宏观和微观环境要素；
2. 会展的市场细分、目标市场选择和市场定位；
3. 会展产品的特点、定价和营销策略；
4. 会展分销渠道和促销手段；
5. 会展客户关系管理。

【关键词】

会展市场细分　会展目标市场选择　会展市场定位　会展产品和营销策略　会展分销渠道　会展促销手段　客户关系管理

第一节 会展市场

一、会展市场环境分析

（一）宏观市场环境

宏观市场环境所包括的因素都是办展机构本身以外的市场因素，并且基本上都是企业自身所不能控制的因素，主要包括人口环境、经济环境、技术环境、政治法律环境和社会文化环境等（图7－1）。

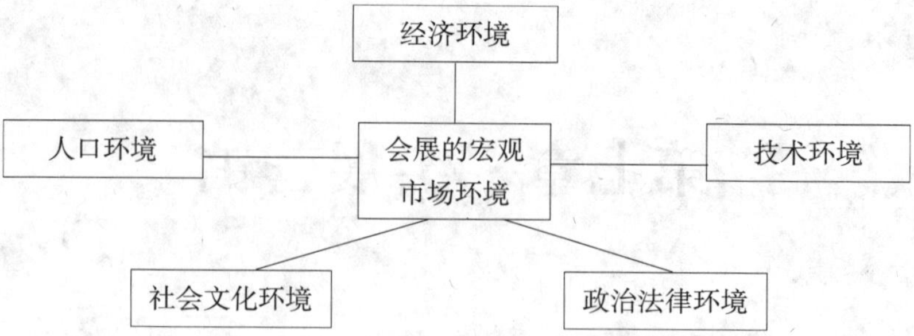

图 7－1　会展宏观市场环境中的五大因素

1. 人口环境

人口环境是指对人类的数量、密度、分布、年龄、性别、种族、职业和其他统计数据的研究。会展营销部门尤其关注人口的数量。对于注重现场零售的展会而言，通过对人口的分布、结构及变动趋势的分析，可以帮助展会判断市场需求的特点和发展趋势；对于专业贸易类展会而言，更注重该展会展览主题所在产业及其相关产业的从业人员数量和结构，即专业观众的数量。

2. 经济环境

经济环境是指那些能够影响到企业参展和观众到会参观的各种经济因素，如社会经济发展水平、产业利润率的高低、市场规模的大小、产品进出口状况、产业结构状况、展会所在地接待设施条件（住宿、餐饮、交通等配套设施）和旅游发展程度等。

3. 技术环境

在会展领域，科学技术的发展也给企业的经营活动和经营方式产生重大影响。一方面，它可以给一些企业提供新的有利的发展机会；另一方面，它也有可能给一些企业的生存与发展带来威胁。例如，互联网的发展极大地改变了会展业的办展思路和竞争模式，因此还产生了虚拟展览；计算机的广泛应用使传统的展会注册登记方式发生改变，实现了自动化、无纸化的运作。

4. 政治法律环境

政治法律环境是指那些具有强制性的和对举办展会产生影响的法律、政府部门机构和其他压力集团。一个展会的举办牵涉的行业和社会面非常广，因此，会展业可能会受到比其他行业更加严厉的法律管制，如政府对展场消防等设施、主办者工商管理和展会产品进出口参展产品的合格验证等都有严格要求。举办展会还要遵守《广告法》、《专利法》、《商标法》等相关法律法规。此外，与展会展览主题所在行业相关的法律对举办展会也具有约束力。

5. 社会文化环境

社会文化环境主要包括物质文化、关系文化和观念文化三个方面，它们分别代表了人们对物质生活、社会关系和意识形态等方面的要求、认识和看法。社会文化环境对参展商和观众的影响表现在：人们的信仰、餐饮习惯和民俗习惯；国家之间的外交关系好坏；世界各国的各种节假日和喜庆日的安排等方面。在我国，春节期间就很难举办专业贸易类的展会；在西方，圣诞节期间也无法举办专业贸易类展会。

（二）微观市场环境

会展的微观市场环境是指与办展机构关系密切、能够直接影响其完成办展任务能力的各种因素，包括办展机构自身内部环境、营销中介、服务商、竞争对手、目标客户及社会公众等（图7－2）。

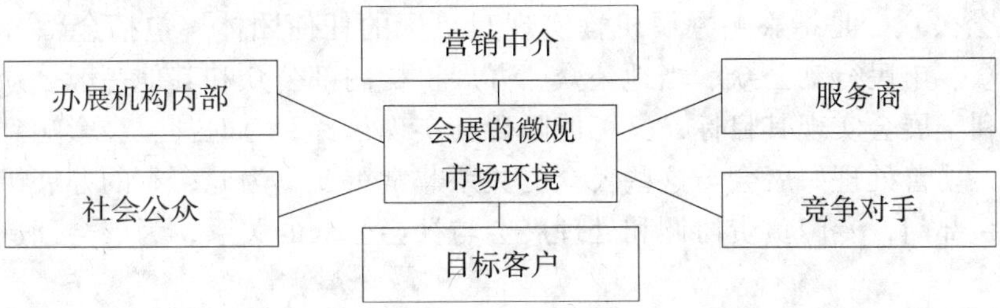

图7－2　会展微观市场环境中的六大因素

（1）办展机构内部环境。是指办展机构内部所具备的各种条件，包括人力、财力、物力以及各种信息资料和人脉社会资源等。通过对办展机构内部环境的客观分析，明晰所具备的优势与劣势，并对这些优势和劣势进行客观评价，以判断办展机构是否具有举办展会的实力。

（2）营销中介。是指受办展机构委托的，或者是协助展会进行宣传推广和招展招商的那些中介组织和单位，包括展会的招展代理、招商代理、广告代理和其他营销服务机构等。好的营销中介能够很好地分担和完成办展机构的宣传推广和招展招商等营销工作，能够更好地协助办展机构成功地举办展会。对营销中介情况进行分析，可以甄别筛选出具有良好资质、信誉和实际营销能力的中介组织，从而保证它们能为展会提供最好的营销服务。

（3）服务商。是指受办展机构的委托、为展会提供各种服务的机构，包括展品运输代理、展位承建商、提供旅游服务的旅行社、提供住宿服务的宾馆酒店以及提供展会资料印刷和观众登记的专门服务商等。在举办展会时，参展商和观众都将这些服务供应商看成是展会本身的一个有机组成部分。因此，办展机构在筹划展会时一定要慎重选择合适的服务供应商，以保证展会整体服务质量。

（4）竞争对手。营销学观点认为，一个公司要想获得成功，就必须比竞争对手做得更好，让顾客更满意。因此办展机构要想取得展会成功，就必须比其他同类展会更有效地满足参展商和观众的需求。通常每个展会都面临四种类型的竞争：①欲望竞争，即参展商和观众想要获得的各种需求之间存在可替代性，他们具有自主选择性；②类别竞争，即展会只是满足参展商和观众各种需求的营销方式之一，他们还有很多其他选择；③展会间竞争，即能满足参展商和观众各种需求的展会有多个，因此参展商和观众可以在其中自由选择；④品牌竞争，即参展商和观众在选择展会时是依据展会本身的品牌或办展机构的品牌。因此，在分析竞争对手情况时，不仅要分析具有竞争关系的展会，还要分析这些展会的办展机构；不仅要分析具有竞争关系的展会和其他办展机构的现状，还要分析它们的变化，并及时提出应对的对策。

（5）目标客户。是指展会的潜在参展商和观众，包括消费者市场客户、生产者市场客户、中间商市场客户、政府部门和国际市场客户，他们既可能是参展商，也可能是观众。作为展会的服务对象，参展商和观众两者均需重视，不可偏颇任何一方。展会的最终目的就是满足目标客户的需求，因此，在分析展会的目标客户时，不仅要分析他们的数量和分布，还要注意分析和把握他们的需求及其变化趋势，并以此作为展会努力的起点和服务的核心。

（6）社会公众。是指影响办展机构实现其目标的任何团体，包括金融公众、媒体公众、政府公众、市民行动公众、当地公众、办展机构内部公众和其他一般公众。这七类社会公众既有利于展会实现其目标，又可能阻碍其实现目标，有时甚至会影响到展会的发展前途。因此，妥善处理好展会与这些公众的关系非常重要。为此，有的办展机构成立了专门的公共关系部门，专门负责协调和处理展会与社会公众的关系，为展会创造良好宽松的市场环境。

二、会展市场细分

（一）会展市场细分的标准

会展市场细分涉及参展商市场、专业观众市场和一般观众市场三个方面，但是对于会展企业营销而言，需要关注的主要是参展商，因此，这里主要分析参展商市场的细分，标准主要有四个：企业类型、参展目标、地理环境和人口统计特征。

1. 企业类型

会展企业按照参展企业的不同成长阶段、生产的不同产品、不同的规模和实力划分参展商市场。

（1）不同成长阶段的参展企业在企业发展战略、市场策略、价格策略、参展目标、社会活动能力、企业知名度等方面存在很大的差异，所以他们对展会的产品和服务的需求也会不同。因此，会展企业需要根据参展商的这一特点，有针对性地提供产品和服务。

（2）参展商生产不同的产品，相应地会形成各种各样的同类产品主题展览会，因此，会展企业需要根据不同产品主题的特殊需求，有针对性地提供服务。

（3）参展商的企业规模和实力不同，对展会的场馆、展台布置、专业观众的数量、参展价格、其他参展商的知名度、展会的宣传力度、展会举办的时间地点等方面表现出不同的需求特征。一般而言，中小企业的实力较弱，能承担的展会费用较少，对场馆和其他方面的服务要求不高；而一些大型企业具有较强的实力，对展会的场馆、宣传、专业观众和普遍关注的组织、交通等方面的要求比较高。为此，会展企业要重视其需求的差异，提供相应的产品和服务，尤其要重视大型企业的需求，努力稳固这一细分市场。

2. 参展目标

参展商的参展目标是展出工作的基石和方向，它主要是根据参展企业的发展战略和市场条件制定的。参展企业的参展目标不同，对展会提供的产品和服务的要求也会不同。

德国展览协会（AUMA 奥马）根据市场营销理论将参展目标归纳为五类：①基本目标，具体包括了解市场、寻找各种机会、交流经验、了解本企业所处行业的状况及发展趋势、了解竞争情况、检验自身的竞争力、向市场介绍自己的企业和产品等；②宣传目标，具体包括建立个人关系、树立良好的企业形象、了解客户需求、挖掘现有客户的潜力、锻炼企业员工调研和推销能力等；③价格目标，包括试探定价余地、将产品和服务推向市场；④销售目标，具体包括扩大销售网络、寻找新代理、测试减少贸易层次的效果；⑤产品目标，具体包括推出新产品或新技术、介绍新发明、了解新产品推销的成果、了解市场对产品系列的接受程度、扩大产品系列。

3. 地理环境

参展企业来自于不同的国家、地区或来自于不同规模的城市或农村，对展会的举办时间和地点、展会提供的食住行等相关服务的需求会存在差异。不同国家或地区的参展企业由于经济发展水平、区域经济结构、产业结构等因素的差异，也会对会展项目的需求有一定的差异，形成不同的展位认购习惯和偏好。因此，会展企业应当格外注意这一客观因素的影响，有针对性地提供差异服务，满足不同国家或地区参展商的需求。

4. 人口统计特征

参展商的人口统计特征主要包括参展人员的年龄、性别、职业、收入、婚姻状况、文化程度、家庭结构和规模、家庭生命周期、宗教信仰、种族和社会阶层。这些因素都会影响参展人员的消费心理、消费习惯以及消费效果评价。

除此之外，还有其他一些细分标准，比如参展商的购买行为特征、性格、对价格的敏感程度、心理类型等。

（二）会展市场细分的原则

会展企业细分市场有许多方法，但是并非所有的细分方法都能行之有效。因此，要想使细分市场充分发挥作用，必须遵循以下四条原则：

（1）可衡量性。是指会展企业细分市场所选用的细分因素、细分市场的范围、容量和潜力等是可以被衡量的，有助于找到相似的兴趣、爱好、购买动机和购买行为等特征群体。

（2）可占领性。是指会展企业凭借自身的人、财、物等实力能够占领细分后的市场，并且具有竞争优势，能够有效地开展企业的营销活动，提供适合、对口的产品和服务。

（3）可收益性。是指细分市场应足够大、足够有利可图，以利于企业在这样的细分市场上扩大销售，降低平均成本，增加利润总量。

（4）稳定性。是指细分后的市场应具有很大的潜力，有相对稳定性，便于会展企业制订相对较长的营销计划，循序渐进地实施营销策略，有利于市场的开拓和占领。

三、会展目标市场选择

（一）评估细分市场

通常会展企业在评估各种不同的细分市场的时候，都会选择具有高销售额、高销售额增长率、大利润幅度、微弱的竞争状态以及要求简单的市场销售渠道等特点的细分市场作为目标市场。因此，在评估细分市场时着力分析销售额、销售额增长率、利润幅度、竞争状态、市场销售渠道等方面。

（二）目标市场选择策略

在评估各个细分市场之后，会展企业需要决定选择哪些细分市场，这就是目标市场选择的问题。同其他行业一样，会展企业目标市场选择策略有三种：无差异策略、差异性策略和集中性策略。

（1）无差异策略。是指会展企业不考虑细分市场的差异性，对整个市场只提供一种产品或服务，实施一种市场营销组合以满足整体市场上大多数参展商的整体需求。该战略的优点是：①会展企业可以依靠大规模销售和大众化广告，简化分销渠道和节约广告宣传成本，降低产品的平均成本；②对垄断性、吸引力大的展会项目，有利于长期占领市场。但是该战略对于大多数产品是不适用的，具有容易被模仿，进而激化竞争，无法满足消费者的个性化和多样化的需求等缺点。因此，在会展业中具有垄断性的展会项目可以凭借其垄断地位赢得固定的参展商，获取较高利润，这类会展企业在进行目标市场选择时可以采取无差异战略。

（2）差异性策略。是指会展企业决定以几个细分市场为目标，为每个目标市场分别设计产品及营销方案，以满足所有细分市场各自的特殊需求。差异性营销的优点是：①针对不同细分市场的消费特点提供相应的产品和服务，满足不同市场的需求，提高参展商的满意度和参展率；②提供个性化的服务，显示会展企业的实力，提高参展商的信任度，提高企业声誉，树立良好的企业形象，确立竞争优势。但该战略具有投资大、成本高、经营范围广等缺点，给企业带来一定的难度。因此，只有实力雄厚的大企业或企业集团才能采用这种战略。

（3）集中性策略。是指会展企业选择一个或少数几个细分市场作为自己的目标市场，为其提供一种或几种不同的市场营销组合，集中精力满足该个或这几个细分市场的需求，特别适合于内部资源有限的会展企业。该战略的优点是：①企业可以把人、财、物等资源集中在特定的细分市场上，更好地满足特定市场的需求，从而取得竞争优势；②有利于实施市场补缺战略，找到较为稳定的细分市场，在与财大气粗企业的竞争中取得一席之地。该战略也有缺点，即由于市场面较窄，具有较大的风险。因而，只有实力较弱或初次涉足新领域的大型会展企业才会采取集中性营销，以实现累积实力和渗透占领市场的目的。

以上三种战略各有优缺点，会展企业在选择实施何种战略时，一定要慎重考虑各种影响因素。当企业资源有限时，集中性营销最合理；一些同质的项目适合于无差异营销；当展会产品处于新进入市场阶段时，最合理的应当是无差异营销或集中性营销；在产品生命周期的成熟阶段，差异性营销更为合理；如果大多数顾客有相同的需求，那么无差异性营销最合适；如果竞争对手采取无差异性营销，那么本企业就可以通过差异性营销或集中性营销取得竞争优势。

四、会展市场定位

会展市场定位是指一个国家或地区的会展企业或其所提供的产品或服务在目标客户心目中的地位。因此，会展企业需要了解目标客户的需求特征，尤其是他们最主要的需求，分析他们对产品和服务价值的理解，从产品的名称、价格和包装等方面着手，给目标客户留下好印象，树立企业形象，以扩大销售和增加利润。

（一）会展市场定位的依据

（1）企业自身的竞争优势和劣势。会展企业应该首先分析自身的优势与劣势，针对优势制定市场定位策略，使企业的优势得到充分发挥，扬长避短，从而满足目标客户的某一局部要求，在参展商和观众心目中树立良好的形象。一般运用财务分析、比例分析、收支均衡分析、岗位分析等方法，对企业的市场、财务、操作和人力资源四大要素进行详细分析。针对企业外部环境则采用市场定位分析法、科技预测法、二手资料分析法等方法。

(2) 主要竞争对手的优势、劣势和经营方向。会展企业还需要明确主要竞争对手，了解他们的优势、劣势和经营方向。会展企业可以在自身优劣势的基础上，把自己的竞争优势展示在市场定位中，突出自身优势，使参展商和观众很容易地将本企业和竞争对手区分开来，提高自身的竞争力。此外，了解主要竞争对手的优劣势还有利于企业采取有效的竞争策略，使其在竞争中处于主动地位。由于竞争对手的资料一般很难获取，通常只能采用观察、二手资料收集和调查等方法获得。

(3) 主要参展商和观众的特征。会展营销的最终目的是满足参展商和观众的需求，实现企业盈利，因此，还需要了解主要参展商和观众的特征，尤其是参展商的特征，然后针对他们的特殊偏好设计展会项目，并且据此作出定位，加强沟通，提高他们的满意度。

(4) 外在的经济形势。外在经济形势的变化一定程度上会影响目标客户的消费习惯，竞争对手也会相应地改变经营方针和竞争策略，所以，会展企业还需要根据外在经济形势的变化趋势制定适度超前的定位策略，使得作出的定位在未来较长的一段时间内能够保持相对稳定，同时利于其他营销策略的实施。

(二) 会展市场定位的层次

(1) 地区定位。一次展览会的成功，往往与展会举办地经济发展水平、社会发展状况、交通运输条件、居民综合素质、主办者和承办者声誉和能力等因素密切相关。参展商也是综合考虑这些因素才决定是否参加此次展会的。因此，应该从一个国家或地区的整体出发设计符合地区形象和具有吸引力的展会项目，并针对参展商和观众的特征制定营销组合策略，确立并逐渐稳固展会在参展商和观众心目中的地位，树立良好的展会地区形象，推动区域会展业的发展。

(2) 企业定位。会展企业通过建设、维护企业的品牌树立良好的公众形象，在参展商和观众心目中留下较好的印象，然后开发系列产品和服务，并利用同一品牌宣传促销，使目标客户接受这一品牌的所有产品和服务。这是因为，在目标客户心目中，企业同其所提供的产品和服务是一个整体。所以，会展企业应该从整体出发实施企业定位战略。

(3) 产品和服务定位。会展企业可以针对特定展会主题或展会服务的某些特征实施定位策略。在具体的实施过程中，会展企业要把产品和服务的特征与目标客户的具体需求联系起来，以提高目标客户的满意度。

(三) 会展市场定位的传播

会展企业一旦确立好市场定位，就必须采取切实措施把理想的市场定位传达给目标客户。对内而言，会展企业根据定位要求，选择合适的工作人员、服务人员、服务的设施设备、产品的原材料、提供服务的时间、提供服务的方式、提供宣传方式等，使提供给参展商和观众的展会产品和服务符合市场定位。对目标客户而言，会展企业还要通过舆论宣传、广告宣传、形象策划等方式向他们传播本企业的市场定位，使他们能够比较容易地将本企业和其他竞争性企业区分开来，使本企业形成一种比较稳定的形象。

会展企业经常会发现制定出的一个好的市场定位战略比实施这一战略更为容易。建立或改变市场定位通常需要很长时间。相反，经过许多年才建立起来的市场地位在短时间内就会丢失。一旦企业建立起理想的市场定位，就必须小心地维护这种地位。会展企业必须认真监督并适时调整市场定位，以适应企业自身实力、目标客户需要、竞争对手战略以及其他外在环境的变化。但是，会展企业不应进行突发性的变更，因为这会令目标客户感到困惑。相反，产品的地位应逐渐地演变，以适应不断变化的市场营销环境。

案例7－1：杭州会展业何去何从

1. 杭州会展业发展概况

会展业发展：2000年以来，杭州以举办西博会为抓手，带动会展业发展。2006年杭州市全年共举办展会238个，展出总面积突破100万平方米，办展直接收入1.19亿元，总量位居全省前列，其中面积在1万平方米以上的展览有21个，冠有“国际”名称的30个，外地来杭举办展览9个。农林业类、加工制造类、服务业类等专业性展会数量明显上升，专业化、国际化水平逐步提高。培育了诸如“浙江国际家用纺织品展”、“中国国际丝绸博览会”、“中国国际妇幼婴童产业博览会”、“杭州国际汽车工作博览会”、“浙江国际自行车、电动车展览会”、“浙江国际家具展览会”、“西湖艺术博览会”等紧密结合浙江优势产业和文化特色的专业性展会。

会议业发展：先后承办了有重大影响的世界华商大会、世界佛教论坛、中国投资环境论坛、国际茶业大会、国际基因组学大会等一批大型国际性会议。2006年杭州市接待的游客中，商务会议旅游比重已达到23.5%。2006年杭州会展业协会所属7家宾馆饭店（世贸大酒店、黄龙饭店、花港饭店、维景大酒店、新侨饭店、望湖饭店、第一世界大酒店）共承接各类会议4 027个，共接待参会代表21.7万人，实现营业收入1.3亿元。

节事活动发展：依托城市文化特色，培育了一批像国际烟花大会、玫瑰婚典、美食节、观潮节、杨梅节、吴山庙会、丝绸时尚节、茶文化博览会等具有浓郁地方特色的旅游与文化节庆活动品牌，其中烟花大会参与人数突破百万。

2. 场馆建设以及会展企业概况

目前，杭州市拥有4个专业性展览场馆（世贸中心、和平会展中心、杭州国际会展中心、浙江展览馆），已建室内展览面积近10.4万平方米，可提供5 000个国际标准展位。2004年后新建宾馆饭店大都配备有规模较大、设施较全的会议室，现拥有最大容量在800人以上、符合国际标准的会场。此外，还有省人民大会堂、浙江图书馆、杭州工人文化宫、浙江科技馆以及浙江大学永谦活动中心、邵逸夫科技馆、邵逸夫科学馆等中小型会展场所。现拥有星级宾馆241家，客房30 321间，床位56 850张，可为大型会展活动提供相应配套设施。杭州现有独立办展、办会的专业会展公司50余家，其他从事会展相关配套服务企业，如场馆单位、策划与广告公司、展览设计施工公司、设备租赁公司等有200余家，从业人员上万人。注册资金在1 000万元以上的有两家，50万元以上的10余家。

3. 存在的问题

（1）有影响力的会展项目不多。

（2）会展基础设施不完善、不配套。

（3）社会化运作机制不够健全。

（4）国际化程度较低。

4. 面临的主要挑战

（1）国内竞争加剧。上海、北京、广州、南京、苏州等对杭州形成了有力的竞争态势。

（2）省内竞争激烈。省内宁波、义乌、温州等对杭州形成了有力挑战。

（3）制约因素明显。会展设施不完善、不配套，瓶颈制约明显，客观上造成一批规模大、档次高、国际性的会展活动难以进入，也影响了自身对大型会展项目的培育，行业整体水平无法得到进一步提高。同时，项目多而不精、品牌不足、国际化程度低，企业小而不大、策划水平不高、市场运作能力弱等问题，也对未来发展产生了约束。

5. 未来发展的各家之言

"在杭州开会，观光、商务、休闲一样都不落下。"杭州市休博办副主任郭初民提出的"会展+休闲"的模式成了关注的热点。在杭州举办大型会展，应该有休闲旅游活动参与其中，同时一系列的旅游线路、交通服务都尽量融入到会展活动中来。让会展体现休闲的特色，利用杭州打造东方休闲之都的资源优势，把杭州从观光游一枝独秀向观光游、会展游、休闲游三位一体转变。

然而，目前国内提出建设国家级或区域性会展中心的城市不少于30个，在新一轮竞争中，杭州能否有胜出的把握？"在长三角会展经济带，大型会展第一选择会去上海，杭州应该怎么发展？"面对杭州市红火的展会经济，专家也提出了自己的忧虑。

对此，浙江大学旅游科学研究院副院长潘立勇指出"错位发展"是杭州会展业必走之路。在他眼里，杭州城特有的休闲文化氛围决定了精致的专业性展会更适合杭州。浙江大学人文学院副教授何春晖更是形象地把上海称为长三角会展经济带的"龙头"，他说："会展大了未必好，杭州体现出区别于上海的特色，甘做龙尾一样能出彩。而正在举行的休博会便是体现杭州特色会展的最佳载体。"专家的思想交锋，观点对撞，杭州会展业到底应该何去何从？

问题：请根据以上材料对杭州市会展业进行市场定位，分析杭州会展目标市场选择应采取什么策略。

（资料来源：http：//cqihm. org/huizhan/UploadFiles/al. htm）

第二节　会展产品

一、会展产品特点

会展产品是指在一定时期内、在一定会展场所举办的展览、会议、节事等一系列有组织的、群众性集会活动的组合。它包含时间、地点、组织者、群众性集会和活动组合等要素。会展产品的本质是服务性产品，有别于制造业产品和其他一般的服务性产品，具有以下几个特点：

（一）供给主体的多元性

会展的主办者一般包括政府部门、行业协会、高校、科研院所、一般性企业、专门的会展公司等，所以说会展产品的供给主体具有多元性。

一般来说，展会的组织者因会展性质不同而不同。政府通常是组织一些公益性展会，偶尔也会主办一些商业性展会，但随着会展业的市场化运作，政府主办者的角色逐渐淡化，而主要着力于为企业办展提供服务；行业协会是行业内部自发形成的民间组织，是行业内企业的自律组织，并且发挥了沟通政府和企业的桥梁作用，因此它是会展非常重要的主办主体；在市场经济环境下，专业的会展公司将是最主要的主办主体。我国的会展管理体制正在由审批制向注册制过渡，会展公司的不断崛起将逐渐成为我国会展产品的主要供给主体。

（二）消费主体的二元性

会展产品消费主体的二元性主要是指在贸易类展会上，会展产品的消费主体是参展商和观众两类。而其他利益相关者，如运输部门、展位承建商、媒体等只是派生的间接消费者。

参展商的消费动机是：销售产品；树立和维护企业和产品形象；调查、了解市场；推出新产品或新技术；建立、巩固客户关系。观众的消费动机是购买、了解新产品或服务、观赏等。而参展商和观众是会展产品的两类消费主体，两者之间存在着互为需求对象的关系。参展商参加展会目的就是吸引更多的观众或客户，而观众参加展会的目的就是了解更多的参展产品或服务。换而言之，没有观众就没有参展商，没有参展商也就没有观众。

（三）生产与消费的同步性

会展产品具有服务产品的最一般特征，即生产和消费的同步性。生产与消费的同步性决定了会展产品的不可贮存性，也决定了会展产品在生产和消费过程中会遇到许多突发事件，因此会展的危机管理非常重要。此外，会展产品生产与消费的同步性还增加了创立会展产品品牌的难度。当主办者决定举办一个新的展览时，参展商和观众无法试展或同其他同类展会比较以决定是否参展，因此他们一般不会轻易地选择一个新举办的展会，这就增加了创立会展产品品牌的难度。同时，这也说明会展评估对参展商和观众的重要性。

（四）消费的同时同地性

会展产品是一种群体性或集体性消费产品，这是它区别于一般产品的显著特点。消费者购买食品、服装等产品时，一般是在不同的时间或不同的地点消费，而且一个人的消费效果也不会影响其他消费者。但是，会展产品的两类消费主体，参展商和观众，是同时同地消费并且两者的消费效果是相互影响的。因此，会展产品的供应商为了提供高质量的会展产品，必须从参展商和观众两类消费主体入手，尽可能吸引更多的参展商和观众来参展。

（五）信息集聚性

会展具有信息向心力的魔力，在确定的时间和地点将庞大的信息聚集起来，发生交融碰撞，可比作一个信息大熔炉。在贸易类展会上，展会产品能得到充分的宣传推广和直观艺术的展示，并且集合了众多的买家和卖家进行相互交流磋商，实现批量采购，既沟通信息，又达成交易。在大多数的交易会、展览会和贸易洽谈会上，往往能签订一定金额的购销合同和投资、转让或合资意向书。也正是因为会展产品具有很好的信息集聚性的特点，使得消费主体获得大量有用信息，促进市场产品和服务不断发展，从而使会展产业也取得迅猛发展。

（六）产业关联性

会展产品具有很高的产业关联性，一种会展产品的生产需要多种产业的相互协调合作才能完成，主要包括交通、旅游、广告、装饰、边检、海关、餐饮、住宿、通信等行业和相关部门。一方面，会展产品的生产需要这些行业和部门提供及时的配套服务；另一方面，该展会的举办又会给这些行业和部门带来市场机会，其中旅游业受益最大。因此，会展产品的产业关联性特点决定了展会举办地必须具有完善的相关产业的配套服务，尤其是旅游业。同时，会展业的发展也能拉动该地配套设施相关产业的发展。

总之，会展产品作为一种服务性产品，具有以上六个特点，既有别于制造业产品，又与一般的服务性产品相区别。会展产品的这些特点直接与会展的功能以及会展产品营销相关联，比如，会展产品的产业关联性特点决定会展产品具有产业促进的经济功能和社会功能；会展产品的消费主体二重性和消费的同时同地性，使得会展企业在进行市场营销时必须从参展商和观众两者入手，尽可能吸引更多的参展商和观众前来参展。

二、会展产品定价策略

会展产品的定价是会展营销工作的重要环节，是会展营销组合中唯一能够创造收益的因素，其他都代表着成本。因此，会展企业应当制定合理的价格，以吸引更多的参展商和观众，增加会展收益。

（一）影响会展产品定价的因素

会展产品定价既受到会展企业内部因素的影响，也受外部环境因素的影响（图7－3）。

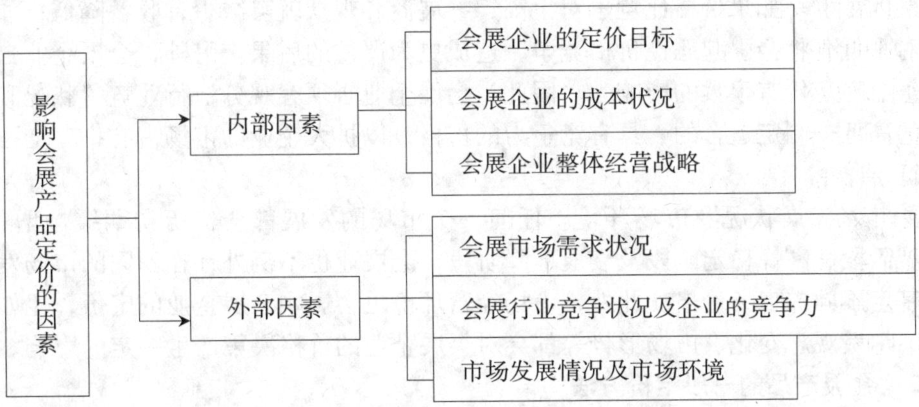

图7－3 影响会展产品定价的因素

1. 影响会展产品定价的内部因素

影响会展产品定价的内部因素包括会展企业的定价目标、成本状况、整体经营战略等。这些因素是会展企业的营销人员有能力控制的。

（1）会展企业的定价目标。会展企业的定价目标与营销目标直接相关，而营销目标又与会展企业的经营总目标相关。因此，定价目标某种程度上是会展企业总体经营目标的转化形式。企业总体经营目标一般包括生存、现期利润最大化、市场份额领导和产品质量领导。所以，会展企业的定价目标可以分为成本导向定价目标、利润导向定价目标、竞争导向定价目标和消费者导向定价目标。

（2）会展企业的成本状况。成本是会展企业能够为产品设定的底价。制定价格的相关人员必须掌握会展项目成本的构成和特点，密切关注影响成本变动的因素，以便及时采取相应的价格调整策略，保证定价能够抵偿成本，获得较高收益。会展项目的成本包括投资成本和经营成本。投资成本主要包括场地租赁费、经营设施购置和经营场所装修等支出；经营成本又分为固定成本和变动成本，如营业费用、营业税金、财务费用、员工工资、水电气等费用、日常管理开支等，固定成本一般大于变动成本。

（3）会展企业整体经营战略。会展企业的整体经营战略是为了实现企业经营的总目标而制定和策划的各部门总体行动计划方案。一切经营的子计划、子策略都应与整体经营战略保持一致，当然包括定价决策。

2. 影响会展产品定价的外部因素

影响会展产品定价的外部因素包括会展市场需求状况、会展行业竞争状况及企业的竞争力、市场发展状况及市场环境等。这些因素是营销人员无法控制的。

（1）会展市场需求状况。市场需求状况决定了会展企业产品价格的上限，因此，会展营销人员必须参照企业的需求状况来定价，权衡产品价格和产品需求之间的关系。如果定价抬高，则会展参展商认为价格与会展企业所提供的产品或服务不相符而不参展，那么会展企业就失去获利的机会；如果定价太低，又不足以抵偿会展企业的各项成本及费用支出。一般会展需要通过考察参展商和观众的支付能力以及他们的消费需求特征来制定合理的价格。

（2）会展行业竞争状况及企业的竞争力。会展行业的市场竞争状况对会展企业定价有着直接的影响。如果价格比竞争对手高，参展商和观众就会减少，收益降低；如果价格比竞争对手低，将会引起恶性价格竞争，造成更为严重的后果。另外，会展企业自身的竞争力水平也对定价有很大的影响力。因此，会展企业必须客观分析行业竞争状况和自身竞争能力的高低，制定适合的、具有竞争力的价格，以扩大企业的市场占有率，增强企业的竞争力。

（3）市场发展状况及市场环境。任何一个市场的发展都会经历初期缓慢增长阶段、快速发展阶段、高峰稳定阶段及衰退下降阶段，会展业也不例外，在不同的市场发展阶段也需要制定不同的市场价格。此外，市场经营环境也会影响会展企业的定价，比如通货膨胀情况、消费观念变化、市场形势等都会对会展企业的价格决策产生一定的影响。

（二）会展产品的一般定价方法

1. 成本导向定价法

成本导向定价法是一种依据产品的总体成本来制定价格的方法，这是最为常见的方法。在实际运行中，成本导向法主要有以下两种方式：

（1）全部成本定价法。是指会展企业在全部成本的基础上加上一定比例的利润和税金而制定出价格的方法。这种方法的优点是计算简便，前提是成本资料需要非常齐全；缺点则是忽略了市场需求、竞争因素及市场环境等因素。

（2）目标利润定价法。是指会展企业按照与投入的资本成一定比例进行利润附加的定价方法。在市场经济环境下，会展企业在确定目标利润率时需要考虑企业自身资金配置情况、股东报酬及通货膨胀等因素。

2. 需求导向定价法

需求导向定价法是指会展企业依据参展商所感受的价值和他们所乐意接受的价格来制定价格的方法。这种方法是会展企业在实践中经常运用的另一种重要的定价法，也是最符合市场经济要求的定价法。运用这种方法的关键是要估计在不同价格水平上的需求量情况，并把注意力集中在同既定销售目标相关的价格上。一般来说，会展产品的价格高低与需求量是呈反方向变化的，即会展产品价格越高，需求量越小；反之亦然。

3. 竞争导向定价法

现在会展行业竞争愈演愈烈，竞争导向定价法成为会展企业增强竞争力、扩大市场销售率的有效途径。这种方法是以主要竞争者的价格水平为定价依据，目的是为了维持和扩大市场占有率和扩大销售量。当竞争者的产品价格变更时，即使市场需求因素、企业成本因素和市场环境因素等未发生变化，企业也会跟着变更价格。这种方法的优点就是稳妥可靠，风险较小。一般没有独立特征的会展企业就会采取跟随同类企业制定价格的方式，省时省力。但是，这种方法如果使用不当，将会引致行业内恶性价格竞争，损害行业整体利益。

（三）会展产品常用的定价策略

会展产品常用的定价策略主要有新产品定价策略、折扣与折让策略、差别定价策略、心理定价策略等。这些定价策略是会展企业针对不同的会展产品、参展商、经营环境及不同经营方式等有效地调整价格，以保证会展企业产品价格富有竞争力。

1. 新产品定价策略

当会展企业推出新的展会项目时，会展企业根据不同的情况，实施撇脂定价法、渗透定价法和满意定价法。

（1）撇脂定价法。是指会展企业将新的展会产品投放市场后，制定一个大大高于成本的价格，通过满足那些“消费先锋”的需求，尽快地收回投资，立即取得丰厚的市场回报，从中获得高额利润的方法。这种策略的优点是能够在短时间内立即取得厚利，收回投资，并成为市场领先者，并且在大量竞争者涌入后，可以及时改变策略，实行降价也比较容易，不会造成大损失。但是缺点就是高价带来的风险很大，因为价格高、利润高往往刺激大量竞争者涌入，导致激烈的竞争局势，也相对缩短了该产品的生命周期，迫使价格下降。因此，在采用此策略时一定要根据市场情况、竞争情况以及相关反暴利法规等作出定价决策。

（2）渗透定价法。与撇脂定价法恰恰相反，渗透定价法是指会展企业以一个相对较低的价格进入市场，吸引大批的参展商参展，薄利多销获得较大的销售额，从而迅速打开和扩大市场，以赢得较大的市场份额，有效地防止竞争者挤入市场，以便使自己长期占领市场的方法。这种定价策略多用于竞争性大而且容易模仿、目标参展商需求弹性较大的会展产品。

（3）满意定价法。满意定价法是介乎于撇脂定价法和渗透定价法之间的折中定价策略。这种策略既能使会展企业获得一定的利润，又能使参展商和观众感觉价格适中，是会展企业能获得适度利润的定价策略之一。

2. 折扣与折让定价策略

折扣与折让定价调整策略通常包括现金折扣、数量折扣、季节性折扣和折让。

（1）现金折扣是指参展商如果在一定的时间期限内确定参展并预付定金，会展企业会给予一定的价格折扣。对于会展企业来说，参展商越早确定参展，并且预付定金，将越有利于招展工作的顺利进行，而办展的不确定性和风险就较小。

（2）数量折扣是指会展企业为鼓励参展商大面积购买展位而给予的折扣，又分为累计型数量折扣和非累计型数量折扣。前者是指参展商在一定时间或一次性认购达到一定数额的展位时，则给予折扣优惠；后者是指参展商每多认购一个展位都给予折扣优惠。

（3）季节性折扣是指会展企业在淡季给参展商以一定优惠，保证淡季展会水平较为稳定。

（4）折让是一种变相的减价形式，但是这种方法在展会的招展工作中不应大量使用，尤其是招展工作的后期。因为如果会展企业为了使所有展位顺利销售出去而使用这种方法，将会对提前交了定金的参展商造成打击，还会使所有知道招展后期可以得到价格折扣的参展商持观望态度。

3. 差别定价策略

差别定价策略是会展企业利用场地位置、客户类型、报名和支付时间等方面的差异而制定价格的方法。这种定价策略适用于两种情况：一是建立基本需求，尤其是对高峰期的会展服务较为适用；二是缓和需求波动，降低会展服务的易波动性所带来的影响。常用的差别定价策略有：①展会位置差别定价。不同展位不同价格，通常情况下，靠近门口、通道等有利于观众参观的特殊位置，会展企业会以较高的价格出售，而对那些“曝光率”低的角落，展位的价格相对要低一些。②时间差别定价。不同时间定不同的价格，这主要是指会展企业根据参展商参展和支付费用时间的不同，给予不同的价格优惠，目的是鼓励参展商尽早注册，尽早付费。此外，还有客户种类差别定价、地区差别定价等。

4. 心理定价策略

心理定价策略是会展企业根据消费者在会展现场消费时的心理制定价格的策略。一般情况下，消费者在做参展决策时，都会事先了解会展产品的一些信息，如价格、规格、质量等，在心里先衡量这个产品到底值多少钱，这就是消费者的心理价格。主要方式有：

（1）“一口价”法。是指会展企业对于本企业的会展产品有一个固定的价格，不允许讨价还价。这种方法令消费者感到很可靠、很有保证，认为该企业的产品定价公道而且水分含量少，明码标价，这是常用的一种心理定价法。

（2）尾数定价法。是指会展企业在产品定价时，保留价格尾数，采用零头定价的方法。这种方法使得消费者产生相对较为便宜的感觉。例如，价格为2 980元/平方米的展位，而不是3 000元/平方米，使价格保留在一个较低的档次。

（3）整数定价法。是指会展企业在定价时把产品的价格定成整数，不带尾数的方法，使消费者产生“一分价格一分货”的感觉。例如，价格为2 500元/平方米的展位就会比2 550元/平方米的展位容易卖很多，虽然50元对于一个企业来说根本不是一个很大数字，但是给参展商在心理上造成的感觉却不一样。

（4）习惯性定价法。有些产品在消费者心中已经形成了一个习惯价格，这些产品的价格稍微变动，就会引起消费者不满，提价时消费者容易产生抵触心理，降价时会认为降低了质量。因此，会展企业在制定产品价格后，在相当长一段时间内应尽量保持不变，这样有利于企业今后的发展，否则会引起参展商的观望甚至不满。

三、会展产品营销策略

会展企业希望设计出能在目标市场成功实现其目标的市场营销组合，并将它付诸实施。该营销组合策略主要包括产品、价格、渠道与促销四大主要策略内容，其中上文已详细阐述了价格策略内容，至于渠道与促销两大策略详见本章第三节。这里重点介绍会展产品策略，主要包括会展产品开发策略、会展产品组合策略与会展产品品牌策略。

（一）会展产品开发策略

会展产品的开发是会展企业长期生存的必要条件，也是会展企业永葆活力和竞争力的重要途径。会展企业通常采用以下两种策略来开发新的会展产品：

（1）资源重组策略。会展产品主要依托会展资源来开发。会展企业开发新产品时必须更新资源观念，重新认识现有的会展资源，充分挖掘和利用现有资源的优势来实现资源的最优组合配置。一般通过市场需求的角度和经济效益的角度来进行会展资源的整合。

（2）产品升级策略。由于市场需求的拉动、市场条件的不断完善和市场环境的不断健康，会展市场竞争态势越演越烈，促使会展企业必须通过产品升级战略来不断地为企业创造新的竞争优势，并延长会展产品的生命周期，以满足会展目标客户不断变化的市场需求，保持市场稳固地位。一般可以通过形象提升、产品或服务品质提升、高新技术引用等手段来实现产品升级目标。

（二）会展产品组合策略

会展产品组合的类型可划分为：地域组合形式（如全国型、地区型等形式）和内容组合形式（如综合型和专业型）。因此，会展企业在进行产品组合决策时，一般有三种方式：

（1）会展产品组合扩展策略。是指会展企业为拓宽经营范围，扩大会展产品组合广度所采取的策略。这种策略实施的前提是会展产品系列之间关联度要强，从而通过有步骤，以达到会展企业扩展经营范围、实行多元化经营、充分利用会展资源、提高经济效益的目的。

（2）会展产品组合简化策略。是指会展企业试图缩小会展产品组合广度的策略。一般实施该策略说明会展企业的产品已处于饱和或成熟的市场竞争状态，或者会展企业要转向专业化经营道路。因为这种策略可以减少会展企业各种资源的使用，降低企业运营成本；提高资金利用率，实现会展企业的专业化运营，淘汰获利小或已经过时的产品，缩小企业产品系列，有助于突出会展企业的专业优势。

（3）会展产品组合改进策略。是指会展企业改进现有产品，发展组合深度的策略。在实施这一策略时，会展企业需要明确自己的主要利益市场，对准市场挖掘产品组合深度，提高目标客户的满意度，树立优质高效的产品品牌形象，稳固主要市场份额，甚至潜移默化地拓展市场范围。

（三）会展产品品牌策略

品牌是一个名称、术语、标记、符号、图案，或者是这些因素的组合，用来识别产品和服务的企业经营者。一个著名的品牌能让一个企业死而复生，一个品牌化的展会，同样也是会展企业赖以生存和发展的根本。根据国外成功展会的经验，树立品牌展会需要具有以下一些基本要素：①权威协会和行业代表的有力支持；②代表着行业的发展方向；③有较好的规模效应；④提供专业和优质的展会产品和服务；⑤富有攻势的媒体宣传；⑥获得国际博览会联盟（UFI）资格认可；⑦坚持长期的品牌战略。

因此，在会展产品品牌经营战略过程中，首先要树立品牌理念，然后切实制定相关措施加强品牌经营，掌握品牌产权相关知识；有意识地积累良好的品牌资产，包括打造品牌知名度、扩大展会品质认知度、努力创造品牌联想和不断提升目标客户的品牌忠诚度。

案例7－2：德国纽伦堡国际玩具博览会产品营销

国际展览业协会（UFI）下设的市场营销委员会自2001年开始组织年度UFI市场营销奖“UFI Marketing Award”评选，旨在进一步提高和促进国际展览业的营销水平，鼓励展览营销创新。从2006年开始，该项评选向非UFI会员开放。

最佳展商/观众忠诚度项目“Best Visitor/Exhibitor Loyalty Programme”是该评选的首届主题，从项目的完整性，创新性和执行效率角度考虑，2001年度UFI市场营销奖颁发给了德国纽伦堡国际玩具博览会。

在“享受，在玩具展会城市”（Enjoy Toy Fair City）的主题下，纽伦堡市为所有玩具博览会的观众提供了从购物到餐饮，从夜生活到文化活动一系列丰富多彩的展会旅游项目。

2007年，展会主办者为该项活动专门制作了手册，手册有56页之多，所提供的活动和项目的丰富程度可见一斑。

为了给玩具博览会的观众在展会期间提供周到的城市服务并且营造祥和的气氛，纽伦堡市各界鼎力支持各项活动的筹备，尤其是由纽伦堡工商业联合会，纽伦堡市政府，纽伦堡市酒店业联合会，餐饮业协会联合开展的城市营销活动充分实现了“享受，在玩具展会城市”（Enjoy Toy Fair City）主题初衷。

1. 门票在手，增值服务多多

★ 持有效的展会门票可以乘坐纽伦堡市区范围内的任意公共交通工具；

★ 持有效展会门票，在展会期间，可以在购物、文化和旅游等各项活动中享受特殊的优惠；

★ 展会期间，在纽伦堡老城区开辟临时的纽伦堡市特产专柜，持有效门票的观众在此处可以以20%的折扣享受纽伦堡当地特产，例如纽伦堡小香肠、啤酒、各类蛋糕和葡萄酒。

2. 全民参与

纽伦堡市各界都在展会的主题下联合起来共同筹备各项活动，不仅是展览公司，甚至酒店经理、出租车司机、媒体记者以至于全市人民都积极地参与到玩具博览会的筹备和服务中来。

3. 积极开展全球推广

使用17种语言向全世界的玩具行业人士邮寄展会材料，在14个国家举行16场新闻发布会。

4. 营造气氛，提升形象

从各项专门为展会开发的促销活动到各类优惠措施，以致到展会举办期间每天晚上的城市焰火无不给人以“享受，在玩具展会城市”的切身感受，这些举措无疑在增加展会相关收入的同时进一步增强了纽伦堡国际玩具博览会参与者的忠诚度，在此基础上，提升了纽伦堡国际玩具博览会及举办地——纽伦堡市的形象和知名度。

问题：德国纽伦堡国际玩具博览会产品营销的策略是什么？

（资料来源：杨斌的新浪博客，http：//blog. sina. com. cn/ybexpo）

第三节　会展营销

一、会展分销渠道

（一）会展分销渠道的内涵

会展分销渠道是指把会展产品从生产者（即组展商）手中销售给目标客户（即参展商和观众）的个人或组织，即中间商。同其他商品一样，会展企业仅仅依靠自己的力量通常无法触及所有的目标客户市场，只有借助中间商的力量才会取得更好的销售效果。

会展企业在营销中使用营销中间渠道的原因主要有两方面：第一，会展企业本身的人、财、物、社会关系及客户关系等资源是有限的，借助中间渠道在业务往来关系、经验、专长和经营规模等方面的优势，可以更为有效地将产品提供给目标市场；第二，从经济角度看，寻求中间商的合作可以节约交易成本。如图 7 - 4，展示了借助中间商是怎样达到节约经济的目的的。I 情形表示有 A、B、C 三家组展商，各自通过直接得到 D、E、F 三家参展商。这一情形，组展商总共需要 9 次沟通、完成 9 笔交易；II 情形中 A、B、C 三家组展商都将销售工作交于中间商，这样总共只需要 6 次沟通就能完成交易。可见，中间商的参与减少了组展商与参展商之间的共同工作量。

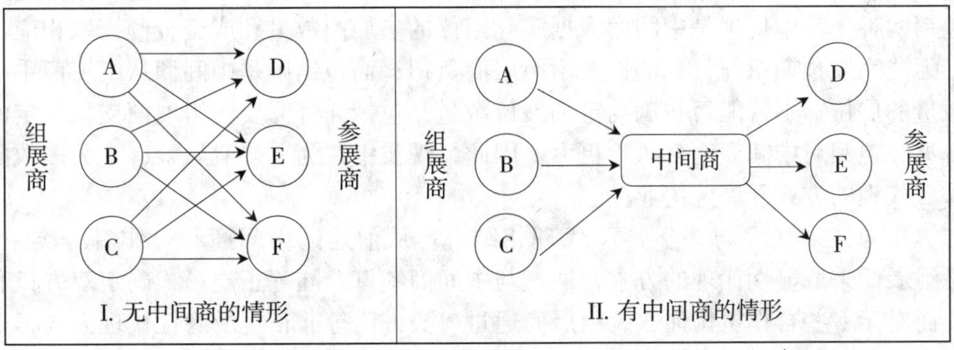

图 7 - 4　中间商的经济合理性

（资料来源：刘大可. 会展市场营销［M］. 北京：高等教育出版社，2006）

（二）会展分销渠道的类型与特点

1. 会展分销渠道的分类

从组展商的角度看，会展分销渠道有三种划分方式：

（1）根据会展产品销售中经历环节的多少可将会展分销渠道划分为直接渠道和间接

渠道两种。直接营销渠道又叫直销，是指组展商直接将会展产品销售给目标客户，不经过任何中间环节，即不存在中间商。间接渠道又叫分销，是指组展商通过中间环节的辅助而将会展产品销售给终端客户，其间至少有一个中间环节；根据中间环节的级数又可分为一级渠道（即生产者—零售商—消费者）、二级渠道（即生产者—批发商—零售商—消费者）、三级渠道（即生产者—中转商—零售商—消费者），以此类推，销售的级数越多，分销渠道越长。但是，渠道级数越多，控制营销管理的成本和难度就越大。

（2）根据组展商在同一区域内选择的中间商数量可将分销渠道划分为窄渠道和宽渠道。窄渠道是指组展商在某一特定区域内利用唯一的中间商进行招展，有利于与中间商建立相互信任的长久合作关系，避免寻找或更换中间商等麻烦。宽渠道是指通过组展商在某一特定区域内利用两家或两家以上的中间商进行招展，可以有效地调动多家中间商占有市场资源，扩大组展商在目标区域的市场占有率，在一定程度上分散了风险。

（3）根据参与会展产品分销主体的类别可划分为中间商和合作者两种分销渠道。中间商一般是独立的法人企业，专门从事会展代理业务或在经营其他主营业务时附带从事会展销售代理业务，专业化水平较高，通常通过获取佣金的方式承担业务。合作者则是会展举办过程中同样参与会展产品分销工作的政府部门、行业协会、媒体等机构，他们一般以“合作单位”、“支持单位”等名义出现，通常以隐性的方式获取佣金。

2. 会展分销渠道的特点

（1）从渠道长度来看，会展产品的销售以组展商面对参展商的直接销售为主。这是由于展会经营者面对的目标客户相对集中，每届展会的参展商中老客户都会占有一定的比例。通常情况下，组展商都通过直销方式与参展商取得联系并达成交易。

（2）从渠道宽度来看，在同一区域内以“独家代理”的窄渠道为主。在会展实际运作中，组展商多采取独家代理的招展方式，原因是展会的目标客户的专业领域相对集中，绝对数量不多，这样能够更好地开发当地市场。

（3）在与中间商的销售合作中，以代理业务为主。组展商与中间商的合作方式有代理和包销两种，其中代理是中间商根据实际招徕的参展商数量和成交金额提取相应比例的佣金，无法完成预期招商目标的损失由组展商负担；而包销则是中间商从组展商手中承包一定数量的展位，不管能否找满约定的展位数量，包销商都需要向组展商支付预定的展位费。可见，包销对中间商而言风险更大。因此，现实中，为了规避风险，绝大多数的中间商都采用代理的方式开展分销业务。

（4）“隐性”代理与“显性”代理相结合。从前述的中间商和合作者分类中可知，前者是组展商采取显性代理的方式，通过与中间商签订合同等正规形式确定双方权利义务关系；而对于一些合作机构而言，组展商通过口头许诺等非正规的隐性代理方式，委托其参与分销业务，并给予相应的佣金。

（三）会展分销渠道管理决策

（1）要选择合适的会展代理商。这必须遵循三大原则：一是要有利于组展商的业务拓展；二是要认同组展商的价值理念；三是合作关系要保持适度弹性。在这三大原则的指导下，组展商结合本身实力和实际展会需要，确定区分代理商的基本特性，然后依据代理商的从业年限、从事的主要业务、发展和利润记录、协作性和声誉等从众多符合基本条件的代理商申请者中作出选择。

（2）要激励会展代理商。组织商和代理商在法律上是对等的经济实体，以代理合同协议明确双方权利义务，但双方都是建立在双赢的利益基础上签订协议的。因此，组展商不仅需要从自身利益出发管理和控制代理商，还需要采取各种软性的激励措施，激发代理商的工作积极性，使其能最出色地完成代理分销任务。积极的激励措施包括：较高的利润额、特殊关照交易、奖金等额外酬劳、合作广告折让、展览折让、销售竞赛等。但有时也会采取一些消极的激励措施，如威胁减少利润额、推迟交货，中止关系等。实际中，会展企业都努力地与代理商建立长期伙伴关系。

二、会展促销手段

一般来说，会展营销促销组合的手段一般包括广告促销、销售促进、公共关系、直接营销。广告营销包括印刷品、电视、广播、户外广告等；销售促进包括运用赠品、折扣、折让、优惠券等；公共关系包括新闻媒体、推介会、新闻发布会等；直接营销包括面对面销售、直接邮寄、电话营销、互联网等。根据会展运营流程可知，会展促销活动大体可分为展前促销、展中促销、展棚现场促销三类，也就是说在会展运营的不同阶段，会展企业采用的促销手段会存在差异，各有侧重，详情见表 7 - 1 所示。

表 7 - 1　会展的主要促销手段

三类促销	促销手段	描述
展前促销	直邮信件	直接邮寄的各种展会宣传资料，如展会宣传单、展会说明、观众邀请函等
	电话推销	包括传真，能与客户进行一对一的沟通
	直接约见	直接面对面的交流沟通
	杂志和商业报纸	刊登各种宣传、招商招展广告
	新闻稿和宣传资料	报道展会最新计划及进展
	套播广告	以更低的价格享受特殊的广告服务，覆盖广
	预先注册与优质客户征集活动	包括 VIP 入场券或预注册表格，给予一定折扣
	互联网	能不限时空和距离与客户交流沟通
	其他材料	例如在办公文具、邮发广告和特殊活动邀请函上附上贴纸或在传真信息上添上宣传字样等
展中促销	会展指南	通常是会展举办方或某些有来往的出版商负责挑选广告和宣传图片，因此需与之打好关系
	专设媒体接待室	专门设置一间媒体接待室，邀请记者到展会或现场进行采访活动，举办新闻发布会等

（续上表）

三类促销	促销手段	描述
展中促销	研讨会	由专业负责人或出色的发言人讲演吸引客户群
	新品演示会	包括一些会展最佳的评选活动，集聚人气
	公告牌	一般设置在户外，如停车场或主会场入口处等
	现场招待会与招待专区	休闲放松的交流空间，准备各种食物和饮料，营造温暖友好的交谈氛围
	指定赞助	包括赞助展前接待、咖啡室招待会、研讨会或晚宴等
	其他方案	散发印有主要特征字样的邀请函或小徽章，在定点酒店散发宣传品、设立告示牌来张贴公司广告等
展棚现场促销	礼品	如笔、拆信器、名片夹等印有公司名称或 Logo 及电话号码等的物品
	说明书与样品	令客户可观看、倾听、感受、品尝和闻一闻、触摸的产品
	宣传册与报价单	印制的宣传材料
	特别活动	举办时装秀、舞台秀、演示会、魔术表演等
	庆典	利用较高知名度人物开展现场签名、演讲、表演或演示产品
	模特	美女视觉刺激，展示产品
	竞赛	开展抽奖或竞赛活动单元，设置特别奖品
	联合促销模式	与相关联的企业实行联合促销
	公关活动	着眼于长远目标

（资料来源：［美］巴利·西斯坎德．会展营销全攻略：循序渐进揭开成功会展的秘诀［M］．郑睿译．上海：上海交通大学出版社，2005）

下面重点介绍几种最常用的促销手段：

（一）直接邮寄

直接邮寄又简称直邮，即将各种资料直接邮寄给潜在参展商和观众，邀请他们参加展会。在会展企业的目标客户数据库资料完整和准确的前提下，直接邮寄是成本最低、简单易行且效果比较理想的方法，也是会展业使用最为广泛的宣传方式之一，又被称为“数据库营销”。那些经营过众多展会的会展企业通常都建有自己的目标客户数据库，可根据所举办展会的性质、特点确定目标客户群体，以便于直邮促销。此外，在邀请观众的时候，可在发邀请函的同时寄发小礼品、贵宾卡、优惠券等以吸引观众前来参展。这些小细节所需费用较低，但可能带来较好的促销效果。

随着互联网的迅速普及，E-mail 成为一种重要的直接邮寄工具，但一般只能把电子邮件寄发给本企业客户数据库里的人。另外，直接邮寄还多与传真、电话等配合使用，并随时跟进，有利于确保对方收到并关注展会相关信息。

（二）广告宣传

广告宣传是一种单向的信息传递方式，是会展企业单方面向潜在目标客户传达展会相关信息的过程。一般会展企业需要精心地挑选各类媒体，如果要选择广告代理商，则选择那些对特定行业比较熟悉的代理商。广告宣传的主要方式包括媒体广告和户外广告，除此之外，还可以通过新闻发布会、行业研讨会等形式制造新闻题材，或对具有影响力的参展商进行专访等，从侧面传播展会信息。媒体广告主要利用电视、广播、杂志、报刊、特定印刷品、网络等媒介工具进行宣传推广；户外广告则选择在人流量较大的公共场所刊登广告信息进行宣传，比如在机场、车站、地铁站、码头、商业街道和广场等地方选择张贴海报、设置灯箱、树立广告牌、挂宣传条幅、树彩旗等。广告具有传播迅速而且受众广泛的优势，因此会展企业多会选择此方式开展促销活动。

（三）网络促销

在21世纪信息时代，互联网扮演着重要的角色。会展企业一般会在本企业网站上开设展会专题页面，从本企业到展会相关内容都有全面的文字、图片、数据、视频等资料介绍，搭建一个专业化的互动营销平台。会展网站是会展业自身具有的宣传工具，要注重会展网站的建设，充分发挥它的宣传作用，要完善自身网站的宣传工作，为展会活动建立主题网页；在所有的电子邮件促销中，设立与会展网站之间的链接；还可以开通在线注册来增加与会者人数；或开通VIP通道等。

（四）公关关系

公共关系是会展企业有意识、自觉地利用各种传播手段与社会公众沟通思想感情、建立良好的企业形象、产品形象和经营环境的活动，比如新闻发布会、推介会、研讨会、专题会、各种特殊活动（大型开幕式、贵宾聚会等）。公共关系不直接介绍会展产品，其主要目的是塑造企业形象，促进公众了解，进而间接地推动会展产品的销售，因此它发挥着间接促销的作用，能够获得长期效应，具有很高的可信度。

三、会展客户关系管理

（一）客户关系管理的内涵

要想理解客户关系管理的内涵，首先得明确“会展的客户是谁”。从广义上讲，会展的客户包括参展商、参观者、政府、媒体、展览馆主、服务商、代理商、会展企业员工、赞助商等；狭义上讲，仅包括参展商和观众。而实际上，会展的客户至少应该包括参展商、观众和服务商。

关于客户关系管理的理解，有的认为是一种高级的经营管理理念，有的认为其包含了一整套解决方案，还有的认为它一套应用软件系统，但是不管是何种理解，始终都是围绕客户关系管理的内涵延伸开来的。实际上，会展客户关系管理是指会展企业通过收集客户信息，在分析客户需求和行为偏好的基础上积累和共享客户知识，并有针对性地对不同客户提供个性化的专业服务，以此来培养客户对展会的忠诚度和实现展会与客户的合作共赢、共荣。其内涵包括以下两点：

（1）客户关系管理是以客户为企业资产的管理过程，并且成功地使会展企业的商业运作模式从“以产品为中心”转化为“以客户为中心”。以客户为企业资产的客户关系管理能够帮助企业最大限度地利用现有人、财、物等资源，并且将这些资源集中应用于客户和潜在客户身上，从而缩减销售周期和销售成本，有助于企业寻求扩展业务所需的新市场和新渠道，并且通过改进客户价值、满意度、忠诚度、盈利能力等来有效地改善企业的管理。

（2）客户关系管理是利用IT技术和互联网技术对客户进行整合营销的过程。客户关系管理不是源于技术的进步，而是营销管理演变的结果。营销管理理念从4P发展到7P、

4C 等都说明以客户为中心的客户关系管理能够实现对目标客户的整合营销，有利于企业营销目标的实现。近年来 IT 技术和互联网技术的发展从某种程度上推动了客户关系管理的高效运行，具体表现就是呼叫中心、数据挖掘、数据仓库、专家系统、基于浏览器的个性化服务系统等。

（二）客户关系管理的策略

客户关系管理的第一步就是获取客户，即建立客户关系。由于关系是双方的，会展企业要与目标客户建立关系，不仅要主动去寻找合适的目标客户，而且还要让客户了解企业。只有双方都认为可以从对方的交换中获取合理的利益时，这种关系才可能达成。在获取客户并与之建立关系后，接下来就是要巩固和维护客户关系。客户关系管理主要包括客户满意、客户忠诚、客户价值、开发新客户、留住老客户和与客户合作双赢六个方面的内容。

1. 客户满意

客户满意是客户参加展会后对展会的综合满意的程度。通常用客户满意度指标来表示客户满意的程度。客户满意度是客户在参加展会前对参加展会的期望所得与其参加展会后对展会的实际感受的吻合程度决定的，直观地表示为：

客户满意度 = 客户参展前期望所得 − 客户参展后的实际所得

如果客户参展前期望所得与参展后实际所得基本吻合，那么客户就基本满意；如果前者小于后者，那么客户不仅会感到满意，还会产生意外的惊喜；如果前者大于后者，那么客户就不满意。当然，会展企业都希望客户在基本满意下还会有惊喜的感觉。为此，会展企业就需要：①深刻理解客户参展的需求，尤其是特殊要求；②加强员工的工作服务技能培训，保证提供细致化、主动化的专业服务；③实事求是地开展宣传推广活动，并提供承诺的各项服务；④在每次展会结束后对客户进行满意度调查，了解客户对展会服务的评价；⑤有效地处理客户投诉。只有这样才能尽可能地取得客户的满意，进而追求“客户惊喜”的目标。

2. 客户忠诚

客户忠诚既可以界定为一种行为，又可以界定为一种心态，一系列态度、信念、愿望等，是一个综合体。忠诚的客户具有为会展企业做口碑宣传，对企业微小的错误或失误包容和理解，价格敏感度较低，会连续参展，向企业反馈信息等特点，鉴于此，会展企业应该多培育忠诚的会展客户，为企业创造更多无形价值。这就要求会展企业做到：①要有选择正确客户的敏锐度，比如行业内有影响力、有价值的参展商；②保证为他们提供满意的会展服务，因为客户满意是客户忠诚的必要条件；③要为这些客户提供增值服务，实现客户喜出望外的效果；④要加强与客户的联系，尤其是情感联系。

3. 客户价值

客户价值是指客户让渡价值，即客户从参展展会及其服务中所获得的总价值减去为参加展会而支出的总成本。直观表示为：

客户让渡价值 = 客户总价值 − 客户总成本

其中客户总价值为客户从参展展会及享受其服务中所获得的全部收益，包括展会价值、服务价值、人员价值、形象价值和个人价值。客户总成本是客户为参加展会而支出的所有费用，包括货币成本、时间成本、精力成本和心理成本。客户参展决策过程中通常会伴随着对这些价值和成本的比较参考过程。可见，会展企业必须尽可能地增加客户的总价值和减少客户参展总成本，以实现客户的最大满意程度。这就要求会展企业做到：①努力按客户的需求健全展会的各项功能，提供专业化、个性化的定制服务，提高展会效果，以期增加客户在展会、服务、人员、形象和个人价值等方面的总价值；②有效地运用价格调整策略，适当给客户以折扣折让，并且保证展会各项附加服务跟进，如吃、住、行、卫生、安全、医疗等，尽量做到减少客户总成本。

4. 开发新客户

（1）在目标市场中寻找潜在客户。现在多通过市场细分选择特定目标市场后，经过特定的渠道收集目标客户资料，然后将这些资料输入客户数据库，通过聚类分组将客户按展会的需求分成不同群体，再通过数据挖掘技术，从大量的数据中发现有用的信息，寻找到展会的潜在客户。

（2）与潜在客户沟通。上述筛选的潜在客户还不是真正意义上的新客户，因为他们对展会还一无所知，只是会展企业主观地将他们定为潜在客户，至于他们是否最后会认同展会并决定参与展会成为新客户，还需要与他们进行有效的沟通。在进行沟通时，首先需要明确与谁沟通，再确定预期达到的沟通目标是什么，接着设计沟通信息，最后选择合适的沟通渠道完成与潜在客户的沟通。

（3）将潜在客户转化为现实客户。经过与潜在客户沟通后，会展企业还需要通过各种营销手段将会展的相关信息传达给潜在客户，促使他们转化为现实客户。对于会展企业而言这是一项极富挑战性的工作。会展企业必须尽量做到：重视潜在客户的需求；完整地传播会展信息；尽量降低客户成本支出；重视与客户的每次接触；了解影响客户参展参观的因素；尽量提供便利的参展参观条件等。

5. 留住老客户

忠实的老客户是企业最有价值的资产，也是企业发展的客户基础。研究表明，开发一个新客户的成本是留住一个老客户的成本的好多倍，而一个老客户为企业所带来的利润比一个新客户要多得多。因此，会展企业也应像开发新客户一样努力地留住老客户。要想为客户创造更多的价值，会展企业首先必须了解客户的需求，然后采取措施提高客户感知的价值收益并降低客户感知的成本支出，从而留住老客户。

6. 与客户合作双赢

与客户建立合作伙伴关系，形成会展与客户共荣双赢的局面，是会展客户关系管理的终极追求，也是会展长期稳定、健康发展的客观需要。

（1）与客户结成合作伙伴。要与客户建立一种合作伙伴关系，会展企业必须尽可能地为客户提出一个为其所喜爱的、富有吸引力的客户价值主张，即客户接受并喜爱展会的定位、品质、功能等。然而，信任、责任感、可靠性是影响双方合作伙伴关系建立的三大因素，此外还有其他影响因素，如共同目标、喜爱度、信赖感、知识能力等。因此，会展企业可以通过客户关系管理软件系统分析，确定不同客户的重点建设方向，促进双方合作伙伴关系的最终形成。

（2）实现合作双赢。会展企业的每一名员工都需坚守一个理念，即“不论客户的大小，每一个客户都不能被忽视；每一个客户都有一种能力和影响力，它既可以给企业带来一定数量的业务，也有可能导致企业丧失一些业务，每一个客户都代表着某种水平的参展参观能力和利润率”。只有在这个理念的指引下，客户才有被重视的感觉，因为在客户关系中，客户的真实感觉是最重要的。所以，会展企业必须在自身利益与客户利益之间找到平衡点，提高会展服务质量，健全会展功能，充分为客户着想，满足客户的需求，才能最终实现会展与客户的合作双赢的目标。

案例 7－3：一个人的博览会

2003 年 3 月，印度商人哈里斯先生接到了宁波市消博会（中国国际日用消费品博览会）组委会的邀请函。哈里斯决定前来采购一批商品。由于各种原因，哈里斯未得到消博会因“非典”而延期的信息。

6 月 8 日下午 3 点 40 分，哈里斯从深圳飞抵宁波，成为“参加”消博会的唯一一位外商。令哈里斯先生意外的是，消博会推迟了。但更令他吃惊的是，举着接待牌的消博会办公室人员早已在出口处等候他，“很抱歉您没收到消博会延期的通知，但是我们非常欢迎您来宁波采购商品”。

消博会推迟了，采购订单还完得成吗？哈里斯的脸上闪过一丝忧虑。他想看样采购的商品有上百种：自行车、电器、电热水壶、电熨斗、文具、电视天线、手电筒、门铃、玩具……“没问题，我们替您联系企业”，接待者热情地对哈里斯先生说。没过多久，信息反馈回来：余姚不少企业的产品与哈里斯欲采购的商品比较吻合，余姚市外经贸局将派车接送他去企业实地考察。

6 月 9 日一大早，余姚市外经贸局副局长褚一鸣和谷夏先科长就把哈里斯接到余姚。他们根据采购单上的目录，先后到富达电器、大华电器等余姚知名企业考察。怕哈里斯一家家跑企业来不及，他们还特意带上介绍 100 多家企业情况的宣传画册。哈里斯乐了：这比参加博览会还要好。博览会上只能看到样品，这里既能看到产品，还能考察企业的生产经营状况，可以直接和企业签订合同。这一天里，哈里斯一共考察了六七家企业，圆满地完成了采购任务。

6 月 9 日晚上，哈里斯先生带着订购合同从余姚回到宁波时，感慨地说：虽然消博会延期了，但这次宁波之行令人难忘。

2003 年 9 月 22 日，消博会在经历了“非典”之后重新举办。哈里斯又来了，而且还带来了一大批印度同行。宁波市政府为此还特地授予哈里斯“荣誉市民”称号。

问题：“一个人的博览会”给我们带来的启示是什么？

（资料来源：http：//hzsw. jpkcd. com/hzsw/showindex/251/233）

【本章小结】

本章系统阐述了会展营销的相关理论知识。首先，分析了影响会展市场营销的宏观和微观环境，并在此基础上重点阐述了会展市场细分的标准和原则，会展目标市场选择的策略，会展市场定位的依据、层次和传播；其次，在分析会展产品特点基础上，重点阐述了会展产品定价的方法和策略以及会展产品营销的策略；最后，介绍了不同会展分销渠道和会展促销手段的特点，并着重阐述了会展客户关系管理的内涵和策略。

【拓展阅读】

1. ［美］巴利·西斯坎德．会展营销全攻略：循序渐进揭开成功会展的秘诀［M］．郑睿译．上海：上海交通大学出版社，2005

2. ［美］阿尔弗雷德·海勒．文明的进程：世博会的发展与思考［M］．吴惠族等译．上海：科学技术文献出版社，2003

3. 华谦生．会展策划与营销［M］．广州：广东经济出版社，2004

4. 向洪主．会展资本：并不高深的赚钱秘诀［M］．北京：中国水利水电出版社，2003

【思考与练习】

1. 会展市场环境分析的主要内容有哪些？
2. 如何进行会展市场细分、目标市场选择与市场定位？
3. 会展产品具有哪些特点？
4. 会展产品的定价方法和策略有哪些？
5. 会展产品的主要营销策略内容是什么？
6. 会展分销渠道应该如何选择？
7. 会展促销手段主要有哪些？试举例说明。
8. 会展客户关系管理的策略是什么？

第八章　会展产业

【学习目的】

通过本章的学习，理解会展产业链、会展产业集群的定义及其区别；掌握会展产业链的构成，会展集群的内涵和效应，理解和掌握会展业与旅游业、酒店业和餐饮业的关系；了解我国的会展产业集群。

【学习要点】

1. 会展产业链的定义与构成；
2. 会展产业集群的定义、内涵与效应；
3. 会展业与旅游业、酒店业和餐饮业的关系。

【关键词】

会展产业链　会展产业集群　会展与相关行业关系

第一节　会展产业链

一、会展产业链定义

（一）产业链

产业链是产业经济学中的一个概念，是各个产业部门之间基于一定的技术经济关联，并依据特定的逻辑关系和时空布局关系客观形成的链条式关联关系形态。具体而言，产业链是一种或几种资源通过若干产业层次不断向下游产业转移，直至到达消费者的路径。它实质上是在市场竞争中自发形成的企业之间的一种相互合作关系，即针对某一产业，围绕生产要素流向，分析行业之间上中下游的供求关系，确定投入产出的价值比。产业链中要素构成的多少、控制权的大小、链条的长短和粗细决定着企业之间的相互关系、产业结构的发展方向和产业对其他产业的依存度和影响力。产业链通常包括四层含义：一是产业层次的表达，产业链越长，说明产业层次越深；二是产业关联程度的表达，产业关联性越强，链条越紧密，资源的配置效率也越高；三是资源加工深度的表达，产业链越长，表明加工可以达到的深度越深，二者是一种成正比的关系；四是满足需求程度的表达，产业链始于自然资源，止于消费市场，但是其起点和终点却随着市场成熟和专业化程度变化而变化。

（二）会展产业链

根据产业链的基本理论和会展业的基本特性，可以将会展产业链定义为：围绕某一主题，以所在区域的产业基础为依托，借助场馆等设施，以人流、物流、资金流和信息流相互交融的价值链为内核，将会展业的主体方（招展商、代理商、场馆、参展商、参观者）和相关方（装修、广告、餐饮、运输、通信、旅游等行业）联合起来所形成的一个推动经济发展的产业关系。各关联度高的行业、部门纳入到会展活动中，逐渐形成较为完整的会展产业链。在一定范围内，产业链组成越完整、链条越长、宽度越大、链条上各环节越均衡，其整体发挥的效能和作用就会越大，进而市场的交易成本越低，会展活动的带动作用就会越明显，市场的辐射作用越大，整个会展产业的发展能力就会越大。

二、会展产业链构成

会展产业链在整体效能发挥中将主体方和相关方整合在一起，并从上游环节、中游环节和下游环节三个方面将会展的相关资源组合在一起。从会展业的实际情况来看，会展的主体方包括会展活动的上游和中游环节，会展的相关方则是下游环节。因此，可以从会展活动的三个构成环节来分析会展产业链。

（一）上游环节

上游环节指会展项目开发者和会展品牌的拥有者，其内容覆盖了从会展创意、整体策划、行业调查、市场分析、项目可行性研究，到会展活动范围、参与者的界定、合作单位的遴选，会展活动名称、主题的确定、立项，一直到注册服务商标、拥有会展项目的所有权，以及上游项目的具体运作、组织和实施，其核心内容一般有策划、招展、财务控制等各种组织活动。从会展产业链的具体实际来看，上游可以是会展活动的开发者和拥有者，或者是会展活动的专业管理公司，即专业会展组织机构（Professional Conference Organizer，PCO）。因此，会展产业链上游企业拥有会展活动的专有权，一般是具有独立开发能力、运作能力的会展活动组织者，或主办单位、承办单位。在实际市场运作过程中，主办者与专业会展组织者有时候是合二为一的，有时专业会展组织者以某一会展的承办者身份出现，表现出主办者与承办者的分离。

（二）中游环节

中游环节指为会展活动提供场馆、设施、服务的企业组织以及中游项目的具体运作、组织和实施者，在国际上中游项目的具体运作已经专业化，即目的地管理组织（Destination Management Company，DMC）。他们按照主办方的要求将会展活动方案落在实处，具体执行会展设计的要求，处于产业链运行的实施阶段。

（三）下游环节

下游环节指会展活动的支持服务部门（Support & Service Organization，SSO），这些支持部门为会展业提供了技术、人才、资金和信息的支持，是会展业发展的基础和必要条件。会展产业链下游的范围最广，大凡能直接或间接为会展活动主办单位、参与方和专业观众提供服务的部门，都可以包含在该环节以内，如展台装修、展品运输、物品租赁、贸易中介、保险、商务旅游、媒体广告、信息数据等机构。从产业链的运行来看，下游环节仍属于会展活动的实施阶段，只是从会展业的角度认为他们处于从属地位而非会展业的主体，而且他们任务的完成也并不意味着会展产业链的终结。因为要使会展活动得以持续进行和促进会展产业的发展，还必须对每一次的会展活动进行评估，发现问题，总结经验，提出不必要的环节和部门，增加被忽略的行业和部门，使会展产业链在不断的运作过程中完善起来。

（四）产业链流程

会展产业链的上、中、下游三个环节和对会展活动结果的评估构成了会展业的主要活动内容，展示了会展活动从启动阶段的策划、宣传到实施阶段的计划、组织、协调和控制阶段的评估与反馈的主要流程（图 8－1）。在会展产业链中，PCO 是会展产业链的核心环节，DMC 是会展活动展开的平台，SSO 是会展活动开展的重要支持。产业链内的会展企业和相关支持企业围绕场馆在一定区域内相互邻近，便于参展商和专业观众以及普通观众的出行，可以增加企业的外溢效应，降低信息的搜寻成本和传递成本。承办机构和城市政府可以利用产业链效应打造会展品牌，推动会展经济的不断壮大。

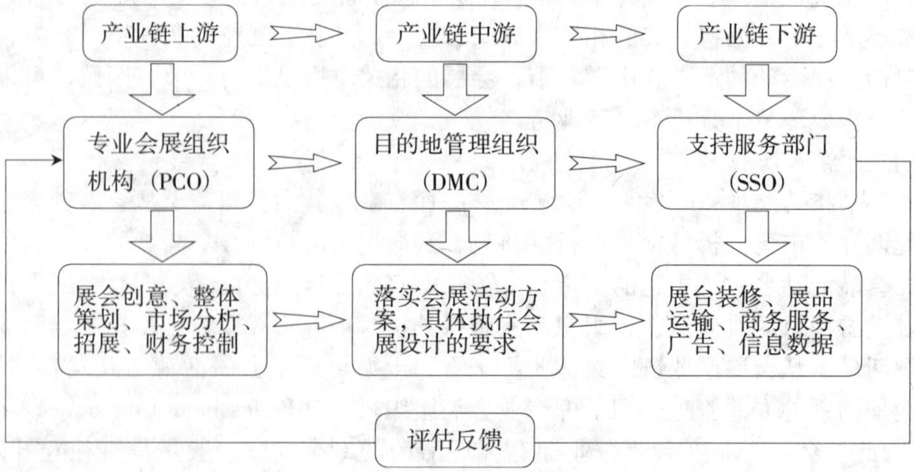

图 8－1　会展产业链流程示意图

（资料来源：余向平．会展产业链的结构及其产业延展效应［J］．商业研究，2008（8）：92～93．有修改。）

案例 8－1：杭州会展业对产业链带动的量化分析

会展业对相关产业的带动作用巨大。以展览会一个标准摊位为例，简单的静态量化分析结果如下：

目前杭州展览公司一个标准摊位的（国际展和国内展平均）对外报价在 4 000 元左右，其所带来的外地客商约为 9 人（展商 3 人、参观商 6 人），平均每人在杭停留时间约为 3 天（展商 6 天、参观商 1.5 天）。

1. 住店消费：150 元/人/天 ×（9 ×3）=4 050 元。
2. 餐饮消费（包括客户宴请）：100 元/人/天 ×（9 ×3）=2 700 元。
3. 交通消费：（市内交通 50 元/人/天 ×27）+（返程交通 800 元 ×9 人）= 8 550元。
4. 购物礼品消费：100 元/人/天 ×（9 ×3）=2 700 元。

5. 游览消费：30 元/人/天 × （9 ×3） =810 元。

6. 文化娱乐消费：60 元/人/天 × （9 ×3） =1 620 元。

7. 医疗保健消费：15 元/人/天 × （9 ×3） =405 元。

8. 其他服务消费（洗衣/理发/美容/照相/修理等）：15 元/人/天 × （9 ×3） = 405 元。

9. 一个标摊平均物流费用：运输 300 元、仓储 100 元、保险 100 元、邮政 50 元、展位特装修 500 元、展览器材 100 元，总计 1 150 元。

10. 展商与参观商银行费用：100 元。

11. 展商与参观商信息费用：广告 500 元、咨询 200 元、书报出版物 100 元、通信 600 元，总计 1 400 元。

以上客流、物流、资金流、信息流为产业链带来的总收入为 23 890 元，会展业收入与相关产业收入比例约为 1 : 6。会展业对相关产业的带动作用可见一斑。

问题：杭州会展业对产业链带动的量化分析是否合理？

（资料来源：http：//hzsw. jpkcd. com/hzsw/showindex/251/233）

第二节　会展产业集群

一、会展产业集群定义

产业集群是指在特定区域中具有竞争与合作关系，且在地理上集中并有交互关联性的企业、专业化供应商、服务供应商、金融机构、相关产业的厂商及其他相关机构等组成的群体。许多产业集群还包括由于延伸而涉及的销售渠道、顾客、辅助产品制造商、专业化基础设施供应商等，政府及其他提供专业化培训、信息、研究开发、标准制定等的机构，以及同业公会和其他相关的民间团体。产业集群超越了一般产业范围，形成特定地理范围内多个产业相互融合、众多类型机构相互联结的共生体。产业集群发展的状况已经成为考察一个经济体，或其中某个区域和地区发展水平的重要指标。

根据产业集群的基本理论和会展业的基本特性，所谓会展产业集群即在某一特定地域范围内，由价值链和生产系统相互关联的、以会展业为核心产业、相关产业为支撑产业的企业与机构集合体。会展产业集群是在一定区域的社会经济、政策制度、区位交通环境下，会展业与其相关的旅游、交通物流、酒店餐饮、建筑装潢、零售商业、邮电通信、中介服务以及各类机构团体等所有的行业和机构所发生的人流、物流、资金流、信息流等错综复杂的交织与作用关系（如图 8 – 2 所示）。与会展产业链相比，会展产业集群既强调会展企业间的联系，还包括会展产业及其他相关行业和机构（如商会、协会、中介机构等）间的联系，而且还强调空间的集聚。会展产业集群是区域会展业发展到成熟阶段的重要标志。

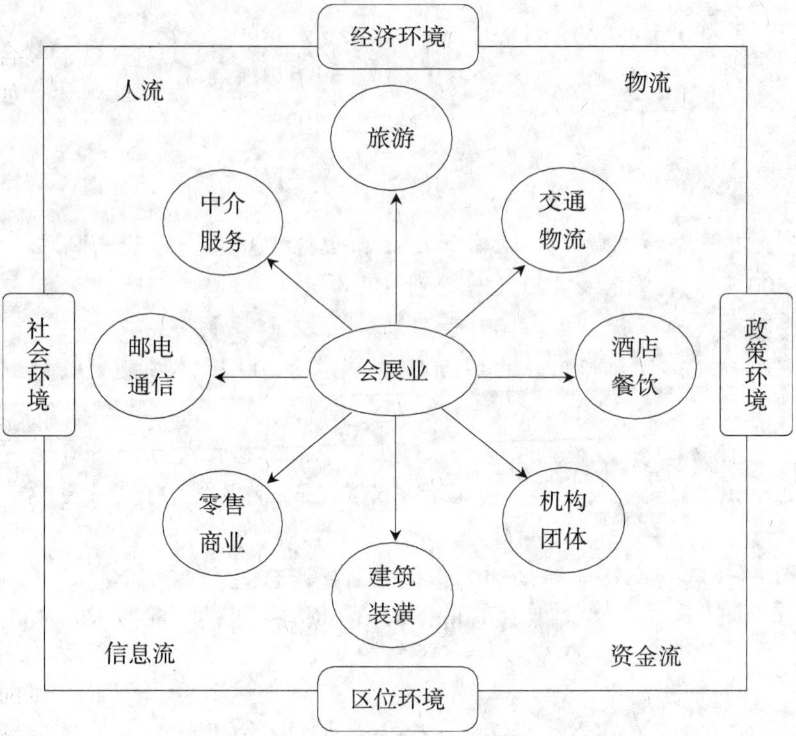

图 8－2　会展产业集群示意图

二、会展产业集群的内涵

（1）会展产业集群是发生在以会展业为主体的地理区域内。

（2）会展产业集聚区内的企业是属于会展业及其上下游关联产业或具有其他密切联系的相关产业的企业。

（3）会展产业集聚区是建立在地方网络基础上的产业体系，这种网络结构不仅包括区内企业与企业之间的关系，而且还包括企业与地方政府部门之间、企业与各种类型的中介服务组织或企业（如研究开发、企业咨询、法律援助、资产评估以及金融、保险、广告、策划、审计、会计、测试、维修保养等各种服务性组织或企业）之间以及企业员工与员工之间的多种交叉复杂的关系。

（4）会展产业集聚区内网络化的产业体系是由企业之间各种正式和非正式的协作形式所组成的。

三、会展产业集群效应

会展产业集群通过集聚可以产生巨大的整体竞争优势和集群效应，具体表现出以下五个方面的特点。

（1）规模经济效应。大型会展展馆的兴建可以带动周边地区大规模的基础设施建设，如道路交通、宾馆酒店、商务中心等，吸引更多的关联企业集聚，从而形成规模经济效应，如广州琶洲会展中心。

（2）区位品牌效应。会展产业集群可以通过集群企业的整体力量，整合各企业的优势，较容易塑造“区位品牌”形象，形成会展整体品牌优势和竞争优势，如广州进出口商品交易会为广州带来的会展品牌效应。

（3）学习创新效应。会展企业的集群是培育企业学习能力与创新能力的温床，一家企业的知识创新所产生的外部效应可以带动区内其他企业的整体创新，进而提升整个集群的竞争力。

（4）循环经济效应。会展产业价值链内上中下游企业或同类企业，会展产业与相关产业，会展产业与科研、教育培训、中介服务机构及政府部门等相互聚集，可以共同分担投入，节约运输成本、时间成本和交易成本，形成循环经济效应。

（5）合作竞争效应。由于会展产业集群的地理集中性，集群内部通过竞争形成“优胜劣汰”的自然选择机制，通过多种形式的合作共同开发新产品、拓展新市场，从而形成一种合作竞争效应。

四、我国的会展产业集群

我国区域会展产业集群已经初步成长起来。由于会展经济对城市的宏观经济环境、区位交通等条件有较高的要求，会展集群与城市群在空间上具有一致性。目前我国规模最大、经济最为发达的珠三角、长三角和京津唐三个城市群已经成为我国会展产业的集聚区域。

（一）长三角会展产业带

以上海为中心，以南京、杭州、宁波、苏州等城市为依托的会展产业带已经形成。该产业带起点高、政府支持力度大、规划布局合理、贸易色彩浓厚，受区位优势、产业结构影响大，发展潜力巨大。以上海为例，上海现有 7 个大型展览中心，总展览面积超过 35 万平方米，附带会议设施的星级酒店超过 300 家，从事会展组织、场馆经营以及相关服务的专业公司达 100 多家。上海已经形成了三大会展集聚区，分别是浦东集聚区、浦西虹桥开发区集聚区和上海展览中心集聚区。浦东集聚区包括以国际会议中心和邻近的金茂恺悦、香格里拉为中心形成的会议集聚区和以新国际博览中心为中心形成的展览集聚区，是上海在国际上争办、招徕大型会议的主要区域；浦西虹桥开发区集聚区包括世贸商城和国际展览中心以及两家五星饭店（喜来登豪达太平洋大饭店和扬子江万丽大酒店）、两家四星饭店（虹桥宾馆与银河宾馆）及周围的商业设施；上海展览中心集聚区包括展览中心及周围的一批五星级饭店（波特曼丽嘉酒店、锦昌文华大酒店、静安希尔顿、花园饭店、锦江饭店等）。

（二）珠三角会展产业带

以广州为中心，以广交会为助推器，以深圳、珠海、厦门、东莞等城市为重点的会展城市群，形成了国际化和现代化程度高、会展产业结构特色突出、会展地域及产业分布密集的会展经济带。珠三角是我国会展经济发展历史最为悠久的区域，有较多著名的品牌展会，如久负盛名的广交会，创办于 1957 年，是我国历史最长、规模最大、层次最高、交易最多的展览会。深圳的中国国际高新技术成果交易会创办于 1999 年，被视为中国规模最大，最具影响力的科技类展会。以广州为例，广州现有 5 个大型展览中心，可展览面积达到75万平方米，附带会议设施的星级酒店超过300家，有展览经营权的企业超过500家，专业展览公司350多家，每年举办的各类展览会上百个。广州目前已经初步形成了三大会展集聚区，分别是琶洲国际商务会展核心功能区、流花会展功能区和白云新城会议功能区。琶洲国际商务会展核心功能区通过高起点规划建设嵌入或环绕展馆周边的商务办公、酒店宾馆、文化娱乐等配套设施，发挥中国进出口商品交易会的龙头带动作用，以引进更多国际国内品牌会展落户，是举办国际性、综合性和大型专业展的主要承接地和广州会展集聚中心；流花会展功能区利用流花地区商流、物流、人流和信息流集聚，展馆资源、配套酒店、餐饮、高端商贸市场集聚的优势，重点发展中小型专业展、消费展和巡回展，打造以流花展贸中心为核心的区域中小型专业会展集聚区和广州中小型会展成长发展的重要培育孵化地；白云新城会议功能区依托白云山西麓，围绕白云国际会议中心和白云新城的建设，统筹规划文化、体育、商贸、娱乐等配套设施，重点发展会议、论坛、文化与学术交流等会议型会展，重点打造国际会议活动聚集区。

（三）京津唐会展产业带

以北京为中心，以天津、廊坊等城市为重点，其会展业发展早、规模大、数量多，专业化、国际化程度高，门类齐全，知名品牌展会集中，辐射广。以北京为例，北京现有9个大型展览中心，总展览面积超过30万平方米，会展业的分布与会展场馆设施的分布高度一致，以朝阳、海淀、昌平等三区的会展设施最为密集，三个区会展总数和会展收入约占全市的70%，会展业已经形成了一定的集聚效应，在这些区域已经形成了广告、物流、翻译、印刷、报关、酒店、餐饮等配套产业专业化的分工。北京市除各种行业协会外，注册为展览公司的大小商业组织有200多家，为展览活动配套的运输组织近100家，兼营展览设计与布展的广告设计公司就有800家，展览施工单位达200多家。北京已经形成了三大会展功能区和五个会展中心区，三大会展功能区即以东城和西城为主的会议功能区、朝阳和以海淀为主的会议—展览功能区、以顺义为主的展览功能区；五个会展中心区即朝阳CBD会展中心区、海淀北部会展中心区、奥运场馆会议中心区、顺义天竺展览中心区和亦庄展览中心区。

第三节 会展业与相关行业的关系

一、会展业与旅游业的关系

（一）会展业与旅游业的联系

会展业和旅游业同属于第三产业，具有较强的产业关联性。举办会展不仅使当地的展览馆、电信、物流以及城市市政建设受益，而且对酒店、餐饮、购物、娱乐、游览等与旅游相关的服务业都有积极的促进作用。参与会展业是旅游企业多元化战略之一，而会展业则可以利用旅游业提供的各种服务和资源，二者紧密相连、相辅相成、互为补充。

1. 会展对旅游的促进作用

会展可以直接带动旅游业的发展。会展活动过程是会展活动参加者从居住地经过各类通道到达会展目的地的参（会）展、游览再回到居住地的过程。在这一过程中，会展活动项目即为旅游吸引物，会展活动参加者即为旅游者，会展举办地即为旅游目的地。与传统的观光旅游者相比，会展旅游者以商务业务、会议公务为主要目的，兼具观光游览的目的。会展旅游者往往是具有较高的文化素质和较强消费能力的商务、公务客人，其消费档次、规模均比普通旅游者要高得多。因此，从广义旅游的角度来看，会展活动具有显著的旅游属性，发展会展可以直接促进旅游业的发展。

会展还可以间接促进旅游业发展。一个大型或知名会展活动的举行，不仅对本地旅游业中的酒店、旅行社、景区、旅游交通、购物产生较大的促进和带动作用，而且还可以提高本地的旅游吸引力。会展旅游具有不受气候和季节影响的特征，从而可以弥补传统观光度假旅游淡旺季明显的缺点，有利于提高城市旅游设施和服务的使用率。会展可以促进举办地旅游宣传促销，有利于带动城市功能的提升，增加城市的知名度，这些都为旅游业的进一步发展提供了有利的环境。

2. 旅游对会展的辅助作用

旅游有利于提高会展活动的吸引力。会展参加者虽然不以观光游览为首要目的，但旅游功能强的会展举办地往往对其具有更大的吸引力。正因为如此，很多会展投资商都倾向于在风景优美的旅游景区或其周边投资建设大型会展中心，而一些著名的旅游城市也成为各种会展活动的首选举办地，如美国拉斯维加斯、瑞士的日内瓦、法国巴黎和中国香港等。

旅游有利于提高会展的专业化服务水平。会展活动的策划与组织离不开旅游业所专长的“吃、住、行、游、娱、购”六大要素，会展的成功举办在一定程度上有赖于旅游业的参与程度。开展分工协作、建立完善的利益共享机制是实现会展业接待专业化分工的前提。如果旅游企业与会展公司进行专业化分工，会展公司负责展会的招募、宣传、布展和场内的组织管理工作，旅游企业则向会展参加者提供场外的“六要素”服务，各司其职，各取所长，通过专业化的服务提高会展参加者的满意度，从而吸引更多的参与者和获得更多的、持久的支持，进而树立展会的品牌，提高会展活动的整体效益。

（二）会展业与旅游业的融合

会展业与旅游业的融合是全球会展业发展的必然趋势。会展旅游产品是旅游属性结合会展活动的特点而衍生出来的产品。优化会展业与旅游业之间的关系，建立新的发展模式、发展会展旅游是会展业、旅游业协调发展的必由之路。会展业与旅游业的融合大致可以划分为三个阶段。

1. 会展规划阶段

（1）将旅游功能融入会展场馆的设计建设中。在进行大型会展场馆的设计建设过程中，不仅仅考虑场馆的会展功能，还应该充分考虑其旅游功能。会展场馆应以建设成为城市的标志性建筑为目标，在场馆设计上应融入地域文化，彰显城市风格；在场馆选址上应选择最能体现现代都市景观的区位；在场馆规划建设上应充分考虑旅游的需求。我国某些城市会展中心的建设就很好地考虑了旅游功能，如北京的奥运场馆、广州琶洲会展中心、香港会展中心、上海世博会展场馆等。

（2）旅游业参与展会选址和展会客源预测。专业的会展公司应主动与那些大型的、有会议组织经验的、在当地市场已经建立起完善的营销网络体系的旅游企业合作，进行会展市场联合调研和目标市场定位，建立信息数据库，实现资源共享。

（3）旅游业主动提供专业的会展配套服务。这也是目前我国旅游业参与会展业的主要形式。会展企业与旅游企业可以建立战略联盟，通过专业化分工和协作带来协同优势，也可以通过并购等方式形成更大的会展旅游企业集团，产生规模经济效应。

2. 销售运营阶段

从规划阶段中基本营销方案的制订到第二阶段销售运营中的具体促销活动，旅游企业都可以积极地参与进来，与会展组织公司进行联合策划和营销。首先，从人力资源的角度看，会展业和旅游业同属于服务性行业，而我国的旅游业相对会展业的人力资源储备较成熟，这些都为人力资源的共享提供了基础。其次，从品牌的角度看，会展尤其是品牌会展可以提高所在城市的知名度，可为城市旅游创造客源，而城市旅游品牌亦是会展成功的重要影响因素之一。会展业与旅游业通过联合营销，可以共建品牌，实现双赢。

3. 展后阶段

展后阶段的会展业与旅游业的融合主要从两个方面进行。一是展会后场馆的后续利用应充分发挥其旅游功能，通过创意设计和软环境的营造，打造为城市旅游的新亮点，延伸会展旅游产业链。这需要城市政府的统一管理和宏观指导。二是引导会展商务公务客人二次出游，实现会展旅游市场与观光旅游市场共享。这需要会展企业和旅游企业通力合作才能实现。

案例 8－2：会展旅游集团（中国成都）的发展

会展旅游集团创立于 1997 年，是一家集展览会议、旅游、景区经营、酒店服务及房地产开发、物业管理等多项产业于一体的大型企业集团。经过十多年大胆探索与成功实践，现已发展成为中国西部地区业内的顶尖企业集团之一。集团以旗下的世纪城新国际会展中心、九寨天堂国际会议度假中心、成都国际会议展览中心（沙湾）三大片区为依托，加上展览总公司、广告公司、熊猫国旅、顺兴老茶馆、营销中心、招商中心和成都世纪城物管公司等，形成了从会议展览到旅游服务的产业联动，开创了独特的业务发展模式，实现了经营理念的创新，走出了一条以会展旅游拉动区域经济、带动城市建设的会展旅游地产复合型经营建设道路，创立出“会展业的成都模式”，取得了良好的社会效益和经济效益。

世纪城新国际会展中心

世纪城新国际会展中心位于成都市城南天府新城，包括会展中心场馆、商业、酒店设施，以及配套商业（写字楼），住宅项目，中央公园、湖泊景观及公建项目等，是集会议展览、文化旅游、商务办公、自然人居、民俗文化等综合配套功能为一体的复合型博览城建设项目。

2003 年 12 月 28 日，世纪城新国际会展中心项目奠基。2004 年 12 月 28 日，展览场馆建成投入使用，2006 年 8 月，娇子国际会议中心投入运营，同时成都世纪城假日酒店开业迎宾。2007 年年底，成都世纪天堂洲际大饭店试运营并于次年 1 月正式开业，至此，世纪城新国际会展中心主体项目全部建成投入运营。

世纪城新国际会展中心约 13 万平方米的展览场馆是目前中国展示条件、利用效能最好的场馆之一。建筑面积约 10 万平方米的娇子国际会议中心，拥有功能风格各异的会议场馆 28 个，是中国功能最完善、最多样、最现代化的国际会议中心。成都世纪天堂洲际大饭店、成都世纪城假日酒店拥有客房约1 500余间，构成的世纪城酒店群，能充分满足国际、国内展览和会议需要。而精品展区、西蜀廊桥、休闲天堂等商用物业，则丰富完善了世纪城的组合配套功能。

九寨天堂国际会议度假中心

九寨天堂国际会议度假中心位于四川省阿坝藏族羌族自治州，于2003年9月28日投入运营，是一个集会议度假、旅游观光、森林探险、峡谷漂流、民俗文化欣赏等多功能于一体的大型综合性生态旅游度假区。

九寨天堂由自然人文景观和后现代建筑艺术共同构成，被誉为“森林里的城市”、“消失的建筑”，旅游设施和景点包括：九寨天堂洲际大饭店、九寨天堂甲蕃古城假日酒店、甘海子藏羌文化保护区、神仙池风景区、若尔盖大草原（黄河九曲第一湾、花湖）生态旅游区等。

九寨天堂国际会议度假中心以其卓越的项目构思及周全的生态理念，为集团赢来了来自国际市场的赞誉。九寨天堂的建成运营，标志着九寨沟核心旅游经济圈的形成，提升了九寨沟的国际旅游形象。同时，也丰富和完善了成都作为中国西部最重要的会展旅游城市的组合功能。

成都国际会议展览中心（沙湾）

成都国际会议展览中心（沙湾）位于成都市沙湾路，于1995年11月动工，1997年9月建成投入使用；2000年10月二期项目建成开业，并于2001年年底全部竣工投入运营。

成都国际会议展览中心拥有总计约3万平方米的国际化展览场馆。加州花园酒店主楼及贵宾楼共有客房400余间，会议室、餐饮、娱乐、健身、水疗等配套设施齐全，且包括一座时尚购物广场。经过十多年的经营发展，创出了“加州花园酒店”、“金色歌剧院”、“成都现代艺术馆”、“顺兴老茶馆”、“棕榈泉水疗中心”等知名品牌。

取得的成就

· 集团累计缴纳税费近20亿元人民币；

· 提供了上万个就业岗位；

· 拥有2座国际化展览场馆，总面积达16万平方米，各种会议场馆50个，总面积10余万平方米；

· 主办、承接各种大中型展览700多个，各种会议6 000多个；

· 拥有五星、四星级酒店7家，客房近5 000间；

· 拥有“熊猫国旅”等精品旅游品牌，并拥有甘海子、神仙池、黄河九曲第一湾、花湖等旅游景区的开发经营权；

· 集团接待展览、会议、旅游客人累计近3 000万人次。

问题：试分析中国成都会展旅游集团的成功之处。

（资料来源：http：//www. etgcn. com/index. htm）

二、会展业与酒店业的关系

酒店业作为会展业重要的支撑，不仅为会展活动提供基本的住宿设施和服务，也可以作为会展的场所，提供与会展活动相关的专业服务。一个城市的酒店服务设施的规模和品质直接制约着会展的发展。而会展业的开展对酒店业的规模、效益、品牌有着更为深远的意义。

（一）会展业对酒店业的影响

1. 会展为酒店业创源增收

会展活动的开展为城市酒店业带来大量的客源，酒店入住率大幅提升，同时带动酒店相关辅助设施的使用，为酒店业带来丰厚的利润。参加会展活动的人员一般都是各行各业的专业人士和管理人员，普遍具有较高的文化素养，为了体现自己企业的经济实力，在酒店的选择上往往有较高的要求，因此，他们对价格的敏感性较低，消费档次高，规模大，时间长。一些国际上的重要会议大都选择在高水准的会展城市举行，许多国际豪华酒店成为众商家媒体的首要选择，会展结束后引发的观光客也极大地刺激了当地酒店业的发展。据统计，美国酒店客人的33.8%来自国际会议，一些重要的会展城市，如香港、澳门、拉斯维加斯、汉诺威等的酒店客源主要来自于会展。另据国际权威咨询公司麦肯锡的统计分析，2000年全美会展相关社会性收入（住宿、餐饮）高达495亿美元，每个参展人员用于住宿的消费比例高达46.8%。以我国广交会为例，在会展举办期间，广州市主要的酒店平均入住率高达95%以上，主要酒店在4月和10月的营业收入比平常月份普遍高出1~3倍。

2. 会展带动酒店业发展建设

会展业带来的巨大商机会吸引众多国内国际酒店投资者，从而促进城市酒店业的发展建设。据统计，北京奥运会的举办极大地带动了星级酒店的建设，2008年星级酒店增加了400多家。上海因2010年世博会的申办成功，吸引了大量国际知名酒店管理集团的投资建设，如喜达屋集团旗下的威斯汀、喜来登等六大品牌先后进驻上海；法国万豪集团旗下的酒店由9家扩增到20家。在广州，广交会和亚运会对酒店业的影响则主要表现在三方面：第一，带动高星级酒店翻新改造，如东方宾馆、花园酒店、中国大酒店、白天鹅宾馆都先后开始了大规模的全面翻新改造活动；第二，吸引国际酒店管理集团进驻广州，包括里兹·卡尔顿、雅高、万豪、洲际、香格里拉、喜达屋、凯悦、最佳西方国际、豪生等9个国际知名的酒店集团接踵而至；第三，推动经济型连锁酒店快速增长，如7天、如家、岭南佳园、锦江之星、速8等知名品牌。

3. 会展促进酒店服务水平提升

会展往往对酒店软、硬件环境有较高的要求，这会促进酒店主动提升其整体服务水平以适应会展需求。与普通的酒店客人相比，会展客人对酒店服务质量较敏感，要求相对较高。具有高质量的硬件设施、良好的企业文化、个性化的服务、健全的酒店服务规范与管理制度的酒店往往更容易得到会展客人的青睐。

4. 会展有利于酒店资源的充分利用

酒店业的经营取决于一定的入住率，仅仅依赖于旅游业的酒店有明显的淡旺季之分。旺季时资源的过度使用和淡季时酒店资源的闲置都不利于酒店业的可持续发展。而会展的举办吸引了大量的客源，特别是淡季时举办的会展为酒店业带来一线生机，帮助酒店业走出淡季，使得酒店资源得到更充分的利用。

案例8－3：广交会不断改变广州酒店业格局

广交会从1957年第1届开始，半个世纪的风雨历程伴着半个世纪的辉煌历程，已成功举办了102届，早已成为广州市的城市名片。酒店业，广州这个大都市的消费风向标，50多年来日新月异地发展，现已成为广州市一道亮丽的风景线。当我们走进二者的世界时，发现它们的呼吸节奏是如此的相应。

广交会之初：艰难开创的广交会与寥寥无几的酒店

1957年举办第1届广交会之时，正值全国困难时期，举办的条件之差，是今天的我们无法想象的。广州当时的酒店非常少，能接待来宾的宾馆只有爱群大厦。当时为了对外宾生活给予特殊照顾，中外客商是分开居住的。从第1届开始，外商住爱群大厦，华侨住华侨大厦，港澳同胞住新华、新亚、和平、北京、南方大厦等旅店。从第10届开始，外商改住新建的羊城宾馆（现为东方宾馆），而有的客人甚至还要被送到佛山、番禺、从化过夜。当时的许多外商很不满意居住条件，有的对所住宾馆走廊加帆布床非常恼火，抱怨说："我家的佣人也不住这样的地方。"有的甚至说："你们没有条件就不要请我们来呀！"还有客人生气地将广交会的请柬当众撕毁，说"发誓再也不来参加广交会了"。可见当时广州市的酒店状况和接待条件了。

10年"文革"：广交会与酒店业共同在政治夹缝中发展

尽管受到国内各种政治风浪的影响，广交会的头10年总体发展比较缓慢，但是它的影响逐年扩大，到了1968年4月的第23届广交会，有67个国家和地区的9 349名客商到会。客商数量的攀升与酒店的停滞发展之间的矛盾进一步凸显出来。

为了跟上广交会的发展形势，1968年4月12日，在周恩来总理的关怀下，广州宾馆终于落成开业（楼高86米、27层，是当时内地最高的建筑），接待了第23届广交会来宾，广交会住房紧张的状况才有了较大的缓解。1973年第34届广交会，由于东方宾馆新楼投入使用，增加了726个房间、1 100个床位，客商住房情况进一步改善，消除了往届临时加床的现象。1975年第37届广交会，为缓解广交会内宾住房紧张状况，在站前路兴建了一座为当时广州地区最大型的会议招待所（1986年后易名新大地宾馆），有客房550间，床位2 100个。1976年10月举办的第40届广交会，有92个国家和地区的客商15 326人到会，由于客商到会过于集中，客商与住房之间的落差又有所扩大，原住1～2人的房间不得不安排住2～3人。港澳客商的住房也被部分用来安排外国客商。为了满足不断增长的客商需求，这届广交会期间又新建成白云宾馆。可见，在10年"文革"中，广交会和广州酒店业同时在政治夹缝中发展。

改革开放：广交会规模的扩大刺激广州酒店业全面繁荣

改革开放的春风，使广交会跨越式发展，并以强劲的客商住房需求带动广州酒店业走向全面繁荣。从1978年改革开放前夕的第43届广交会开始，来宾住房一届比一届紧张，为保证参加广交会来宾的住房，广交会甚至适当压缩了对客户的邀请。1979年至1984年4月，广州市通过与港商合作，利用外资（包括自筹外汇）新建和改造宾馆及增添服务设施的较大项目共27个，其中包括：白天鹅宾馆、花园酒店、中国大酒店的兴建，东方宾馆、流花宾馆、人民大厦、广州宾馆、白云宾馆、新亚酒店的改造，人人饭店、大三元酒家、陶陶居酒楼、广州酒家、泮溪酒家的装修等。据统计，仅广州市服务旅游局在这方面利用外资总额就达 1.74 亿美元。接待条件的改善和服务质量的提高为这些企业带来了显著的经济效益。东方宾馆于 1982 年基本完成改造，当年的营业额和利润与改造前的 1979 年相比，分别增加 2.6 倍和 10.8 倍。引进外资合作新建的中国大酒店，虽然刚建成只是部分开业，但广交会期间每天总收入达 25 万元。近年来，每年广交会期间都是广州酒店价格的高峰期，部分酒店能够在展期内争取到全年约 1/3 的营业额。广州的星级酒店伴随着广交会繁花似锦，灿烂羊城。

新世纪：广交会使广州酒店业趋于理性和多元化

进入新世纪，广交会已成为世界级的商贸大展，特别是自第 95 届两馆两期以来，前来的中外客商数量呈现飙升态势，现已多达几十万人，使广州酒店业近年迅猛发展，并逐渐趋于多元化。据统计，目前广州市三星级以上酒店已达 182 家，正准备破土动工的五星级酒店近 10 家。另外，很多酒店亦翻新改造，提高竞争力。还有不少外国知名酒店到广州投资，很多知名酒店集团都已经或正在计划落户广州，广州酒店业进入了一个战国时代。

另外，广交会中还有很大一部分来自中小企业的客商，他们的经营成本使得他们必然难以承受过高档次的消费标准。这些需要使得近年来广州的各式各样的经济型酒店、精品酒店甚至是短租房如雨后春笋。它们凭借较高的性价比，吸引了大批客商。而周边城市的酒店也逐渐加入竞争行列，欲分一杯羹，如佛山、番禺、花都、从化等广州市周边区域的一些豪华酒店，在广交会期间推出的豪华客房优惠价低至 400～600 元，并且还可享受一系列优惠，如免费赠送西式自助早餐、乘坐酒店与广交会展馆穿梭巴士、免费使用室外游泳池与健身房等，再加上郊外周边清新的空气以及绿色的生态环境等，就更加符合现代消费理念，无疑对客商非常有吸引力。由于这些经济型酒店、精品酒店和周边城市的酒店冲击，使得近两年广州星级酒店的客源受到不少影响，市场规律使得盲目攀高的价格逐渐趋于理性。

广交会琶洲展馆二期及配套设施项目的全面启用和周边展会的兴起，使广交会及周边地区形成了广州新的会展、会议、旅游商圈，不同的商务人士对广州酒店业的需求不断有新的变化，这将对广州酒店业产生巨大的推动作用，届时，广州酒店业将呈现新的格局。

回望半个多世纪我们可以清晰看到：广交会在不断地改变着广州酒店业的格局，并为之作出了巨大的贡献。向“专业化、市场化、法制化、产业化、国际化”五个方向发展的广交会，将使整个广州酒店业走向更加多元化的格局，并使之逐渐趋于理性，朝着更加健康的方向发展。

问题：广交会对广州酒店业产生了哪些影响？

（资料来源：吴锋．广交会不断改变广州酒店业格局，http://www.cftc.org.cn/cn/News/detail.asp? type=%D5%B9%CD%FB&id=405）

（二）酒店业的应对措施

1．完善酒店的硬件、软件环境

为在会展市场上占据一席之地，酒店企业应以提升酒店的硬件设施和软件服务质量为切入点来提升酒店整体服务水平。从硬件设施来看，酒店的设计、建设、改造和经营应处处考虑到商务人群的特殊需求，配备先进齐全的商务设施和设备。如客房内为客人提供光缆高速上网接口，写字台安装的灯具要能提供足够的亮度等，配备各种规格的会议室，大容量的会议场地和可分割的空间，配置同声传译系统、图文传输系统、数字跟踪系统和网络通信等先进设施，增加会议设施设备和会议场所，配备服务齐全的商务中心。除了加强其硬件环境的建设外，酒店软环境的营造更为重要。一方面要注重提升酒店员工的文化素质，不仅仅局限于其专业技能的培育，还应加强员工的外语交流能力，计算机应用和对行业知识的了解；另一方面还应强化员工的服务意识，为顾客提供个性化、人性化的细致入微的服务，一个专业的服务经历会为酒店赢得一位忠实的客人，树立良好的酒店形象，打造会展酒店品牌。

2. 注重营销形式的多样化

酒店的营销形式要多样化。首先，要充分利用国际和国内各种会议组织、会展公司等渠道，与客户建立稳定的合作关系，吸收会展客源。其次，要充分利用网络，建立自己的网站，完善电子商务系统，方便顾客直接在网上预订。此外，酒店还应根据自己的档次和规模，加入知名的酒店订房系统，如国际上的 The Leading Hotels of the World，World Hotels and Resort 等全球分销系统，国内著名的有携程网、芒果网。

3. 加强会展后续服务

会展虽然结束，但酒店的工作不能结束。可能还有部分客人会继续留下参观访问或到附近去旅游。酒店可以在前厅展示所在城市的旅游景点和特色小吃，也可以制作成游客指南放在客人的房间，吸引顾客前往，争取延长顾客住店时间。提供优质的后续服务使得顾客有愉快的住宿经历，有利于建立一定的顾客忠诚度，吸引顾客再次消费。

三、会展业与餐饮业的关系

会展活动尤其是会展旅游的发展对餐饮业的依赖性强，会展业可以促进地方餐饮业的繁荣。餐饮业需要不断地丰富餐饮种类，改善服务质量，形成特色品牌，以应对会展活动对餐饮的多样化需求。

(一) 会展业对餐饮业的影响

1. 促进当地餐饮文化多样化

餐饮业为了满足来自四面八方的会展客人的饮食口味，需要引入和吸纳各个国家或地区的餐饮文化和习惯，提供多样的餐饮服务。各种餐饮文化的相互交流和融合，有利于产生新的菜式菜品，使得餐饮业呈现百花齐放、千姿百态的局面。

2. 促进城市餐饮设施的建设

大量会展客人的涌入为城市餐饮业带来众多客源，势必会吸引众多餐饮投资者，从而促进城市餐饮设施的建设。

3. 促进地方特色餐饮的传承和发扬

异地会展客人一般都倾向于选择尝试具有地方特色的风味餐饮，地方特色餐饮因此赢得青睐；客人的喜爱和追捧同时可以促进一些地方特色餐饮技艺的恢复、保护并发扬光大。地方特色餐饮通过客流扩散而声名远播，产生巨大的广告效应，有利于地方特色餐饮品牌的创建。

（二）餐饮业的应对策略

1. 挖掘餐饮菜品的文化内涵

每一种菜式或者菜品产生的背后都蕴含着深刻的文化背景，制作工艺、烹调方法无不带有地方特色，造就了饮食产品色、香、味、形、器、名、时、养八个方面的特点。餐饮经营者可以通过对餐饮文化背景的研究，结合史料记载，运用现代烹饪技术推出具有地方特色、民族特色或异国风情的丰富多样的菜品。可以组织餐厅服务员学习每道菜品的来历、营养价值等，通过他们向客人传递菜品的文化价值，使客人在物质和精神上都得到满足。

2. 增强餐饮设施环境的文化内涵

餐厅的装潢设计在氛围的营造方面要与餐饮的文化相符合，颜色、格调、服务人员的着装、菜单的制作等方面要处处体现餐厅的文化特点，为客人创造舒适美观的就餐环境。如上海梅陇镇百货公司的玛满矿泰式餐厅采用了很多泰式风格浓郁的传统装饰品，灯具、桌椅的选择以及雅间的布置都充满了泰式风情，另外在大厅有泰国歌舞表演，泰国姑娘伴着泰国歌曲翩翩起舞，优美典雅的舞姿更增添了一份情趣，为就餐客人营造雅致的就餐环境，使他们仿佛置身于泰国一般。

3. 提供个性化、特色化餐饮服务

会展客人对餐饮业的要求和品味都比较高，为了招揽这部分客人，提供基本的餐饮服务是远远不够的，应提升服务水平，提供特色的服务，以适应客人消费的个性化需求。针对目标客源市场，深刻挖掘消费特点，以塑造满足其消费心理的餐饮品牌和独特的品牌形象。另外，餐饮业应广泛挖掘各地的传统风味，或者通过创新来增加餐饮食品的其他功能。

四、会展业与其他相关行业的关系

（一）交通物流业

会展活动涉及大量的人流、物流，使交通物流业成为会展产业中重要的支撑性产业之一。展览前后参展人员的往返，参展商品的运输、包装、储存、装卸、搬运，会展活动期间参展人员的流动，向参展商和参展观众分发的食品，以及其他的会展配套设施，都离不开交通物流服务业。

（二）文化娱乐业

会展业与娱乐业相辅相成，相互促进。丰富的城市文化娱乐设施、精彩的会展文娱表演活动可以增强会展活动的吸引力和影响力；而会展举办期间参展人员的文化娱乐需求也会大大促进会展城市文化娱乐业的发展。

（三）通信服务业

信息处理、信息管理等通信技术在现代会展业中扮演着越来越重要的角色。现代会展海量的信息流要求会展举办地必须具备包括互联网、固话、传真、收发无线设备、移动电话和掌上分机等通讯服务。因此，通讯服务业也是会展业不可或缺的支持性产业之一。

（四）保险业

为了确保会展活动中参展商和参展观众的人身安全，保护参展企业的知识产权以及各类展品的安全，在会展的发展中不可避免地要涉及保险业。经济的发展和收入水平的提高，促进了保险意识的提高以及保险需求的上升。例如，世界第五大航展之一的中国珠海航展在第四届展会举办时，太平洋保险公司独家承揽了665亿的高额保险，包括了飞机机身险、飞行表演、静态展示第三方责任险、飞行员及工作人员人身险、航空器材产险、火箭等航空航天系列保险、展馆公众责任险等。随着会展危机管理意识的增强，会展业对保险业的需求不断增长，这也大大促进了会展保险业的发展。

案例8-4：会展的集聚性与辐射性

会展集聚性指世界聚焦于会展，会展辐射性指从会展走向世界。

1. 会展集聚性

展会使得大量的人、物品、信息在同一时间和空间上集聚。大型会议、展览活动可以给会展举办地带来源源不断的商流、物流、人流、资金流、信息流。展场和会场是陈列展品、构建形象、负载信息的物质实体，是个综合的全息媒介，汇集了种类繁多的信息。

1851年的英国“万国工业博览会”堪称世界展览会历史上的里程碑，历时5个月，观众600多万人次，这标志着人类发现了一种国际大规模文明交流的新形式。云南昆明举办的“1999世界园艺博览会”期间接待游客1 000万人次，同期云南省旅游总收入就达115亿元，同比增长44%。2004年第五届中国长春国际农业·食品博览（交易）会首日共迎来参观者28万人，现场交易额达2.8亿元。2004年第七届北京国际科技产业博览会上，有32个国家和地区的82个外国政府、企业代表团参加了科博会活动；五场不同层面的专场科技经贸项目推介洽谈和各省市开展的专场活动，汇聚了1万多个技术成果转让、招商引资、技术引进等合作项目，吸引了数十个国家和全国各省市1万多人次中外客商到会洽谈。25个专题93场次的论坛和专项交流活动，有580多人登台演讲，其中包括国际组织负责人、诺贝尔奖获得者、世界500强企业首脑和政府高层权威人士，境外演讲人占30%，到会听众2.8万人次，他们分享演讲人的信息和知识。2010年上海世博会观众流量预计将达到7 000万。

展会举办地点集群化也是现代会展集聚特性的另一表现形式。世界众多会展名城和会展城市圈，多处于经济发达地区。

论会展名城，从国际上看，在瑞士日内瓦，德国汉诺威、慕尼黑，美国拉斯维加斯、纽约，法国巴黎，英国伦敦，新加坡和我国香港等这些世界著名的“展览城”，会展业为其带来了直接的收益和经济的繁荣。北京作为中国的首都，是国内第一政治、文化中心，汇聚了政府的各级职能部门，全国主要的工业协会、学会和商会，以及世界工商界驻中国的代表，是中国重要会展的策划、发源地。北京将会展业作为“十五”期间重点发展的支柱行业之一。《北京会展业发展规划》到2008年，北京市每年举办若干个国际名牌展会，会展总收入超过70亿元，成为亚洲会展中心城市。

会展城市圈如我国的五大会展经济带：环渤海会展经济带、长三角会展经济带、珠三角会展经济带、东北会展经济带、中西部会展经济带。环渤海会展经济带以北京为中心，包括天津、河北、山西、内蒙等省市区；以上海为龙头的长三角会展经济带，正在形成以沿江、沿海为两翼的发展格局，南京、合肥、苏州、杭州、宁波等城市各自发展区域特色会展经济；以香港、广州、深圳为中心的珠三角会展经济带，被誉为“深港穗会展走廊”，CEPA 协议有助于推动香港与珠三角地区会展进一步融合和加强合作；长春、大连等 5 个城市成立“中国东北中心城市会展联盟”，东北会展业可望健康有序发展；随着西部大开发的深入，中西部会展城市经济带业将继续发展：昆明弘扬多年的会展旅游和经营城市经验优势，南宁有东盟国际贸易展览会的落户，成都新建九寨天堂会议度假中心有东方达沃斯之称，这些将给西部地区会展经济插上腾飞翅膀。

2. 会展辐射性

聚集性与辐射性相辅相成，强聚集性必然对应强辐射性。成功的品牌展会享有很高的知名度和美誉度，具有很强的辐射能力，新人物、新知识、新发明、新产品、新品种往往在展会上一炮走红，一夜之间誉满全球。

会展具有信息传播功能，会展在国家之间、民族之间、古今之间、人与人之间建立起有效的信息、知识、思想、文化的交流传播纽带。《国际展览公约》第一章第一条开宗明义：“展览会是一种展示，无论名称如何，其宗旨均在于教育大众。它可以展示人类所掌握的满足文明需要的手段，展现人类在某一个或多个领域经过奋斗所取得的进步，或展望发展前景。”

展览的过程符合拉斯韦尔的信息传播模式，即“传播者→信息→媒介→受传者→效果”，而且展览也符合信息传播的“信息共享性、互动性、共同意义空间、行为性、过程性、系统性”等特点，参展者为“传播者”，展品包含“信息”，展台为“媒介”，观众为“受传者”，展会的教育或贸易结果是“效果”。会展中具有丰富多样的传播媒介：实物媒介、口语媒介、印刷媒介、电子媒介、网络媒介、活动媒介、空间媒介等，这些媒介都可以传播各类信息：实物信息、口语信息、文字信息、网络信息、感情信息等。

参与展会活动的传播者与受传者目的明确，所以展会传达的信息定向性强、时效性强。展会的传播效果具有以下特点：

一是反馈快。展会的现场特性及其拥有人际传播的特性使传、受双方都能得到最直接和最迅速的反馈信息，形成真正的互动传播。在特定时间、地域空间的会展活动，能给每一个参与者带来便捷的好处，信息收集既准确又迅速。

二是效率高。由于展会是有组织有目的的传播，限定了传播者、受传者和传播内容的范围，信息量高，传递的密度大，受众在很短的时间内就可获得大量有效的同类信息。某一信息的出现，能被会展活动的参与者及时而大面积、大规模地发散和分享，发挥信息的最大化效用，提高信息资源的开发利用效能。会展的信息传递渠道多，信息传递速度加快，环境媒介全方位刺激人体感观，它产生的效果是强烈的、生动的。

三是质量高。会展活动能减少信息中转环节，信息真实程度高，提高信息质量，降低信息传递误差，减少信息失真情况，降低信息失误造成的风险，提供真实可靠的信息资源。会展活动也是检验信息的重要过滤器，通过过滤，一些有价值的信息能得到识别和应用。同时会展活动本身具有信息生成功能，能创造出新的信息、知识。

展览是交流和传播世界各国之间先进科学文化的好形式。例如大豆起源于中国，迄今已有四千多年的种植历史，在 1813 年的维也纳万国博览会上，我国展出的大豆优良品种受到各国欢迎，从此传入欧美国家。美国近年来播种面积最大的大豆品种，其血统均源自中国。

（资料来源：俞华．会展的集聚性与辐射性，http：//www. cce360. com/web/cces/viewnews. asp？ id =437&uname = ）

【本章小结】

本章主要阐述了会展产业链、会展产业集群以及会展业与相关行业的关系等内容。会展产业链由上游环节、中游环节和下游环节构成，分别为专业会展组织机构（PCO）、目的地管理组织（DMC）和支持服务部门（SSO）。会展产业集群是区域会展业发展到成熟阶段的重要标志，具有规模经济效应、区位品牌效应、学习创新效应、循环经济效应、合作竞争效应。着重阐述了会展业与旅游业、酒店业和餐饮业的相互关系。

【拓展阅读】

1. 施昌奎．会展经济［M］．北京：中国经济出版社，2006
2. 孙明贵．会展经济学［M］．北京：机械工业出版社，2006

【思考与练习】

1. 试辨析会展产业链与会展产业集群的定义。
2. 试论述会展产业链的构成。
3. 会展产业集群的效应有哪些？
4. 试论述会展业与旅游业的关系。
5. 会展业对酒店业有哪些影响？试结合某个城市或某家酒店案例讨论应如何应对会展业的要求。
6. 会展业对餐饮业的影响体现在哪些方面？餐饮业应该如何应对会展业的要求？

第九章　会展影响

【学习目的】

通过本章的学习，理解会展对区域经济、城市发展，社区以及企业的影响；能综合运用会展影响的理论知识进行案例分析。

【学习要点】

1. 会展对区域经济发展的影响；
2. 会展对城市发展的影响；
3. 会展对社区的影响；
4. 会展对企业的营销作用。

【关键词】

会展影响　区域经济　城市发展　社区　企业营销

会展对举办地所在区域的经济、城市发展，社区以及企业等各方面会产生积极或者消极的影响，全面、科学地对各种影响进行分析，才能更好地认识会展发挥的作用。

第一节　会展对区域经济发展的影响

会展作为一种区际之间联系的纽带、区域展示的窗口、经济增长的引擎在区域经济发展中扮演着角色，会展经济也因此被誉为区域经济发展的“晴雨表”和“风向标”。具体说来，会展业可以拉动区域经济的发展，展示区域文化魅力，是区域的一张极具影响力的“名片”，同时可以加快区域资源的整合。

一、会展对区域经济的带动作用

会展活动尤其是大型活动对区域经济的发展有很强的拉动作用。这种拉动效应在经济学上表现为乘数效应。会展业的乘数效应主要体现在其拉动需求和消费产生的带动效益，以及对区域产业结构的优化调整等方面。

（一）产生投资拉动效应

投资乘数理论认为，当总投资增加时，收入的增量将是投资增量的若干倍，一方面投资以工资、利息、利润和租金形式流入企业和劳动者手中，增加企业和劳动者的收入；另一方面，企业和劳动者把这一收入再用于生产和生活消费，又转化为另一些企业和劳动者的收入，如此循环往复，投资的增加可以导致收入的成倍增加，有利于刺激生产，增加就业，促进经济增长。会展业的这种乘数效应主要体现在以下两个方面：

1. 会展投资产生直接经济效益

会展业自身的投资带动是指会展业的直接经济效益，也就是会展本身获得的收入，如会议费用、场地租金、门票收入等。据相关资料显示，会展业利润超过25%，是无污染、高收入、高盈利的经济形式。广交会50多年来，累计到会的境外采购商超过376万人，累计成交金额达到5 183亿美元。2006年，沈阳市举办各类会展140余个，交易额突破900亿元。会展投资的高回报性，必将引起会展产业新投资净额的增加。

2. 会展投资产生间接经济效益

举办会展活动需要一定的会展场所，要求对场馆和相关配套设施及配套环境进行投资建设。对这些基础设施的新建、改建有利于区域整体环境的改善和提升。2000年的德国汉诺威世博会给下萨克森州持续带来近50亿欧元的投资，不仅使州内的交通、通信设施得到了极大的改善，更值得一提的是使旅游基本设施得到了极大的提升。这主要包括“城市花园”项目的配套设施、“世界博览会动物园展示”项目、“海洋世博会”项目、“时尚世博会”项目和“于尔岑火车站”项目等。这些项目极大地提升了汉诺威城市的整体形象，拉动了投资需求。

（二）促进相关产业的发展和优化

会展业对产业的带动作用主要表现在对区域优势产业的带动和区域产业结构调整两个方面。

1. 促进相关产业的发展

会展业通过关联效应带动建筑、旅游、餐饮、农业、物流、文化产业、金融、保险、房地产等其他产业的发展，有利于加速培养经济增长极，也为整个经济区域提供产业配套、产业带动、产业集中等强有力的支持，促进区域内资金、物资、信息、科技、人才等要素的流动，进而带动区域经济的协调发展。众所周知，国际上会展产业对其他相关产业的带动系数为1：9。审视国际上声名远播的会展中心城市，不难发现，它们大都是从本国、本区域的优势产业着眼，向全球受众通过会展的形式展现自己的经营理念、创新路径、产品性价比、交易对象等。美国休斯敦的航天器材展，德国慕尼黑的建筑机械和建筑材料展，巴黎的时装、化妆品、航空展等都是这方面的典范。在国内，多数比较有名的会展，如广州广交会、上海科技展、大连时装展、北京IT展、昆明花卉展、成都糖酒会等，基本上都是与区域经济的优势产业紧密相连的。

2. 促进区域产业结构优化

从会展业的前向关联、后向关联和旁侧关联产业发展可以看出会展业对产业结构优化升级有重要的促进作用（图9－1）。会展活动直接带动了集交通、住宿、餐饮、购物、旅游为一体的“第三产业消费链”，促进广告、保险、通信、娱乐、金融等相关行业的发展，对工业、农业、服务业等的结构调整、产品更新换代发挥着激活作用，最终推动区域产业结构的优化。

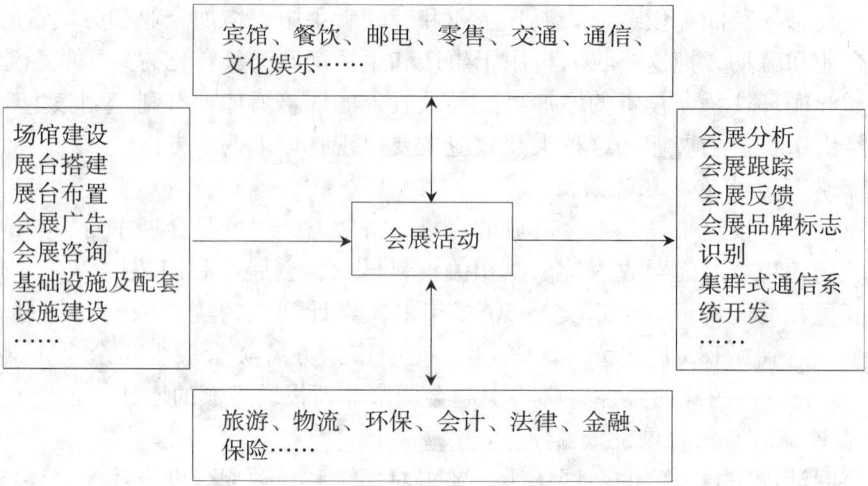

图 9-1　会展活动集合

（资料来源：曾武佳．现代会展与区域经济发展［M］．成都：四川大学出版社，2009. 133）

（三）促进消费需求和就业机会的增加

据相关统计分析，会展商人的消费额要比一个度假游客的消费额高 2 ~3 倍。2006 年仅黄金周七天在沈阳的会展就吸引了大批游客，来自各地的食客吃掉 3. 48 亿元，沈阳市各星级宾馆的入住率平均达到 83%，市内出租车单车每日运营收入比上年同期提高了 25%，公交车运营收入提高 20%，零售业销售额增长 20%。另据测算，每增加 1 000 平方米的展览面积就可创造近百个就业机会。在中国香港，一年的会展活动大约可为香港居民提供 9 000 多个工作岗位。2004 年沈阳市办展约 90 个，增加就业机会 8 000 个；2005 年沈阳市办展约 100 个，增加就业机会 1. 3 万个。就业人数增多，进而促进社会的消费需求和投资需求的增加，刺激供给，进一步创造更多的就业机会，形成可持续的良性循环。

案例 9-1：广交会的区域经济影响

广交会拉动会展经济

会展业在我国是一个前景广阔的朝阳产业。有关资料显示，目前国内会展业本身的利润率大都在 30% 至 50% 之间，而其连带效应更大，具有大约 1 : 10 的带动效应。

一个专业展会的成功举办，往往带动整个产业带的发展，对酒店、餐饮、旅游、广告等服务业以及交通等整个第三产业都将产生极大的带动作用。在广交会拉动下，广东“会展经济”不断壮大，成为服务行业的一支主力军。

形成广州会展经济

专家认为，一次会展的投入与其所带来的相关产业的产值之比是 1 : 10。据分析，每届成交额超过 150 亿美元的广交会，带给广州最直接的经济收入是 60 亿元人民币。作为“中国第一展”的广交会拉动着广州会展业的全面开花。每届广交会 10 万外宾、20 万内宾云集广州，客流量的“经济运用”就形成了“会展经济”。

在广交会举行期间，周边的馆外馆更是具有近水楼台先得月的得天独厚的优势。广交会一开，东方宾馆、中国大酒店等齐齐上阵；设摊展示轻工陶瓷或日用品，同样会聚了各路客商。这些馆外馆也就赚得盆满钵满。

拉动珠三角会展业

广交会的蓬勃发展显示了展览业作为朝阳产业的兴旺态势，它对珠三角展览业起着催生、示范作用，促成珠三角展会规模滚动发展，形成“群聚效应”。

据不完全统计，每届广交会期间广东举行的各种展览会竟达20多个。尽管举办单位一再申明，与以出口贸易为主的广交会相比，大家“井水不犯河水”。然而，同在珠三角经济圈、时间交叉重叠的巧合，让人不得不认为，声名远播的广交会被频频搭顺风车。

专业人士认为，广交会的“搭车”现象从侧面证明了其魅力所在。已有40多年历史的广交会，最具影响力的是品牌、最惹眼的是人气。

会展效应带旺区域

据了解，会展经济在北京、上海这些会展发达的城市已呈现良好发展态势。会展经济可以带动多个行业的发展，而这些配套行业最强调的就是经营场地要在会展中心的附近，从而直接拉动房地产的消费。

而目前琶洲期待借广交会东风，以广州新会展中心的建设为契机和核心，将发展成为以会展博览、国际商务、信息交流、高新技术研发、旅游服务为主导，兼具高品质的居住生活区。因此，房地产专家预测，该板块的房地产业发展前景相当可观，不少发展商已经蠢蠢欲动。

问题：广交会对区域经济的影响主要表现在哪些方面？

（资料来源：http：//industry. yidaba. com/fzfzpg/cyjq/zsj/254871. shtml）

二、会展是区域发展的无形资产

会展活动是一个区域或城市展示形象的窗口，是树立区域或城市品牌的重要载体，是提高区域或城市在国际、国内知名度的重要途径。会议、展览、节事等形式的会展活动，是对该区域或该城市的企业、产品、人员、科技、文化等要素和信息的集中展示，可以提升整个区域的品牌形象。会展是文化、观念、思想的展示，参展的产品与商家是产品与企业形象的展示，会展的组织者、参与者、策划者和管理者是人员智慧和水平的展示，举办会展的区域是区域地位和形象的展示。一些极具影响力的会展活动能够展现一个区域的特色和风貌，大幅度提高会展举办地的知名度，从而成为拉动区域经济增长最大的无形资产。

三、会展强化区域的学习功能

会展活动具有强大的集聚效应，是人流、物流、商品流、信息流、资金流的大汇合。在新经济条件下，许多会展都汇聚了工业文明的最新成果，既是新科技的展示和传播，同时也是新思想、新观念的展示和传播。

现代会展作为学习经济的平台和载体，一方面，可以聚集商品和服务信息，为参展商和贸易商建立新的客户关系以及寻找贸易伙伴、获取经贸信息提供方便；另一方面，可以使得国内外同类产品齐聚一堂相互竞技，为企业提供一个良好的平等竞争和与同类企业学习交流的绝佳机会。对于参展的企业来说，这也是个绝佳的营销机会，可以将自己的经营理念、品牌和企业文化灌输给受众，同时通过与同类企业之间的思想碰撞可以把握产品的发展趋势，加强行业间的联系和交流。

现代会展不断发展而形成的会展产业集群更加注重集体共享资源、发展人才市场、提高交易效率，产业之间在贸易和非贸易方面相互依赖并交流隐含经验类知识。区域通过举办各类会展活动增强了自身的学习能力和创新能力，通过学习力—创新力—竞争力的转化，最终将区域培育成极具竞争优势的学习型区域。

四、会展对区域资源的整合功能

现代会展对区域资源的整合功能包括外部整合和内部整合。

（一）外部整合

外部整合主要是指现代会展是人流、物流、信息流的大汇集，它为区际的系统禀赋要素提供了交流和重新整合的重要平台。各个不同区域的人才、技术、资金、市场、信息、项目、文化、管理经验等生产要素通过会展活动这个大平台得以交流和有效配置，因此，会展是跨区域的多元素要素重组。

在促进经贸合作方面会展的作用不可小视。一次成功的会展能够在短短几天内汇集大量的新技术、新产品、创新的理念和思想以及高效的信息，包括政治、经济等方面，并能够签订不少销售合同以及投资、转让、合作意向书等，是招商引资、达成交易的平台。自改革开放以来，正是因为广交会的推动，广州以及广东的外贸出口总额一直在全国名列前茅，2005 年广东进出口贸易总值达 4 279.8 亿元，占全国的 30.1%。从到会的专业采购商来看，已从最初只有 19 个国家和地区的不足 1 300 人发展到目前 200 多个国家和地区的近 20 万人；从成交额来看，已从 1957 年首届 1 754 万美元增加至 2006 年第 99 届 300 多亿美元。

区域合作已经成为促进区际经济协同发展的重要手段，而会展在不同层次的区域合作网络建设中发挥着举足轻重的作用，使得人才、资金、技术等生产要素得到优化配置。在跨国家区域联盟与区域合作组织中，如欧盟、北美自由贸易区、新马印尼增长三角、亚太经合组织等，它们的各种协议和共识都是通过会展的方式达成的。我国比较有名的跨区区域合作会展活动有：博鳌亚洲论坛、中国—东盟合作论坛、APEC 财富论坛、中俄区域合作论坛、中韩区域合作论坛等。会展为区域经济的发展建立了良好的合作网络与合作空间。在国家内部的区域合作中，通过各种会展活动，呈现出以若干城市为多元中心的网络组合，其运作并不需要按照国家间区域合作的逻辑来进行，具有较大程度的自主性。此类会展活动目前比较火热的有：泛珠三角区域合作与发展论坛、南中国经济合作论坛等。

在我国，区域合作已经成为推动现代会展的重要内容和支撑；现代会展已成为区域合作的现实载体和途径。二者相互依存，相互促进，共同发展。

（二）内部整合

内部整合是指会展策划者对本区域会展资源的整合和利用。现代会展的资源配置能力、整合能力是提高区域经济竞争力的重要因素。依附区域会展资源禀赋，整合各类会展资源，建立会展资源数据库。会展数据库建设是提高会展资源配置水平的基础设施建设，将先进的科技用于会展，在不断举办会展的过程中修正和改善。这些数据库的内容涵盖会展相关企业和中介组织数据库、会展供应商、会展活动、会展案例、会展专家人才、文化旅游景点等，这些数据库的建立是会展城市进行整合营销和会展统计的基础。

第二节　会展对城市发展的影响

在国际上，会展素有“城市经济的助推器”、“城市文化的传播工具”、“走向世界的窗口”等各种说法。由于会展业具有强大的产业联动、经济辐射、城市营销功能，而且还具有现代城市发展所追求的绿色、高效、无烟、朝阳的经济形态，发展会展业成为城市发展的一个重要选择。分析会展对城市发展的影响，对于确立会展业在城市发展中的合理定位具有现实的意义。

一、会展与城市经济发展

会展是城市经济发展的助推器，是城市经济的重要组成部分，能有力增强城市的经济实力。

（一）会展促进城市总体经济的增长

作为城市经济的重要组成部分，发展会展经济是城市经济实现总体扩张的重要因素。从国际上看，瑞士日内瓦，德国汉诺威、慕尼黑，美国纽约，法国巴黎，英国伦敦，新加坡和我国香港等世界著名的“展览城”，会展业为其带来了直接的收益和经济的繁荣。我国北京、上海、广州、深圳等地每年也通过举办各种大型会议和展览获得可观的收益。

（二）会展与城市优势产业互动发展

国内外一些会展名城，构建了一个城市会展和城市优势产业发展的循环链，城市会展经济的发展，对城市优势产业发展、城市总体经济实力的提高具有十分重要的作用。我国长春市依托城市发达的汽车制造业、电影制造业和特色农业，大力发展汽车展、举办电影节和农博会，从而构建了城市会展和城市产业互动发展的循环链，使得城市经济快速发展。长春是我国汽车工业的摇篮，在2002年的第二届长春汽车博览会期间，市内十大商场贸易额同比增加了37.1%，十大宾馆入住率提高了48.2%，全市第三产业增加值同比增长了17%。凭借其电影产业的发展优势，其电影节的举办进一步推动了长春电影产业的发展。长春还是我国玉米、大豆的生产基地，巨大的潜在市场优势和合作开发前景孕育了农业博览会。在2002长春农博会上，共有13 000多种农产品、食品、土特产品和农业机械进行现场交易，实现现场交易额2亿多元，签约项目104个，合同金额8 632万元，极大地推动了长春现代农业的发展和提升。

（三）会展带动城市相关产业发展

由于会展经济涉及服务、交通、旅游、广告、装饰、边检、海关、餐饮、通信和酒店等多个部门，它的长足发展不仅可以培养新兴产业群，而且还能够直接或间接带动一系列相关产业的发展，成为城市经济发展的突破口。1996年，香港地区举办的大型会议、展览、奖励旅游、企业会议等活动多达 3 030 项，来港参加这些活动的旅游者多达 36 万人次，共带来超过 58 亿元港币的消费。每年两届的广交会，仅客商消费额这一项就可为广州带来近 60 亿元人民币的收入，广州酒店业利润五成来自广交会的带动。

（四）会展促进城市产业结构优化升级

会展有助于各种先进技术和管理经验的交流，企业可以通过会展了解产品和技术的最新动态，加速技术的传递和流动，各企业之间相互学习、相互合作，有利于促进城市的产业结构调整，实现产业的优化升级。以北京为例，2008 年奥运会的筹办和举办为北京产业结构优化升级带来了契机。在奥运会的筹办过程中，北京的环保、交通控制、场馆建设、信息服务、安全保障、现场管理等方面都需要各大高新技术的运用，从而增加了高新技术产业的产值。奥运会的举办促进了北京的体育文化事业、信息服务业、房地产业、旅游产业、商业、交通运输业、邮电业等产业的发展，从而大大增加了第三产业的产值总量，改善了第三产业的产业结构。

案例 9－2：会展业成为城市经济发展引擎

大规模、高规格甚至国际化展会的举办，会提升一个城市的品位、知名度、经济实力；城市综合配套能力的优劣，决定着一个城市在会展经济这一“捡钱”游戏中收获的多寡。作为南京国际展览中心的老总，张建对会展经济的理解可谓颇深。

张建对记者说，各地对会展如此重视，关键就在于展会刺激了城市的餐饮、住宿、旅游、交通、广告、装潢等各方面的消费，带动了整个城市经济的发展。

展会促进城市经济发展

会展业对区域经济发展的作用毋庸置疑。最新统计表明，中国目前有大中型展览场馆 150 多座，室内展览面积超过 300 万平方米，每年在中国举办的各类展览会达 3 000 多个。去年会展行业总规模增长保持在 20% 左右，场馆收入近 28 亿元，同比增加 15%；展览收入总额近 127.5 亿元，同比增加 18%；为其他行业带来至少 500 亿元人民币的各项直接收益。

业内人士介绍，会展项目对经济发展的“带动系数”是 1∶9～1∶12。即如果会展项目直接收入为 1 元，那么相关产业如餐饮旅游、交通运输等行业收入就是 9～12 元。随着会展行业的专业化、市场化和国际化水平不断提高，中国的会展业已成为一些地区和城市经济发展、消费增长的重要产业。

例如，2006 年南京市展览面积在 23 万平方米，举办的展会对南京市经济增长贡献 200 亿元，创造税收达到 18 亿～20 亿元。

哈尔滨市 2006 年举办展会达到 70 个，全年举办参展人数超过 10 万人的展会达到 16 个，会展经济带动哈尔滨市的消费不低于 50 亿元。

2006 年，河南郑州仅“亚太医疗第一展”就揽金约 5 亿元。在这次展会上，有一家公司为此贡献了 280 万元。郑州国际会展中心运营一年来，接待人次共约 150 万，对郑州经济拉动作用明显。

昆明世博会当年会务门票收入 1 亿元、新景点门票收入 1.7 亿元，所有酒店连续 2 个月爆满，当年旅游总收入突破 200 亿元。

这些业界口中的二三线会展城市尚且如此，那么，作为一线城市的北京、上海、广州等便可略知一二。

业内人士估算，北京市目前展馆面积已超过 17 万平方米，未来几年展馆面积将达 40 万平方米，届时每 3 天举办一场会展，每年为北京市贡献超过 180 亿元。

展会与城市经济相得益彰

国务院发展研究中心研究员任兴洲说，会展业的发展与国家综合经济实力和经济总体规模、发展水平成正比，一直保持高速发展的中国经济无疑为会展业提供了广阔的舞台。

张建认为，会展就是一个城市经济的晴雨表，在这个城市举办的展会越多，说明这个城市的经济越发展，而经济越发展，展会就办得越多。会展经济就是这样，只要你重视它，把它拉过来，它对这个城市的经济效益就立竿见影。从这点来说，展会与城市经济相得益彰，这是人们把会展经济比喻为朝阳产业的一个原因。

2007 年南京举办了 10 大重点展会，打造了 1 ~ 2 个国际会展品牌。2006 年南京举办了首届亚洲户外用品展，这个展览在业内引起了很好的反响，展位面积总规模突破 2 万平方米，一半以上是国际参展单位；2007 年南京进一步加快国际化合作步伐，再打造了一个国际会展品牌。目前正在与德国莱比锡展览公司洽谈，争取引进德国相关展会。另外，今年在南京市举行的展会将得到市政府及会展业办公室的“一站式”服务。

问题：试对“会展是一个城市经济的晴雨表”谈谈你的看法。

（资料来源：http：//www. cce360. com/web/cces/viewnews. asp？id = 594&uname = ，节选）

二、会展与城市文化形象

（一）会展的文化效应

会展不仅给城市经济发展带来巨大动力，也为城市文化的发展和城市市民素质的提升提供了一个新的发展平台，已经被认为是城市营销中很重要的一张“名片”。

1. 会展提升城市文化的亲和力

会展活动是一种文化体验活动，可以带给人们独特的个性化体验，突出“以人为本”的人文精神，充分凸显了会展产业在精神、理念、价值等方面的文化内涵，具有提高城市居民的人文素质以及培育和塑造城市精神的作用。会展活动注重于观众的互动和参与性，因此，一般会在会展中加入某些娱乐活动。会展活动的举办可以引领人们的消费时尚，给人以难忘的视听享受和美好感觉，从而提高了会展活动的附加价值。如以“魅力长沙”为主题的长沙首届年货博览会倡导“丰富年节市场、创新年节文化、提升生活品质、建设城市文明”的经营理念，通过“年博会”打造巨型商业平台，消费者可以逛花市、购年货、品美食、看表演、玩游戏、抽大奖。活动内容丰富，种类繁多，有明星歌友会、迎新抽奖活动、运动无极限、湖南花鼓戏、儿童亲子园等，贴近普通百姓的生活，充分体现了会展活动的文化亲和力。

2. 会展提高市民的文化素质

会展弘扬文化并促进文化创新，具有强大的教育宣传作用。这对于提升城市市民的文化素质和城市文化底蕴具有很强的时效性，弘扬并发扬了城市文化。会展活动可以营造一种浓厚的文化氛围、文化经历、文化体验、文化传播、文化欣赏等，能够极大地满足人们对文化的渴求和精神充实的需求。大型的会展可以吸引不同文化背景、不同观念的人们齐聚一堂，会展参与者之间互相交流，产生思想碰撞的火花，可以在无形中提高人们的文化修养、审美情趣、感受能力和鉴赏眼光。会展活动中往往还会举办专家报告会、理论研讨会、旅游发展论坛等，使各种先进的思想理念在此交汇。来自国内外的新科技、新理念，引发了广大人民的“理念更新”，带动了城市居民文明素质的提高。

3. 会展推动文化产业的发展

随着人们消费需求的变化，文化体验成为一种主流趋势。文化成为经济发展的重要资源，而文化产业则成为重要的支柱产业。城市是文化产业发展的集中地，现代文化大都产生于城市。文化的博大精深呼唤展示的平台，会展恰好可以为科技文化的推广和文化产业的发展起到一个推动作用。世界各地的图书展、高科技展览、美术展等各种形式的会展，为文化产业的发展提供了一个很好的平台，同时也开阔了市民的文化视野，丰富了群众的文化生活。

4. 会展促进城市文化的传播与创新

展览是一种重要的社会意识形态，它归根结底是对一定的社会存在的反映，因而具有多方面的认知作用和传播作用。从横向看，一个时代的经济、政治、文化、军事、道德和社会习俗等各方面的情况，都会被一定程度地反映到展览作品中。从纵向看，时代变迁、国家兴亡、科技演进、民族盛衰、生物演化等历史变化的步伐，通过博物馆、展览馆、科技馆能得以生动展现。会展的发展对于城市文化的传播和创新起到了很好的作用，参加会展的人们有不同的语言、不同的生活习惯、不同的文化背景，聚在一起必然会带来不同的文明和文化，不同文化的交流碰撞便促进了城市文化的融合和创新。如北京的国际风筝节，继承了中华民族的文化传统，弘扬了民间的风筝文化，丰富了北京的城市文化。

（二）会展提升城市形象

会展是一个城市对外交流、展现自我形象的大好机会，对于提升城市形象起着重要作用。

1. 会展有利于城市环境形象和政府形象的提升

会展的举办离不开便利的交通和城市的基础设施。据测算，2010 年上海市举办世博会将会使基础设施的完善整整提前十年，包括道路、通信、供电、供水等其他的设施，这些软硬件环境的改善，将大大提升城市的交通环境形象。为配合广东省众多会展的举办，在交通基础设施建设方面，广东省加大投资力度，并且与多个部门密切配合，如卫生防疫部门、环保部门等，大大提高了广东省的环境质量。

会展业是一个非常综合的行业，它涉及城市的方方面面，特别是跟政府的管理有密切的关系。政府介入会展，协调各方利益，改善办展环境，可以体现出政府的公共服务能力和服务意识，有利于提升政府的形象。

2. 会展有利于城市知名度的提高

国际上许多城市因会展而闻名于世，如德国的汉诺威、杜塞尔夫、莱比锡、慕尼黑等都是世界著名的会展之都。会展是最大规模、最有特色、最有效果的城市广告，它能够向世界各地的参展商、贸易商和观展人员宣传一个城市的科学技术水平、经济发展实力，展示城市的风貌和形象，扩大城市影响，提高城市在国内外的知名度和美誉度。法国的巴黎因每年都要承办300多个国际大型会议，赢得了“国际会议之都”之称；香港则以每年举办若干大型国际会议、展览而在国际上享有盛名。1999年昆明博览会的举办，使昆明从中国西南的一个边境城市一夜之间声名鹊起，影响力大幅度上升。

3. 会展有利于城市品牌的塑造

会展活动是城市形象的展示窗口，是树立城市品牌的重要载体。一个成功的会展一般都会聚集一些比较具有影响力的商家和消费者，如果他们对该城市能够产生较好的印象，就会形成口碑效应，从而主动积极宣传城市，逐步形成城市的品牌形象。举办会展的城市能不能跻身于国际知名城市行列，其评判的标准之一就是这个城市召开国际会议和举办国际展览的数量和规模，因此，会展能够给城市带来无法估量的品牌效益。

三、会展促进城市管理水平的提高

一个大型会展活动能否取得成功，与一个城市管理水平的高低是息息相关的。举办一次会展活动往往牵涉到住宿、餐饮、交通、物流、通信等各个方面，需要一个城市的各个职能管理部门相互配合，对一个城市的管理水平提出了较高的要求。城市政府为了确保会展能够顺利进行，必然会加强对会展场馆和城市公共服务设施等城市基础设施建设，完善社会服务及居住功能。同时，围绕创造良好的城市环境，必然提高城市教育、文化、医疗、体育等公共服务水平，加强城市污染综合治理，提高城市的生态环境质量。另外，会展的举办也会给城市交通、住宿等带来巨大的影响。如第96届广交会举办期间，共有48个交易团抵达广州，有13 000家企业和科研院所参加，国际采购商达到15万人左右，国内参展人数超过了30万人。要做好如此规模的参展和观展人员的服务工作，就必然促使政府加快管理职能的转变，不断提高和改进自身的宏观调控能力，以缓解短时期内的人流集聚而造成的压力。

第三节　会展对社区的影响

与会展对区域经济和城市发展的影响相比，会展对社区的影响是一个比较微观研究的层面。会展对社区的影响有积极的一面，同时也有消极的一面。简而言之，会展对社区的影响体现在经济、文化、环境的各个方面。

一、会展对社区的积极影响

会展有利于拉动社区的经济增长，改善人们的生活水平，增长社区人民的见识，提高社区的服务水平，丰富当地人民的生活。

（一）提升社区知名度、促进经济增长

会展可以在短时间内聚集大量的人流、信息流，各种媒体的报道，参加人员的口碑相传，可以使得会展举办地被更多人了解。国内外凭借举办会展而声名鹊起的地方举不胜举，如东莞市厚街镇每年两届的名家具展让这个小镇在国际上拥有了极高的知名度；博鳌原是海南琼海市下属的一个名不见经传的小渔港，现在因为亚洲论坛变成世界上风景最优美的会议中心、旅游度假胜地之一。

会展业可以为社区带来可观的经济收入，为社区居民提供更多的就业机会。社区为会展提供相应的配套服务，向参展者和参观者提供商品、服务等，也可以作为参展商加入到会展当中，通过各种市场交易可以增加自己的收入。2006 年义乌的小商品批发市场实现商品市场成交额 315.05 亿元人民币，比上年增长 9.2%，自 1991 年以来已连续 16 年位列全国市场成交额榜首。

（二）增长社区居民见识、提升服务水平

会展的举办聚集大量的信息，包括产品、技术等方面最新的情况，各种专家报告会、产品推介会使得各种新的信息相互碰撞。会展的举办增进了参加者与当地居民之间的跨文化交流，使得他们对相互的文化有所了解，为社区文化带来了创新的动力和内容。社区居民可以了解到社区之外的某个专业领域的动态情况，这对于他们增长见识是个绝佳的途径。同时，会展中也包含了多种主题，包括学术、音乐、艺术、商贸等，这些会展活动都是传达异域文化的载体。文化视野的扩大为社区带来了新的意识和理念。

会展举办过程中需要社区为参展者提供相关的服务，为了提升会展的举办水平，一切以参展者的需求为导向，突出“以人为本”的理念。会展从策划人员到实施人员都会接受专业培训，从服务理念、服务态度等方面都有极大的转变，这将促进社区服务水平的进一步提升。

（三）促进社区设施建设，丰富社区生活

为配合会展的举办，各地政府都会注重改善通信、道路、交通运输等基础设施，增加休闲娱乐的相关设施，重视当地的环境卫生状况。同时，还会保护维持博物馆、剧院和其他文化设施及活动，保护、修缮历史建筑和古迹遗址，因而极大地改变社区的风貌。

会展活动可以大大丰富当地居民的生活，如上海国际服装文化节为充分显现国际大都市的魅力，以“发展经济、繁荣市场、美化世界、美丽自己”为宗旨，各式的服装品牌脱颖而出，在淮海中路沿线相继演出了 16 台缤纷多彩的时装秀，为市民休闲增加了高品位的文化娱乐套餐。广东国际旅游文化节以“活力广东，欢乐祥和”为主题，主场设在广州市，是对岭南文化的全面大整合和大展示，突出了岭南文化特有的区域、民俗、历史、艺术、饮食、手工艺和现代都市文化特点；项目多、时间长、演员多、规格高，自 2005 年举办以来已经成为广东最具影响力的旅游欢乐节。丰富多样的参与性、观赏性节目，如客家山歌对唱、花车巡游、广东摄影等，都给广东人民带来了难得的文化盛宴。

（四）增强社区认同感，激发文化保护意识

会展是一个综合性的展示活动，除了展示当地的经济实力以外，也展示当地的文化内涵，而且文化赋予了各种会展活动灵魂，是会展竞争的关键所在。会展活动必然和老百姓的文化娱乐紧密相关，是一种大众文化现象和地方文化现象。会展活动对于弘扬传统文化、彰显传统文化的丰富内涵和个性，对于进一步密切国内外文化交流与合作，促进文化的传承、发展具有积极而深远的影响。社区人民意识到文化的吸引力和重要性之后，会激发他们对社区文化遗产的认同感，从而积极保护当地独特的文化特征，以保持社区会展的持久竞争力。广东省国际旅游文化节荟萃了岭南文化中的精髓，其中大部分绚丽多彩的节目已经位列国家级非物质文化遗产，如遂溪和番禺醒狮、潮汕秧歌舞、客家山歌、潮州音乐、汕尾渔歌等。各个分展场的艺术表演将逐渐被人们遗忘的民间艺术奇葩重新推入人们的视线，有利于激发人们对传统民俗和民间艺术自觉进行保护的欲望。

二、会展对社区的消极影响

（一）增加社区生活成本

1. 会展导致当地物价上升

会展的参与者一般都具有较高的经济实力，而且供给不可能在短时间内激增，因此出现暂时的供不应求，必然导致社区物价的上涨。昆明作为典型的旅游城市，平常每年的11月是旅游淡季，但是由于旅交会的开展，其酒店房价指数仍比正常月高出12%～16%，可见会展对住宿业的影响非常显著。

2. 会展导致生活环境污染

参展人群的大量涌入必然导致生活废物、垃圾、噪音的产生。水体环境的污染源主要是生活污水、粪便垃圾及雨水淋溶的渗滤液，另外还包括一些废纸、塑料袋等污染，有些污染物甚至是不可降解的，人员过度集中呼出的二氧化碳以及汽车燃烧后产生的废气还会造成空气质量下降，对环境的破坏性极大。

3. 会展增加当地的犯罪率

会展活动是一种跨文化的交流活动，外地人的某些意识和生活方式介入到当地社会中，尤其是失真的高消费行为会对当地社会产生不良的示范效应。年轻人更容易受这些思想的影响，外地人的高消费造成了他们心理的不平衡，而且有些外地人素质比较低，他们的行为对当地人淳朴的思想带来了巨大冲击。有些人可能为了追求更高的物质享受而进行偷窃、抢劫，参与黄、赌、毒等不良活动，增加了当地的犯罪率。

4. 会展给当地带来交通拥挤

大量的人流和物流必然与社区居民之间存在着空间上的竞争，社区道路资源的有限性可能产生交通拥挤，从而影响社区居民的出行。会展过程中有大量的车辆开到展馆附近，其中包括运载展览品的车、参展商的私人车辆、参观人群的私家车、旅游巴士等，一时之间抢占了当地居民的停车空间，给社区居民造成了出行、生活的困难。

（二）冲击社区生活和传统

1. 会展对社区固有生活产生冲击

会展将某些意识和生活方式介入到当地社会中，引起当地居民的思想变化。受示范影响最大的是年轻人，他们模仿外来参展者带来的时尚，在享受精神生活的同时对物质生活也提出了高要求，并千方百计去争取享受，尤其是追求西方的生活方式，这给当地的社会、经济以及家庭结构都会带来影响。

2. 会展对民风民俗产生冲击

会展活动的参与者和外来观众与当地居民的交流必然会引起语言文字的逐渐改变，弱化社区方言。为迎合会展旅游者的需求，传统的节日以及风俗习惯经过预先策划以娱乐的形式被加以改造，导致传统习俗的商业化、庸俗化，从而失去了其原有的意义。

第四节 会展对企业的影响

会展在企业发展与营销战略中的地位和作用越来越重要。会展不仅是企业发展的一种新方式，也是企业营销的一种新手段。对众多企业而言，会展是拓展市场的一把利刃，更是传播信息、建立品牌和发展客户的有效平台。

一、会展为企业发展提供新方式

会展为现代企业发展提供了一种新方式。各行业企业在参与会展活动的同时，发现其对行业企业规模与影响扩大的巨大作用。如在房地产销售方面，房展会由于投资少、收益大、见效快，已成为房地产开发商的最佳营销方式之一，房展会不但为购房者提供了看房的场所，同时也为开发商提供了一片展示楼盘、展示企业形象的天地。“重展薄销”已是房展会发展的趋势。许多开发商都认为，参加房展会的费用要比投入媒体广告的费用低廉，而且能够直接与目标客户接触和交流，针对性更强，房展会现场即使无法售出大量楼盘，但必定会带来潜在的和长期的利益。再如，广州美博会是传播时尚信息、潮流技术的平台，更专业地将服务和营销方式传播给大众。美博会集齐了六大美发品牌在同一展会中同步进行各自的品牌传播和最新发布，通过这种良性传播的形式让更多看秀的人能够进行比较和认同，同时也整合了美容业的资源，通过展会将中国的美容美发行业推广到整个欧洲，让其他国家也看到中国展会的魅力及行业的发展。

二、会展为企业营销开辟新天地

会展具备了各种营销宣传工具的共同属性，作为广告工具，会展利用特定媒体（会展活动）将信息发送给经选择、有针对性的受众；作为促销工具，会展具有多方面功能并使客户产生购买的欲望；作为直销的一种形式，会展可促使受众即时地反应；作为公共关系，会展通常可以树立公司形象，提高企业知名度。会展作为企业之间的一个有效的商务平台，具有为企业树立形象、展示宣传产品、挖掘和拓展市场、了解和确定企业地位、降低营销成本等作用，在企业市场营销战略中的地位越发重要。在发达国家，企业通过参加会展进行产品推广已经成为企业的重要营销活动。在德国，企业将参展作为生产研发之后的头等大事，认为没有哪一项商业活动能够像参展这样每天与数十个客户面对面交谈，并最终促成签约。美国贸易展览局近期的一份调查显示：制造业、通信业和批发业中，2/3 以上的企业经常参加会展；金融、保险等服务性行业虽然只能展示资料和图片，但仍有 1/3 以上的公司将会展展示作为主要的营销手段。因而，这种新的、有效的营销渠道能够促进企业产品的销售、企业品牌的确立，为企业的进一步发展积累有形与无形资产，是新的经济发展形势下企业直面挑战、抓住机遇进行发展的有效途径。

案例 9－3：西博会给杭州带来了什么？

说起西博会给杭州带来的影响，有位先生神秘兮兮地对我说，都是西博会，把杭州的房价弄得这般的高。说西博会抬高了杭州的房价，就目前西博会的状况而言，有点捧高了，西博会与房产泡沫毫不搭界。但这个猜测也有其可取之处，那就是，它多少暗示了“会展经济”之于城市发展的意义。西博会之于杭州的意义，在于它潜移默化地改变了这个城市。

祁女士现在是一家展览公司的老板，此前她曾经在浙江世贸中心干过五六年，是杭州会展业这几年发展的亲历者。祁女士说，她之所以放弃北京的工作来到杭州，是因为西湖的水太迷人了。在这样一汪碧水边工作，无疑是非常惬意的，但工作本身又无疑是非常繁杂的。祁女士来杭州工作的时候，正是世贸中心筹建的时候。那时候杭州大型的会展基本都集中在浙江展览馆，她到企业去推介会展，企业往往会拒绝，理由是世贸中心太远了。在北京上班时每天都要坐一个多小时汽车的祁女士无论如何也不能接受这个理由，太远，不就是一公里多的路程吗？招展难很令人烦心，更令人烦心的是一些展览公司的短视行为。明明只有300个展位，对客户宣传则变成了500个；明明只印了2 000册会刊，转身就变成了5 000册。客户来了一次就不会再来第二次，自己赚了钱，毁了整个行业的名声。

但西博会的召开改变了这一切，世贸中心不仅一期吃饱了，连二期都非常红火。顺带着，在杭州诞生了许许多多的专业展览公司，祁女士的公司就是这样诞生的。祁女士觉得自己的公司诞生得正是时候，别的不说，由于西博会的历时性，大家都自发地起来抵制欺骗行为，行业正有序地繁荣起来，这是公司发展的最好的环境。问起公司的前景，祁女士说，就两三年吧，再过两三年，西博会的影响更大了，公司也成熟了，杭州的会展行业也成气候了。

行业在自律，西博会的招展工作也在规范着这个行业。他们在选择承办单位时，往往会从企业的规模、办展历史以及办展经验、客户意见等多方面进行审核，实施“竞投标”式的选择，这促使了全行业的良性循环。西博会做的工作还不止于此，在2001年，西博会组委会就为会展企业举办了一期“会展业相关知识高级培训班”，应邀而来的都是国内著名专家、学者。也许一期培训班不能解决很多的问题，但这表明了一种态度。经济学家说会展能够为城市提供若干个工作机会，那么会展行业的繁荣应该被视为是工作机会的最直接的提供了，政府很希望它能够健康发展。

如果我们谈西博会之于杭州的意义，只是局限于它为会展业的发展提供的平台，那么我们的思路就是残缺的。举办会展是一个城市建设发展的契机。我们常提会议经济，是指除了会议能够带动商贸、旅游外，还有一个重要作用，就是对城市“硬件”、“软件”建设的推动。当然，这种推动也有变了味的。几年前，某市为了举办一个全国性大型运动会，拓宽市中心道路，把许多生长了几十年的大树砍掉。数年之后，为了另一个国际性会议的举行，该市又重新举起绿化大旗，鼓励种树植草。有报道说，单是装点城市街道、广场的盆栽花卉，就多达200万盆。

这样的拍脑袋工程没有出现在杭州。以举办西博会为契机，杭州市把加快城市化进程作为推进经济社会新一轮发展的重要载体和突破口，在优化城市空间布局结构、提高城市环境品位、增强城市综合竞争力等方面取得了较大进展，城市面貌焕然一新。

下大决心大规模拆除违法建筑是杭州市改善城市环境的突破口。从1999年6月以来，杭州市在全市范围对违法建筑进行清查，当年拆违达112万平方米。杭州还大力开展城市环境综合整治行动。这几年杭州市共投入了65亿多元，先对环城北路、解放路、延安路等12条主要道路及武林广场进行道路综合整治，之后又完成了对北山路、环城东路、南山路等数十条道路的整治。整治后的道路拓宽拉直，建筑立面粉刷一新，绿化带也基本建立。特别是环城西路和环城北路，拓宽到近60米，绿化率全路段超过20%，已跻身浙江省不多的街容达标路之列。与一些“推土机”不同的是，杭州市在城建过程中尤其注重对历史人文景观的开发保护，近年来分别对胡雪岩旧居等大型古建筑进行了抢救性维修，并对南宋皇城遗址等重点文物进行了保护，其中清河坊历史文化街区正式开街更是引起众多反响。前些日子，为了杭州城内一座无名古建筑，媒体大幅连续报道，阮仪山教授也特地亲临，市府还专门组织人员核查，从而修改了城建计划。

虽然有资料显示，依然有26.7%的游客认为杭州“环境卫生差”，但迅速变大变美的杭州，使原先的“杭州到，马路跳”、“西湖美，城市旧”之类的印象，逐渐变成了历史，而生活在这座城市中的居民，也敢自称生活在“天堂”里了。

实实在在的为民之心得到的回报是民心的凝聚。从2000年7月开始，西博会面向社会公开招募志愿者，短短一个月时间，报名者就近万名，他们当中年龄大的有八旬老人，年龄小的有两岁孩童。不同年龄、不同职业、不同性别、不同学历，为了西博会，他们走到一起来。有人这样说：“志愿者来自普通市民，正说明了在百万市民中蕴藏着这样的力量。一旦把这股力量激发出来，凝聚起来，怎样的艰难都能度过。”切中题意！许多企业也在默默地向西博会表心意。杭州知名企业娃哈哈集团就在他们外省投放的广告中直接打上了宣传西博会的字幕。有调查显示，在前两届西博会中，市民的参与热情都很高，66.2%的市民参加了西博会的展项和活动，其中一半以上的市民参与了1～5个项目活动。76.1%的市民热切希望今年能继续参加西博会。

尽管有人说，数字是没有太大说服力的，但我们在这里还是想提一些数字。直接参与2000年西博会的人数达到573.72万人，总成交额69.61亿元；2001年西博会现场内贸成交人民币56.8亿，外贸成交美元2.1亿，创造增加值9.85亿，直接拉动杭州当年GDP增长0.67个百分点。2001年杭州旅游业收入同比增长25.3%，等于多做了一个季度。

问题：西博会给杭州带来了哪些影响？

（资料来源：http：//brand.icxo.com/htmlnews/2004/02/02/73134.htm，节选）

【本章小结】

会展对举办地所在区域的经济、城市发展、社区以及企业等各方面都会产生积极或者消极的影响。会展对区域经济发展的影响表现为拉动区域经济的发展，强化区域的学习功能，加快区域资源的整合，是区域发展的无形资产。会展对城市经济、城市文化形象和城市管理水平产生影响。会展对城市社区既有积极的影响也存在消极的影响。会展为企业发展提供了新的方式，为企业营销开辟了新的天地。

【拓展阅读】

会展的影响从长远来看是积极的，目前很多国内学者都着手研究会展的影响，这已经成为该领域研究的重点，明确会展的影响为确定会展在区域经济中的地位提供了依据。以下介绍一些文献资料以供课外学习之用，对于全面了解会展的影响可以起到指导作用：

1. 程红等．会展经济：现代城市"新的经济增长点"［M］．北京：经济日报出版社，2003

2. 曾武佳．现代会展与区域经济发展［M］．成都：四川大学出版社，2009

3. ［德］阿尔诺·勃兰特等．汉诺威世博会对区域经济的影响［M］．上海：上海科学技术出版社，2003

4. 涂成林等．会展：现代城市发展的杠杆［M］．北京：中央编译出版社，2009

5. 应丽君．21世纪中国会展经济与会展产业［M］．重庆：重庆大学出版社，2003

6. 中国国际贸易促进委员会．中国会展经济发展报告2005［M］．北京：中国经济出版社，2005

7. 罗秋菊．东莞厚街镇会展业影响的社区感知研究［J］．旅游学刊，2006，21(3)：77～82

【思考与练习】

1. 会展对区域经济的发展有何影响？
2. 会展对城市发展有什么影响？
3. 会展对社区有哪些影响？
4. 会展对企业的影响作用表现在哪些方面？

第十章　会展规划

【学习目的】

通过本章的学习，了解会展规划的概念、类型和步骤，理解会展规划的原则；理解会展发展规划的定位和重点；了解会展场馆规划的原则，理解会展场馆选址的影响因素及模式，能够结合案例分析会展场馆选址的合理性；了解会展场馆规划的组成要素及不同类型展馆设计的要点；了解各类会展活动项目策划与规划的要点。

【学习要点】

1. 会展规划的概念、层次、原则与步骤；
2. 会展发展定位及会展发展规划的重点；
3. 会展场馆规划原则及组成要素；
4. 会展场馆规划选址的影响因素与模式；
5. 会展开幕式、会展论坛、产品发布会、评奖活动及表演活动的策划要点。

【关键词】

会展规划　会展发展规划　会展场馆规划　会展活动项目策划

第一节　会展规划概述

一、会展规划的概念

规划，是基于历史和现状对未来发展蓝图的构想，以及为实现未来发展蓝图所设计的整套行动方案。会展规划即是基于会展发展的历史、现状和条件，制定会展发展的思路和目标，以及为实现目标所设计的整套行动方案。

会展规划属于区域社会经济发展规划和城市规划中的一项专项规划，是对会展业发展的系统性、整体性的产业规划。会展规划的目的是为了合理地利用会展资源，有计划、有步骤地发展会展事业，以减少盲目性，促进各地扬长避短，发挥区域优势，做好会展建设布局，从而提高会展业的综合效益，促进地区社会经济的发展。会展规划是在市场调研、科学论证的基础上，明确提出会展业发展的方向、规模、重点和目标，以及实现目标的对策和措施，因此它具有战略性的指导意义，为会展业发展提供科学依据。

二、会展规划的层次

科学的规划可以为会展的发展提供方向和依据，不同层次的规划可以从宏观和微观角度对会展的发展给予全面的指引。一般来说，会展规划可以分为以下三个层次：

（一）会展发展规划

会展发展规划是根据会展业的历史、现状和市场要素的变化所制定的目标体系，以及为实现目标体系在特定的发展条件下对会展发展的要素所作的安排。按规划的范围和政府管理的层次的不同，会展发展规划可以分为全国会展发展规划、区域会展发展规划和地方会展发展规划。会展发展规划的期限一般为五年以上的中长期规划。会展发展规划的内容大致包括：会展发展资源与基础条件分析，发展思路与目标确定，各类产业要素专项规划，社会、经济和环境效益评估，规划实施对策与措施等。

（二）会展场馆规划

会展场馆规划是在会展发展规划的基础上对会展场馆及其相关设施项目所作的进一步安排，是会展发展规划的落实和细化，一般为五年以下短期规划。会展场馆规划包括会展场馆总体规划、控制性详细规划和修建性详细规划。其主要任务是进行可行性分析和场馆建设选址，确立场馆功能定位和建设规模，划定场馆的用地范围及空间布局，安排场馆基础设施建设内容，进行投资效益分析，提出建设对策和措施。原则上大型场馆的建设应当编制总体规划，小型的场馆可以直接编制详细规划。

（三）会展活动项目策划

会展活动项目策划是在会展发展规划和场馆规划的基础上对会议、展览、节事以及奖励旅游等具体活动项目的策划，是会展发展规划的补充和细化。会展活动项目策划是对会展资源的重新整合和策划规划，包括具体会展产品的策划规划、会展系统要素的策划规划、会展娱乐项目的策划规划、会展营销的策划规划、节事活动的策划规划等方面。

三、会展规划的原则

（一）科学规划原则

科学性是所有规划必须遵循的基本原则。就会展规划而言，必须是在对某一区域会展发展历史、发展现状以及影响会展发展的各种条件和因素进行准确分析的基础上，依据产业规划的基本理论和会展发展的一般规律，对会展未来发展的状态进行科学构想，并对会展发展的各项要素进行合理安排设计。科学性也是评价会展规划的基本准则。

（二）系统协调原则

会展活动是一个复杂的、开放的、多变的大系统，会展规划就是对这些系统进行协调，促使其有序发展。会展规划不仅要整合和优化区域内的各类会展资源，协调会展供给系统、需求系统以及支持系统的关系，而且要打破区域、部门、行业界限，加强区域和部门的协调配合，此外还需与上一层次的规划如社会经济发展规划、区域和城市规划相协调。

（三）创新性与可行性相结合原则

会展规划要求对未来发展蓝图进行前瞻性的构想以及为实现这些构想进行相关要素的

规划设计，这是会展规划创新性的集中体现。在强调会展规划创新性的同时，还需要充分考虑会展发展的现状和限制性因素，论证会展发展目标的可行性，评价会展各项要素安排的可操作性。

（四）政府引导与市场运作相结合原则

会展规划一方面要强调政府对会展经济发展的宏观指导和协调作用、公共财政和产业政策的引导作用，充分调动会展发展主体的积极性和创造性。另一方面会展规划还要强调市场的主体作用，会展发展的各项要素安排和设计应遵循会展市场竞争法则。

四、会展规划的步骤

（一）任务确定与准备阶段

首先，以政府委托或竞标的形式确定会展规划的编制单位，明确编制会展规划的具体要求，其中包括规划范围、规划时限、规划重点以及需要重点关注的问题。其次，根据规划任务合理挑选和组建专业化的多学科研究队伍。最后，根据任务、时间和条件制订工作计划，包括日程安排、阶段目标、操作方法、最终成果、组织分工等内容。

（二）调查与资料分析阶段

规划编制单位到规划区域进行现场调研，收集编制规划所必需的基础资料、专业资料、市场调查、相关行业资料和统计数据等相关资料。根据调查和所收集的资料对会展业的现状特点与问题、会展发展的区域背景与条件、会展市场需求现状、会展发展的机遇与挑战、会展发展的趋势等进行综合分析，找出现有和潜在的会展发展问题，明确会展发展的优势、机遇和制约因素。

（三）规划编制阶段

根据综合分析确定规划总体思路和发展目标；在总体思路和发展目标指引下，编制相关专项规划，如发展布局与重点、基础与配套设施建设、市场开拓与营销、支持要素规划以及各项保障措施等；编写规划方案，编绘相关图件。

（四）征求意见与优化阶段

规划方案初稿完成后，征询委托方和相关专家等的意见。依据各方意见，通过补充调研，进行各系统之间的综合平衡与协调，对规划进行修改、优化。

（五）规划评审与审批阶段

完成规划评审稿后，由委托方聘请有关专家对规划的完整性、科学性和可行性进行评审，提出规划评审意见。根据审批意见，对规划文本、附图以及规划报告进行修改完善。规划成果最终需报送政府有关主管部门，待审批后方可实施。

第二节　会展发展规划

一、会展发展定位的类型

区域或城市会展定位是会展发展规划的重点，即是要依据会展资源状况、发展条件、需求趋势对会展发展目标进行确定。根据目前我国的会展发展状况和国际会展城市的特点，可将会展的定位分为以下三种：

第一，“国际会展都市”。具体指标包括：每年举办重大展览（展出面积5万平方米以上）80个以上；全年累计展出面积400万平方米以上，境外参展商和买家占主导的展会不少于一半，境外参展商和买家数以百万计；举办大型国际会议近千场，来自世界各地的与会代表数十万人。这类城市常年举办的国际性展会例会应达到50期/年以上，会展直接收入全年应达到10亿美元左右。

第二，“国家会展名城”。具体指标包括：每年举办200多个展览，其中25%是国际展，10%以上是大型展览（展出面积5万平方米以上），展览直接收入将近20亿元人民币，对第三产业的贡献率在10%～20%之间。

第三，“地区性会展城市”。具体指标包括：具有一个展出面积3万平方米左右的会展中心；一年至少举办50个展览，平均每个展览的展出面积在1万平方米左右；展览直接收入1亿元人民币以上；会展中心能够维持收支平衡，不需要政府财政补贴。

二、会展发展规划的重点

（一）会展发展目标的制定

目前，我国还未形成一整套科学的会展经济指标体系。一般来说，展览期数（包括品牌展会的个数）、重大会议期数、实际展出总面积、本地会展场地经营者的收入以及本地会展组织者的收入是最重要的5项指标，也是不易与其他服务业交叉统计的指标，必须首先在规划中明确。

（二）会展发展格局的规划

依据会展发展目标，充分考虑不同区域经济发展状况、交通条件、基础设施建设、旅游资源禀赋等因素，合理规划“会展城市、品牌展会、专业展会”等多层次的会展布局体系，明确区域会展发展和建设的重点城市和重点展会。

（三）会展场馆及配套设施的规划

会展场馆及配套设施是区域或城市会展发展的基础，因此需要规划建设与发展定位相适应的会议中心、展览中心等必备设施，此外，区内交通、通信、互联网等基础设施是否完善，餐饮、住宿、娱乐等配套设施是否齐全，空港、海港、铁路、高速公路等对外交通设施是否完备等，对这些都需要做出符合实际的规划。

（四）会展产品与市场的开发规划

依据区域社会经济背景、产业发展状况、会展场馆及配套设施规模容量和会展市场发育现状，确定会议、展览和节事活动等会展产品开发的重点类型，明确区域会展发展的重点品牌，制定会展发展的目标市场和营销计划。

（五）会展发展保障措施的制定

（1）政策法规的配套完善。通过完善的政策制度体系，确定会展业在区域中的作用与地位；扶持与激励会展业的发展；为企业和投资者营造良好的环境；保障企业和参展者的合法权益。

（2）资金筹集与人才队伍建设措施。从国家、地方、部门、集体和个人多渠道筹集资金，以政府财政为引导，积极引进外资和吸引社会资源，以此保证会展发展建设的经济基础；对会展专业管理队伍和服务队伍等人才队伍建设提出建议和思路。

（3）会展管理体制的优化。明确会展活动的业务主管部门，组建统一的政府主管机构，加强对会展发展的规划与引导，加强对重大会展活动的申请、协调和指导，加大对会展发展的重视程度和支持力度。

案例 10-1：河北省会展业发展规划纲要（2006—2010 年）

为加快发展全省会展业，进一步推动对内对外贸易、扩大对外开放和加强区域经济技术交流与合作，特制定本规划。

一、发展思路与总体目标

（1）发展思路。发挥河北产业优势及环京津、环渤海区位优势，坚持政府引导，市场运作、多元投入，产业化经营、社会化服务，推进会展业法制化、市场化、产业化、国际化进程，以发展城市会展经济，创办品牌展会为目标，完善并加快硬件建设，加强软环境建设，为提高河北对外开放水平，振兴河北服务业，提升经济竞争力作出贡献。

（2）指导原则。一是政府引导与市场运作相结合；二是科学规划与突出重点相结合；三是充分发挥经济优势，突出区域合作；四是与其他行业协调发展；五是传统会展与互联网技术相结合。

（3）发展目标。到 2010 年，年举办各类相关活动 100 项，形成 20 个较大影响展会，展馆面积达 26 万平方米，从业人员达到 3 万人左右，展会直接收入达到 3.5 亿元左右，带动收入达到 35 亿元左右。

二、发展布局及其重点

结合实施“一线两厢”区域经济发展战略，着力构建“会展城市、品牌展会、专业展会”等多层次、广覆盖的会展布局体系。重点建设和形成四个会展城市，20 个较大影响展会。

（1）4 个会展城市。根据区域特色、产业基础、服务业水平，现有的品牌展会应重点建设石家庄市、廊坊市、唐山市和邯郸市 4 个会展城市。

①石家庄市。依托交通、通信、文化、人才竞争优势，以及医药、纺织、高新技术等主导产业，发挥其商贸发达、小商品市场辐射面广的作用，以基础设施、信息网络和优惠政策为支撑，发展综合性、专业性展会。加快发展医疗器械展览会，创新消费品博览会（小商品博览会），培育医药博览会，扩大会展规模，力争在规划期打造成国内有较大影响的品牌展会，使石家庄市进入全国会展城市前 30 名。

②廊坊市。发挥毗邻京津、交通便利的优势，依托电子信息、木材加工、会展旅游等主导产业，抓住北京奥运的契机，利用廊坊低成本的优势，吸引国内外大型会议、展览，举办、引进并举，大力培育有特色、有影响的当地品牌展会。力争在规划期内进入全国会展城市前 30 名。

③唐山市。重点以钢铁、陶瓷和机械等优势产业为依托，以中国（唐山）陶瓷博览会为发展基础，发展相关设备及重工业展览会，力争在规划期内成为区域性会展城市。

④邯郸市。发挥历史文化名城和晋冀鲁豫交汇区的区位优势。依托钢铁、电力、纺织、服装、农副产品等优势产业，重点培育符合区域特点、贴近大众的展览会。在规划期内使邯郸市成为晋、冀、鲁、豫四省周边市的区域性会展城市。

(2) 20个较大影响展会。依托特色经济和特色产业，突出为主导产业服务，努力培育品牌展，提高核心竞争力。

①东北亚暨环渤海国际商务节。展会地址可定在廊坊市，注重与日本、韩国等东北亚地区商务交流，力邀环渤海省市企业参加，形成北方及环渤海地区较有影响的综合性博览会。

②中国石家庄国际投资贸易洽谈会。每年一届，利用展览的平台，投资、贸易并举。提高市场化运作程度，突出省、市主导产业，在规划期内培育成中国北方综合性品牌展会。

③中国（唐山）陶瓷博览会。提高国际化程度及规模，在规划期内力争成为在国际展览局注册的中国专业品牌展览会

④中国北方农产品交易会。利用已举办8届的实践经验，树立新的展会理念和宗旨，在邀请客户和国际参展商上下工夫，力争5年内培育成中国北方有影响力的农展会。

⑤中国（承德）国际旅游文化投资贸易洽谈会。为集投资贸易文化旅游为一体的综合性会展活动，两年一届。

⑥中国清河国际羊绒及绒毛制品博览会。提高国际性，扩大规模，可改为两年一届。

⑦中国（安平）国际丝网博览会。可改为两年一届，增大市场化办会要素，在专业上下工夫，培育成有特色、有影响的专业展会。

⑧中国（石家庄）消费品博览会。利用石家庄新华集贸市场、南三条小商品市场的现有基础和流通优势，将石家庄小商品博览会改型为中国北方地区有影响的较大规模的消费品博览会。

⑨河北省国际医疗器械展览会。提高展会的主体资格和国际化程度，以打造“中国药都”为契机，加快发展壮大，使之成为国际化的有较大规模、在国际展览局注册的专业性品牌展。

⑩石家庄国际医药博览会。按照河北省及石家庄市发展规划，培育药博会，打造“中国药都”的新形象。

⑪河北省畜牧产品交易会。在原有的基础上，扩大国际化成分，力争国际摊位和国际观众都有较大提高。

⑫石家庄信息产业博览会。整合同类会展项目，努力打造成有规模、国际化的区域性专业博览会。

⑬邯郸秋季博览会（邯郸国际采购经贸洽谈会）。整合涉县、永年、武安、峰峰等节庆会展，培育综合性的秋季博览会平台，打造成晋冀鲁豫有影响力的涉外会展经贸活动。

⑭河北服装博览会。已举办5届服装节。选准节庆和展会定位，更名为河北服装博览会，加大市场化成分，扩大规模，在国际化上做文章，在整合中提升。

⑮中国北方皮革皮草博览会。按照区域经济、市场化办展要素，整合全省同类会展项目资源，努力培育中国北方地区有影响的专业展会。

⑯河北工业装备展览会。以现有工业装备、冶金、铸造等展会为基础，力争5年内培育为区域性品牌展会。

⑰中国河北物流博览会。借助河北规划的几个物流中心，为现代物流中心超前打造平台，提供服务支撑。

⑱北方建筑材料展览会。引导三个同一题材展会整合于一体，形成规模，可在石家庄、唐山、秦皇岛轮流举办。

⑲保定汽车博览会。整合全省资源，打造成河北省乃至中国北方规模较大、有较大影响力的汽车博览会。

⑳北方酒类展览会。利用我省现有昌黎、怀来葡萄节，做成大规模高效益的、北方地区认知度较高的酒类专业展览会。

三、保障措施

（1）加快场馆建设，完善配套设施。加强会展场馆的建设力度，在有条件的地区积极筹建现代化展馆，并对现有一些老场馆进行改造，扩大场馆面积，完善配套设施，拓展服务功能，到2010年场馆室内、室外面积分别达到26万平方米和9万平方米。力争在5年内形成布局合理、能够满足不同层次展会需求的现代化基础设施体系。搭建信息平台，将展会、展馆、服务等方面信息全面发布。

（2）加强会展业的管理和协调。建立有效的协调机制，成立会展管理办公室或明确各级贸促机构负责会展业的监督、管理和协调；简化审批程序，形成税务、商务、海关、商检、工商、公安、交通、城管等部门一站式服务，解决多头审批的问题；充分发挥行业协会的作用；创新场馆运作模式，采取多种方式，加强场馆的运营管理。对政府投资的会展场馆，在确定产权归属的前提下，通过招标，以长期租赁或委托经营等形式，把经营管理权授让给会展企业。对非政府投资的会展场馆管理，要利用市场手段调动企业及投资者的积极性。

（3）培育和规范会展市场。积极培育现代化会展业市场主体。按照市场经济发展的要求，通过信息共享和有序竞争，进行跨地区、跨部门的战略重组，建立符合现代企业制度的多元化、多种经济主体的会展公司，扩大企业组织规模，增强竞争实力。加强市场监督检查，对展会主办者、场馆经营者和展览公司的资质进行动态评估，对不合格者取消办展资格。加强会展活动的管理，保护知识产权，严格监督会展活动，打击非法办展、参展及不正当经营行为。加强会展品牌和会展信息的宣传，大力宣传和扶持品牌展会。

（4）加大政策扶持力度。适当安排资金，对符合河北省产业发展方向的展会及出国展给予一定经费补助，以培育规模大、国际性强的品牌展会；完善税收政策；扶持场馆建设。优先解决场馆用地问题，建设资金采取多渠道融资，政府视财力情况给予必要的支持。可采取贴息、投资补助、税费优惠等多种方式，在政策上给予倾斜，以解决我省展览场馆严重不足的现实问题。

（5）加强人才队伍建设及会展应用研究。加强人才交流，适应会展业的发展要求，加强国内外会展企业、机构、团体和院校间的相互交流、考察和学习；加强专业人才培训，鼓励有条件的高等院校开设以会展为方向的课程和专业；鼓励各级会展管理部门、行业协会、会展企业，通过多种途径培养会展策划人才、会展管理人才、项目经理和会展相关行业人员；加强会展应用研究；建立会展业统计体系。

(6) 促进会展业对外开放。加强会展业国际国内交流与合作。鼓励资金、技术、管理人员进入我省展览市场。主动寻求与国内、国际知名展览公司合作，通过代理、移植、并购、合作等多种渠道、多种形式，吸引国际国内大中型展会和品牌展会来河北举办。积极鼓励我省企业及品牌展览会“走出去”，主动融入国际国内展览市场，参与更广范围、更高层次的交流、合作与竞争。

（资料来源：http：//www. hebei. gov. cn/）

第三节　会展场馆规划设计

一、会展场馆规划的原则

（一）可持续原则

会展场馆的规划建设往往具有规模大、投资大、回收周期长的特点，因此必须兼顾经济效益、社会效益和生态效益的统一，注重会展场馆的可持续利用。一方面，需要因地制宜地规划会展场馆的建设规模、用地规模和投资规模，注重会展场馆的经济效益与社会效益的统一；另一方面，从会展场馆的选址、建筑材料的选择到内部的装饰布局都应突出生态化理念，提倡尽量采用环保型能源，建设环保型“绿色会展场馆”。

（二）人性化原则

会展场馆设施是为展商和观众提供服务的场所，因此在会展场馆设施的规划和建造中，无论是场址选择、对外交通联系，还是场馆内部功能和空间布局上都要遵循“以人为本”的原则。城市会展场馆规划建设应遵循“大中小、远中近”的合理布局，同时注重会展场馆交通联系的便捷性和人文环境的优化。

（三）国际化原则

会展发展的国际化趋势要求会展场馆的规划设计也应顺应国际化发展需求，借鉴国际会展场馆规划设计的先进经验。国际化的会展场馆要求交通便捷、功能齐全、布局合理、组合灵活、空间流畅；采用环保型、节能型设计和设备，建造生态型建筑；场馆设施全部实现智能化，配置优良的观众导看系统；场馆与周边环境搭配协调等。

（四）特色化原则

大型会展场馆不仅仅具有举办各类会展活动的基本功能，而且往往是一个城市的标志性建筑和形象标识，因此其规划设计还须遵循特色化原则。一个优秀的会展场馆设计，一般具有立意高、创意新、设计奇、风格独特等特点，能够产生巨大的视觉冲击和心灵震撼，这种创意特色需要设计者在建筑设计上具备深厚的文化感悟力。

（五）科技化原则

现代化的会展场馆需要现代化的配套设施设备，以满足各种类型的会展活动，提供全面、安全、高质量的服务。伴随着现代科技的飞速发展，越来越多的新技术、新设置被应用于会展场馆设计中，如楼宇自动化管理系统、新型材料的运用、无线上网技术、数字会议网络、红外语言分配会议同声传译系统、组合式大屏幕投影电视墙等先进设备等，这些新技术将为会展提供优质高效的服务。

二、会展场馆的选址

（一）会展场馆选址的影响因素

会展场馆的选址包括宏观区位选址和微观区位选址，宏观区位选址主要受区域经济发展水平、城市发展水平和政策制度环境等因素影响，微观区位选址的影响因素相对较为复杂，也是会展场馆选址需要重点解决的问题。一般而言，会展场馆的微观选址主要受以下因素的影响。

（1）城市规划的影响。城市总体规划一般设定了城市将来 10～20 年的结构、规模与发展方向，没有巨大的特殊外力是不会轻易改变的。会展场馆的选址必须与城市总体规划相协调，在总体规划的指导下进行选址。城市的规模与功能定位不同，会展场馆选址时的取舍重点也将有很大不同。

（2）用地条件。用地条件包括地块形状与面积、土地租金、地质条件、地面状况等要素。用地条件对会展场馆的建设规模、投资规模、建设进度以及发展潜力产生直接的影响。

（3）交通条件。会展所产生的突发性以及高密度的人流物流的集散客观要求交通的便捷性，因此，会展场馆往往要求与航空港、火车站、码头、地铁站、快速干道、城市轻轨等有快捷、方便的联系。

（4）配套设施条件。除道路交通设施外，周边电力、通信、给排水、综合管线等基础设施条件，商业办公、酒店宾馆、餐饮娱乐等配套服务设施条件对会展场馆选址也会产生影响。

（5）周边环境。周边环境包括生态环境和景观条件，会展场馆的选址需要考虑与周边环境是否协调。包含大片绿地、水体和公园等的环境往往是理想的会展场馆区位。

（二）会展场馆选址的模式

一般情况下，大型会展场馆选址于区位、经济、交通比较优越的地区，如区域中心城市、交通枢纽城市、商业或产业中心城市等。具体到某个城市的会展场馆选址，综合国内外主要会展场馆建设状况来看，会展场馆选址主要有以下几种模式：

（1）选址城市中心区。国外以德国法兰克福、科隆和斯图加特会展中心为代表，国内以香港湾仔会展中心、深圳会展中心为代表。这类会展场馆选址模式往往具有完备的配套基础设施、便利的交通条件、优越的商业氛围等优点，有利于节省会展场馆建设投资、加快建设速度以及产生较强的带动效应。但是这类选址也存在交通隐患较大、发展潜力受限、景观环境较差的缺点。

（2）选址城市近郊区。国外以德国杜塞尔多夫、柏林会展中心以及西班牙巴塞罗那会展中心为代表，国内以广州琶洲会展中心和白云国际会议中心为代表。这类会展场馆选址模式往往具有用地储备充足、对外交通可达性强、土地成本低、景观环境好等优点，但是也存在基础配套设施欠完善、商业氛围较差的缺点。

（3）选址城市远郊区。国外以德国慕尼黑、莱比锡会展中心为代表，国内以上海浦东会展中心为代表。这类会展中心大都处于城市的远郊，距市中心 10 公里左右，靠近高速公路或快速道路。这类会展中心多是因原有市中心老馆发展受限制而异地重建的，其选址往往是改造、利用一些衰落的产业用地。比如慕尼黑会展中心利用了旧的机场，而莱比锡会展中心则利用了废弃的工业垃圾堆场。选择远郊一方面能为场馆发展储备充足的建设用地，同时也可以带动城市新区的发展。

案例10－2：深圳会展中心选址损失5 000万元

深圳市会展中心建设投资逾30亿元，两次变更选址造成近5 000万元的损失。这一事实被深圳市审计局查出并曝光后，成为深圳市民和其他关注者议论的焦点事件。

建设深圳会展中心最初的冲动被认定为来自广交会。深圳市规划局一规划师透露，当时是1996年下半年，恰逢广交会需要新的发展空间，主管广交会的原外经贸部非常希望能够实现大转移，而深圳市政府对此亦很感兴趣，于是计划建设会展中心迎接广交会。

1997年3月，深圳市规划局开始在市中心区北端进行勘察工作，定点在中心区北片中轴线上，北靠莲花山公园，南邻市民中心，占地面积约20万平方米。当年8月，广交会大转移的计划叫停，选址工作也随之叫停，其间支出144万元。

但深圳市政府建设会展中心的决心并未动摇，其直接动力来自会展对经济的拉动力。统计数字表明，我国会展业2002年的直接收入超过60亿元，间接带动的旅游、餐饮、交通、广告、娱乐、房产等行业收入高达数千亿元。2003年，其增长超过20%。"如果在一个城市开一次国际会议，就好比有一架飞机在城市上空撒钱。"一位世界展览业巨头如此评说。

一些大城市明确将会展业纳入重点扶持的都市型产业和新的经济增长点。其发展规划中，也首次出现了会展经济的字样。作为经济特区的深圳自然当仁不让。于是，深圳决定参照国际经验，重新选址建设。

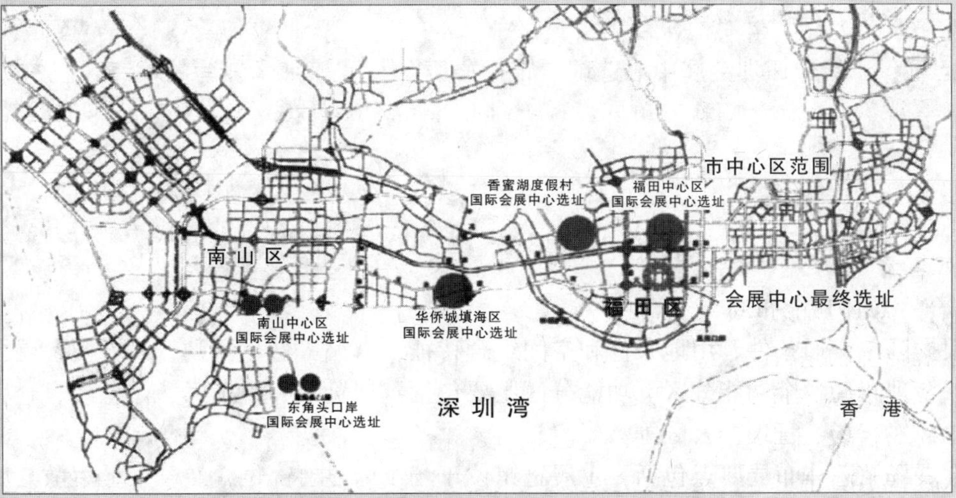

图10－1　深圳会展中心备选场址分布图

（资料来源：赵苑、刘武杰．深圳会展中心选址的变迁与启示［J］．规划师，2001，17（5）：38～41）

为了使第二次选址更为科学、合理，有利于会展业未来的发展，深圳市城市规划设计院提出了深圳市中心区、深圳湾华侨城填海区、香蜜湖度假村、南山商业文化中心区以及东角头西部通道口岸等5处7块待选用地（图10－1）进行筛选。

最后的结论是倾向于将会展中心建在郊区——设想在滨海大道旁的填海区，还计划建设一个船运码头，方便水路运输展览品，经济成本也低，以最大限度发挥物流、会展、旅游和交通等方面的综合效应。这也符合深圳市中心西移的战略。

该选址论证报告获得深圳市政府同意，随后于1999年初进行了建筑设计方案国际竞标。美国墨菲·扬公司和中国建筑东北设计研究院联合中标。在完成选址论证、设计招标后，工程顺利进入施工阶段。

但开工不久，工程又很快被叫停。个中原因是深圳市政府的思路发生改变，其间又支出设计费、勘察费等共计4 831万元。

对此，1999年11月22日下午，深圳市规划局一相关负责人接受记者采访时说，再次变更选址主要是因为市政府要着力强化市中心区的建设，“中心区作为深圳市21世纪的CBD（中央商务区），是深圳未来城市的重要标志”。

于是，深圳市政府又于1999年底提出了不同用地方案的比较论证。最后决定把会展中心建在中心区南端的深南大道上，和中心区南片中央商务区一起开发建设，因为“会展中心所需要的大量商务办公及旅馆配套设施和优越的交通条件恰是中心区的最大优势；中心区中央商务区的开发建设所需要的重量级龙头支撑项目也非会展中心莫属”。规划局该人士称，方案取得了“两全其美，双赢的效果”。

第三次选址、设计、勘察、监理等费用，共计1.28亿元。这样，会展中心三次选址，两次变更，项目前期工作共计产生费用1.78亿元，其中前两次费用计入损失，共计4 975万元。历经数年建设，总投资逾31.9亿元人民币、占地面积达28万平方米的深圳会议展览中心，目前已经完成第一阶段建设，成为深圳目前单体投资最大的建筑，多项工程创造“世界纪录”。

问题：试比较深圳会展中心选址“市中心区”与“滨海大道旁的填海区”的优劣。

（资料来源：http：//news. sohu. com/20041203/n223317375. shtml，节选）

三、会展场馆规划的组成要素

（一）总体功能布局

根据区位交通条件、用地条件和空间组合特征，遵循人性化原则，以方便参展人员为宗旨，合理布局各个功能分区。功能分区主要包括：展览馆、娱乐区、休息区、仓库、室外空地、停车场、管理办公区等。

会展场馆总体布局要点包括：①展览馆位于场馆内显要部位，便于人员集散与展品运输；②库房区贴邻展览馆，以方便运输，又要与之隔离，避免观众穿越；③观众服务区应临近馆前集散场地，且靠近展区；④管理办公区与展馆可分可合；⑤建筑覆盖率宜在40% ~50%左右；⑥建筑内展览的区域一般位于底层，其层数不应超过2层；⑦留有大片室外场地，以供展出、观众活动、临时存放易燃展品、停车及绿化的需要；⑧留有扩建的用地；⑨馆内公共活动区观众密度要考虑同时安排2个以上大型展览会时的最大日人流量值，一般可按15万人/日控制估算。

（二）道路系统规划

（1）会展场馆外部交通规划。根据宾客的性质、数量及来去方向估计各种交通方式的流量情况，进行合理的规划布局，缓解局部交通压力。

（2）会展场馆内部交通规划。内部交通规划包括主入口的布局、轨道交通站点的布局、停车场的位置、各入口与停车场之间是否需要配备巴士、公共交通站点的规划等。在场馆内的各个节点处必须要有道路指引牌，方便参展商的活动。

（3）会展场馆的标识、标志。从城市外围的高速公路开始一直到城市的主要道路上都要有指引会展中心的标志。通过数字、字母、图案等鲜明的形象清楚地标明各个场地和建筑物的性质和方位，这对于来访者方便地到达会展中心所在地，寻找停车场、主入口，乃至在场馆内高效地到达目的地都极为重要。

（三）绿地系统规划

绿地系统的规划包括庭院、屋顶和垂直绿化。力争形成整体的绿色基调，并进行专门的绿化种植及生态林的建设和培育，绿带的设计既可以将外围各功能区进行有效的划分，又可以形成内外相互渗透的“绿色通廊”。同时，还可以跳出传统的园林绿化的旧观念，在景区园林环境营造中加入园艺美化概念。规划要点包括：设立专题绿化区域；设立花卉长廊；沿水体湖、池、河岸和围墙安排线状绿化带；根据景观需要安排点状绿化；在较为空旷但游客量较大的地方，采用花坛形式放置四季花卉。

（四）建筑节能规划

在建筑节能措施中，建筑的密封性是最基本的一条。如果密封性不好，保温层内空气变冷变湿，就会失去保温的效果。在封闭的基础上，外墙的保热是外围护系统性能的重点。开发新能源也是重要的节能手段，例如，太阳能是目前公认的最具潜力的可再生能源。在建筑设计中，如果将太阳能充分加以利用，则可以节省大量常规能源，并且不对环境造成污染。

（五）景观系统规划

从空间及环境的构成上分析，会展场馆的景观框架实际是由点、线、面组成，三者从不同的空间关系上表达不同的要素特点与需求。

“点”是泛指重要的人为及自然景点、空间结点和景观视觉控制点。这些是环境空间中从不同层面起到视觉和心理的控制和引导作用的重要元素，同时也可起到贯穿空间、使之延伸的重要作用，应予以清晰展示，使空间环境具有和谐统一的效果。

“线”则是泛指空间中连续的线型空间及环境界面。如水面、绿带、重要道路、天际轮廓、河岸线等所展示的界面等。这些“线”成为环境空间中的决定因素，应该使其成为引导和观赏功能相结合的空间组成，强调其宜人的尺度和自然、流畅的效果。

“面”指大面积绿化、水面所形成的成片、大面积的视觉效果。这类空间界面应突出其成片、成面的特点，考虑其在三维空间中的特点，形成强有力的视觉空间效果，而其本身也应具有界面空间的基本特征，如突出分明的层次、变化的界面等。

四、各类展馆的设计要点

（一）展览馆设计要点

（1）陈列室的布局形式应根据陈列内容确定，可采取整体连续式、平行多线式或分段连续式，但都要有系统性。参观路线要明确，避免迂回交叉，且路线不宜过长，应适当安排中间休息的地方。

（2）陈列室与交通枢纽（门厅、过厅、楼梯、电梯、休息厅等）之间的联系要方便。出入口要明显，室外交通道路要顺畅，运输路线不应干扰参观路线。陈列室如设在楼上，应设有供老人、孕妇、儿童、残疾人使用的电梯和运输展品的专用电梯。

（3）陈列室应有良好的朝向，但要避免阳光直射展品。

（4）尽量避免馆内外噪音干扰。

（5）创造良好的通风条件和合理安排通风设备。

（6）充分利用陈列墙面，使采光口不占或少占陈列墙面，以加大有效展览面积。

（7）要有良好的采光条件，采光口的形式应根据展品选定。房间进光较少时可采用低侧窗采光，低侧窗的构造简单，管理方便，通风较好；高侧窗采光可以扩大内墙的陈列面积，还能减少眩光；顶窗采光可避免眩光，照度均匀，不占墙面，便于陈列。现代大型展览厅的陈列室主要用人工照明。陈列方式与照明方式统一考虑，对艺术品的照明应使光色成分接近天然光。

（二）国际博览会建筑设计要点

（1）功能上突出展示内容的特色。

（2）建筑形式、空间、细部处理、装修和室内陈设等反映参加国的风貌。

（3）发挥参加国在设备、材料、施工技术等方面的优势，反映领先水平。

（4）考虑到博览会现场的建造条件，如场地面积、运输安装量、工期等，选用工效高、质量好、经济效益最优的方案。

（三）美术馆设计要点

（1）建筑布局要明确分区，有便捷的参观路线，避免迂回、重复、交叉。要做到可以全部开放，也可以部分开放，有利于控制游客流量和资源的保护；观众可以参观全部，也可以参观一部分或中途退场。要便于展品的运输和拆装，必须有必要的运输条件，如车道、电梯等，运输路线应不干扰参观路线。各个部分还要留有空间，有扩充的余地，以便有序地扩建展馆规模。

（2）陈列和保存艺术品的房间，要防尘、防火、防盗、防潮、防蛀、防鼠、防有害气体和阳光直射（印刷品、绘画和纺织品只宜在人工照明下展出）。理想的环境条件是相对温度16 ℃ ~24 ℃，相对湿度40% ~60%。热带和干燥地区要注意防止高温，以免加速化学反应。

（3）应有充分的通风和换气条件，并限制展出时间和参观人数，以免空气污染，损害珍贵展品。

第四节　会展相关活动策划

一、开幕式策划

（一）会展开幕式策划的主要内容

（1）主题。开幕式应该围绕一个鲜明的主题展开，这个主题与会展的定位是一脉相承的，主题为活动程序、领导发言稿和新闻通稿的撰写奠定了基调。

（2）时间和地点。开幕式的时间应遵循“三不宜”，即不宜过早、不宜过晚、持续时间不宜过长。地点一般选择在场馆前的广场上进行，舞台往往需要临时搭建，如果因天气状况导致计划有变要提前通知嘉宾和媒体记者。

（3）制定详细的开幕式程序。要明确开幕式的时间、地点、主持以及各项事宜的具体进行顺序。

（4）出席的主要嘉宾。一般情况下，会展主办方会邀请行业主管部门的领导、行业协会的主管人员、外国驻华机构代表、专家等作为嘉宾出席开幕式。遴选并确认能到场的嘉宾，提前安排好接待、翻译、礼仪等相关事宜。

（5）讲话稿和新闻通稿。领导的讲话稿和新闻通稿必须围绕主题来撰写，认真准备。两者在核心内容上大同小异，前者的撰写偏向口语化，还可以带有讲话人的主观感情色彩；后者是对会展的全面介绍，相对正式。

（6）创新形式。会展尤其是品牌展览会应该不断创新，渠道很多，可以是形式上的，也可以是内容上的，甚至是文化上的。

（二）会展开幕式创新设计

1. 发挥名人效应

邀请名人出席开幕式仍不失为一种很好的方式。这种通过政府或行业 VIP 的影响力来提高会展受关注程度的方式是一种简单有效的营销方式，无论从吸引参展商、专业人士或群众还是争取更多媒体曝光率都是一种很好的选择。

2. 制造新闻事件

制造一些轰动性的事件可以吸引大批媒体的注意，同时达到宣传会展形象的目的。如第六届中国住交会（CIHAF）上，主办单位邀请民工作为开幕式剪彩嘉宾和颁奖晚会的颁奖嘉宾，引起了媒体的广泛关注和积极报道。这一举动体现了人文色彩，向社会发出了倡导尊重民工的呼声。

3. 策划表演活动

高质量的表演活动不仅可以丰富开幕式的内容，还可以展现会展的实力和人气。很多大型的会展会邀请娱乐圈当红歌手、影星或体育界明星等前来助阵，可以使得活动受到高度关注，但须注意演出活动要符合主题，不能喧宾夺主。

二、会展论坛策划

1. 进行市场调查

第一项工作便是进行详细的市场调查，主要包括：产业发展的热点问题，近期举办的同类展览会的论坛议题、收费标准和效果、潜在目标听众的评价和建议等。调查方式多样，如直接邮寄、网上调查、上门面谈等。

2. 明确论坛主题

主题是论坛的灵魂，主题鲜明的论坛对潜在听众具有一种无形的吸引力。论坛的主题必须有针对性和前瞻性，同时又要有现实性和实用性。论坛主题的确定是建立在市场调查基础上的，同时还要结合相关科研机构以及专家的意见和建议。

3. 策划具体议题

确立主题后，围绕主题策划具体议题，最终根据论坛的结构和目标听众的需求来决定。每一个具体的议题都有明确的目标，多个务实而具有预见性的子议题共同支撑论坛的主题。

4. 构建论坛框架

论坛框架即会展论坛的策划方案，其主要内容包括：论坛的基本情况，如名称、时间、地点和规模等；论坛的议程和举办形式；论坛的目标听众；演讲嘉宾的遴选和邀请；论坛相关资料的准备；会议招徕；论坛接待；论坛召开；现场调查、茶歇等活动安排；论坛总结；论坛赞助；论坛预算。

5. 邀请演讲嘉宾

邀请合适的演讲嘉宾对论坛的成功有直观的、重要的影响。一般而言，邀请国外嘉宾要提前半年开始预约，并协助其做好相关准备；国内嘉宾提前两个月邀请，重要嘉宾还要制订“一对一”的接待计划，妥善安排好嘉宾在论坛期间的吃、住、行等方面的问题。

6. 积极寻求赞助

策划合理的论坛有助于打动许多参展商赞助活动，赞助的形式灵活：赞助商提供资金，主办单位则可给予相应回报，如转让论坛的冠名权、在会刊中做免费广告、允许赞助商在会议期间发表演讲等。当然，赞助商也可提供会议现场的设备，或赞助与会代表的午餐或欢迎晚宴等。

7. 开展宣传招徕

在实际工作中，会展论坛工作人员主要利用四种方式来招徕与会者，即电话、传真、直接邮寄和网上预订。采用直接邮寄时，一般会将论坛的宣传资料和招展材料一并寄出，主要包括论坛基本情况、背景和亮点的介绍、会议预定表、论坛议程安排等。

三、产品发布会策划

主办单位主要负责整个发布会的框架设计和现场服务，按以下两个步骤来策划产品发布会：

1. 产品发布会主题的选择

产品发布会一般都会传达最新的产品信息和技术，其听众主要包括技术人员、经销商和新闻媒体等。因此，在策划产品发布会时，主办单位首先需要与行业内研发能力强的企业及相关科研机构沟通，了解新产品的发展动态和他们对产品发布会的需求和设想，然后确定一个大主题。之后，本届会展上所有场次的发布会都可以围绕这一大主题来展开。

2. 设计产品发布会的框架

主题确定后，接下来的工作是要细分主题，所有细分主题的最终表现就是不同类型的最新产品。除了对主题进行细分外，“产品发布会的框架”还包括媒体邀请计划、观众组织计划、现场执行计划等重要内容。其中，在现场执行计划中，对不同目标企业的发布会的统筹安排至关重要，在规划中就要充分考虑到这一点。

3. 策划产品发布会的常用技巧

精心策划产品发布会并不是说要主办单位包揽一切，其主要工作是为举行产品发布会的企业提供组织保障和配套服务。在策划发布会方案时，办展机构与该企业或行业协会之间的沟通和协调显得尤为重要。策划产品发布会的常用技巧如表 10－1 所示。

表 10－1　策划展览会产品发布会的常用技巧

工作技巧	说明	备注
突出发布主题	统一安排不同参展商的发布会，使发布会显得组织有序、主题明确	
统一协调安排	统筹安排展览会期间所有场次的产品发布会或推介会，避免现场混乱	
提供展示平台	利用媒体日、新产品专区等方式，为参展商展示产品创造更多机会	制订切实可行的媒体邀请计划很重要
增强教育意义	能反映行业发展的新趋势和新技术	控制待发布产品的档次和质量
做好现场服务	做好会场布置、现场协调、安全保卫和现场服务等工作	

四、评奖活动策划

1. 评奖活动策划的一般程序

（1）成立评审委员会。主办单位首先要组织专门的评审委员会，有些大型会展还会同时成立评奖工作指导委员会和专家委员会，前者主要起指导、组织和服务作用，后者才是负责具体的评审工作。

（2）制订和发布活动方案。一般来说，会展评奖方案包括活动目的、评审委员会、评奖范围、设立奖项、评奖程序（具体操作办法）、授予奖项等内容。这个过程中必须重视对专业观众的宣传，否则评奖活动的效果将大打折扣。

（3）发动参展商参加。积极向参展商和专业观众宣传，并发动参展商积极参与评奖活动。评奖方案还可以穿插在招展函中，有时评奖活动还可以作为会展的亮点来宣传。

（4）评委会评选。按照预先制定的评定办法组织实施。值得提倡的是，除了委托专家评审委员会外，还组织专业观众对参展商和产品进行评选，毕竟专业群众代表了市场，他们的意见更加实在。

（5）公布评奖结果。举办一个正式、公开的仪式来揭晓评奖结果。奖励的形式可以灵活处理，可以是奖杯、奖状或获奖证书，也可以是下一届展览会的一定面积的展位。

2. 评奖活动的常用技巧

（1）确保权威公正。会展的主办单位首先必须端正态度，正确认识评奖活动的价值，确保评奖活动的权威公正，并通过评审委员会的成员组成来表现，以激发参展商的兴趣，取得他们的信任。

（2）合理控制时间。主要有两层含义：一是至少提前3~6个月发布评奖方案，给参展商充足的时间做准备；二是确定揭晓评奖结果的合理时间，一般安排在会展结束前一天较好，这会让参展商有所期待，从而在会展期间表现积极，最后一天也不会匆匆收场。

（3）提升展览价值。评奖活动不能只为了评奖而评奖，主办单位组织评奖活动应该具有明确的目的。对于参展商，产品能得到认可，并通过奖杯、奖状等形式表现出来；对于专业观众甚至是大众消费者，能通过组委会组织的评奖活动了解最新、最优的产品。

（4）制造新闻事件。在颁奖仪式上，邀请各个行业的领军人物、参展企业的主要领导出席，此时需要围绕颁奖活动适当制造新闻事件，以提升会展在业内和公众心目中的形象。

五、表演活动策划

表演是一项观赏性比较强的公众性活动，它吸引的观众一般都较多，现场气氛也比较热烈。表演可以是参展企业自己组织的为提高其展出效果的表演，也可以是由办展机构组织的为整个展会和所有参展商及观众服务的表演，还有一些是行业协会和当地政府组织的表演。

办展机构在展会期间组织的表演可以分为两种：一种是与展览题材无关的表演，如演唱会；另一种是与展览题材有关的表演，如某项展品的制作演示等。在展会期间，这两种表演在时间和地点的安排上要有一定的差别。

1. 与会展题材无关的表演策划

对于那些与展览题材无关的表演在时间上一般会安排在展会开幕之初或者是展会结束的前一天进行，在地点上一般会安排在展会现场以外的地方举行。如果这些表演是小型的，可以穿插在展会开幕式期间举行，也可以安排在展会的开幕晚宴上举行，还可以安排在展会结束前的答谢晚宴上举行。如果这些表演是比较大型的，就要另外安排场地和时间。

2. 与会展题材有关的表演策划

时间上一般安排在展会期间，在地点上一般是安排在展会现场，这样可以与参展商的展出计划紧密配合，也更能够烘托出展会的气氛和主题。如果该表演是由办展机构牵头、由某一参展企业主办的，就可以将它安排在相应参展企业的展位上或其附近演出；如果该表演是办展机构为整个展会服务而组织的，就应该安排在展会的公共场所举行。

3. 表演活动策划的注意事项

在策划表演活动时，要注意表演活动的举行不能对参展商的展出效果产生不利的影响，也最好不要妨碍观众的参观。不管是什么表演活动，由于观众较为密集，在策划时要注意提前制定表演现场的安全防范措施和现场秩序维持办法，要提前制订危机处理方案，以应付万一出现的事故，一些参与者较多的表演活动尤其要注意这一点。

【本章小结】

本章主要阐述了会展规划的相关理论知识，介绍了会展规划的概念、层次、原则和步骤，重点阐述了会展发展定位的类型（国际会展都市、国家会展名城和地方性会展城市）及会展发展规划的重点内容。介绍了会展场馆设计的原则，着重论述了会展场馆选址的影响因素和主要模式，以及会展场馆规划设计的组成要素。会展相关活动策划主要介绍了会展开幕式、会展论坛、产品发布会、评价活动以及表演活动的策划要点。

【拓展阅读】

1. 许传宏．会展策划［M］．上海：复旦大学出版社，2006
2. 王春雷，陈震．展览会策划与管理［M］．北京：中国旅游出版社，2006
3. 华谦生．会展策划与营销［M］．广州：广东经济出版社，2005

【思考与练习】

1. 会展规划有哪几个层次，应该遵循哪些原则？
2. 试简述会展规划的步骤。
3. 试辨析城市会展发展定位的类型。
4. 会展发展规划的重点是什么？
5. 会展场馆规划应遵循哪些原则？
6. 会展场馆选址主要受哪些因素影响？
7. 会展场馆选址的模式有哪些？试举例说明各自的优缺点。
8. 试简述会展场馆规划的组成要素。

参考文献

1. Getz, D. Event; Event Management; Event Marketing [M]. In: Jafari J. *Encyclopedia of Tourism* [M]. New York: Routledge, 2000: pp. 209 ~ 212.

2. Roche, M. *Mega-events and Modernity: Olympics and Expos in the Growth of Global Culture* [M]. London: Routledge, 2000: pp. 276 ~ 277.

3. Rosenthal, U. and Charles M. T. The world of crises and crisis management [M]. In: Rosenthal, U. and Charles M. T., ed. *Coping With Crises: The Management of Disasters* [M]. Riots and Terrorism. Springfield: Charles C. Thomas, 1989.

4. [德] 阿尔诺·勃兰特等. 汉诺威世博会对区域经济的影响 [M]. 任树银等译. 上海: 上海科学技术出版社, 2003

5. [美] 巴利·西斯坎德. 会展营销全攻略: 循序渐进揭开成功会展的秘诀 [M]. 郑睿译. 上海: 上海交通大学出版社, 2005

6. 陈柳钦. 会展经济与城市发展的协调互动 [J]. 上海市经济管理干部学院学报, 2008, 6 (3): 33 ~ 39

7. 程爱学, 徐文锋. 会展全程策划宝典 [M]. 北京: 北京大学出版社, 2008

8. 程红等. 会展经济: 现代城市"新的经济增长点" [M]. 北京: 经济日报出版社, 2003

9. 戴光全. 节庆、节事及事件旅游 [M]. 北京: 科学出版社, 2006

10. 戴光全, 保继刚. 西方事件及事件旅游研究的概念、内容、方法与启发 (上) [J]. 旅游学刊, 2003 (5): 26 ~ 34

11. 丁萍萍. 会展实务 [M]. 北京: 高等教育出版社, 2004

12. 董力三, 吴春柳. 城市形象和城市文化的社会经济意义 [J]. 经济问题谈说, 2006 (1): 135 ~ 136

13. [美] 菲利普·科特勒, 加里·阿姆斯特朗. 市场营销 [M]. 俞利军译. 北京: 华夏出版社, 2003

14. 龚平, 赵慰平. 会展概论 [M]. 上海: 复旦大学出版社, 2005

15. 郭胜. 旅游节庆的策划和市场化运作 [J]. 北京第二外国语学院学报, 2005 (3): 111 ~ 114

16. 侯兵, 陈肖静. 现代城市节庆活动旅游效应研究与思考 [J]. 人文地理, 2008 (4): 95 ~ 99

17. 胡平. 会展管理概论 [M]. 上海: 华东师范大学出版社, 2007

18. 胡平. 会展营销 [M]. 上海: 复旦大学出版社, 2005

19. 华谦生. 会展管理 [M]. 广州: 广东经济出版社, 2008

20. 华谦生．会展策划与营销［M］．广州：广东经济出版社，2005

21. "会展策划与实务"岗位资格考试系列教材编委会．会展运营管理［M］．北京：旅游教育出版社，2007

22. 邝伟楠，陈永梅．节庆活动——向产业化提升［N］．中国旅游报，2002－12－09

23. 李淼焱，杨帆．沈阳会展旅游对区域经济影响及发展策略研究［J］．商业研究，2009（4）：149～151

24. 林宁．展览知识与实务［M］．北京：经济科学出版社，1999

25. 刘大可，陈刚，王起静．会展经济理论与实务［M］．北京：首都经济贸易大学出版社，2006

26. 刘大可，王起静．会展活动概论［M］．北京：清华大学出版社，2004

27. 刘大可．会展市场营销［M］．北京：高等教育出版社，2006

28. 刘松萍，梁文．会展市场营销［M］．北京：中国商务出版社，2004

29. 卢晓．节事活动策划与管理［M］．上海：上海人民出版社，2007

30. 吕莉．我国旅游节事的策划与运作研究［J］．商业研究，2006（13）：202～205

31. ［美］罗伯特·希斯．危机管理［M］．王成，宋炳辉，金瑛译．北京：中信出版社，2001

32. 马洁，刘松萍．会展概论［M］．广州：华南理工大学出版社，2005

33. 马勇，王春雷．会展管理的理论、方法与案例［M］．北京：高等教育出版社，2002

34. 马勇，肖轶楠．会展概论［M］．北京：中国商务出版社，2004

35. 毛金凤，韩福文．会展营销［M］．北京：机械工业出版社，2005

36. 沈丹阳．城市政府与中国会展经济［M］．北京：中国对外经济贸易出版社，2008

37. 施昌奎．会展经济［M］．北京：中国经济出版社，2006

38. 孙明贵．会展经济学［M］．北京：机械工业出版社，2006

39. 涂成林，陈仲球，易卫华．会展：现代城市发展的杠杆［M］．北京：中央编译出版社，2009

40. 王春雷，陈震．展览会策划与管理［M］．北京：中国旅游出版社，2006

41. 王莉霞，王潇．会展旅游业战略规划探析［J］．理论导刊，2005（10）：66～68

42. 王时勤．沈阳会展经济交易额将突破900亿［N］．沈阳日报，2006－12－14

43. 王书翠．会展业概览［M］．上海：立信会计出版社，2004

44. 吴信菊．会展概论［M］．上海：上海交通大学出版社，2003

45. 吴志强，李欣，于泓．2010年上海世博会园区规划与城市发展［J］．城市规划，2007（11）：25～27

46. 向国敏．会展实务［M］．北京：中国审计出版社，2005

47. 许传宏．会展策划［M］．上海：复旦大学出版社，2005

48. 许懋彦，张音玄，王晓欧．德国大型会展中心选址模式及场馆规划［J］．国外规划研究，2003，27（9）：32～39，58

49. 阎蓓．会展策划［M］．北京：高等教育出版社，2005

50. 杨春兰．会展概论［M］．上海：上海财经大学出版社，2006

51. 杨顺勇，曹扬．会展手册［M］．北京：化学工业出版社，2007

52. 俞华，朱立文．会展学原理［M］．北京：机械工业出版社，2005

53. ［澳］约翰·艾伦等．大型活动项目管理［M］．王增东，杨磊译．北京：机械工业出版社，2003

54. 曾武佳．现代会展与区域经济发展［M］．成都：四川大学出版社，2009

55. 曾亚强．会展概论［M］．北京：化学工业出版社，2007

56. 张彧，倪阳．会展中心的选址［J］．热带建筑，2006，4（4）：4~7

57. 张广海，刘佳．青岛国际啤酒节与旅游产业发展的关联互动研究［J］．改革与战略，2008，(7)：121~124

58. 张晶．修建性详细规划阶段的居住区城市设计要素［J］．四川建筑，2005，25(9)：22~25

59. 张杨．旅游节庆的开发管理研究［J］．财经论坛，2008（14）：133

60. 张以琼．会展场馆管理与服务［M］．广州：广东经济出版社，2007

61. 张志宏．上海世博会之借鉴——汉诺威世博会展馆建筑的总体规划与后续使用研究［J］．装饰艺术设计月刊，2007（10）：100~101

62. 赵春霞．会展概论［M］．北京：对外经济贸易大学出版社，2007

63. 赵伟鹏，戴元祥．政治公共关系理论与实践［M］．天津：天津人民出版社，2001

64. 赵苑，刘武杰．深圳会展中心选址的变迁与启示［J］．规划师，2001，17（5）：38~41

65. 周常春．城市会展业影响的初步研究——以2003年中国国际旅游交易会为例［J］．社会科学，2004（4）：94~96

66. 周志平．会展业：城市经济发展的催化剂［J］．改革与战略，2008，24（4）：121~124